W0012135

Kindler
Taschenbücher

Geist und Psyche

Medard Boss

Der Traum
und seine Auslegung

Kindler
Taschenbücher

Kindler Verlag GmbH, München
Ungekürzte Ausgabe
Lizenzausgabe mit Genehmigung des
Verlages Hans Huber, Bern
Korrekturen: M. Flach
Gesamtherstellung: Friedrich Pustet, Regensburg
Printed in Germany 1974
ISBN 3 463 18137 1

INHALTSVERZEICHNIS

III. TEIL

Die Daseinsmöglichkeiten des träumenden Menschen

IV. TEIL

Die Frage nach dem Wesen des Träumens im ganzen

VORWORT

Ein psychoanalytischer Therapeut bekommt Tag für Tag fünf bis zwanzig und noch mehr Träume zu hören. Eine 25jährige psychiatrisch-psychoanalytische Praxis gab mir deshalb bei vorsichtiger Schätzung Gelegenheit, um die fünfzigtausend Träume kennenzulernen, die von mindestens fünfhundert verschiedenen Menschen stammen. Jedenfalls erreichen die Träume, die ich während der letzten fünf Jahre von psychoneurotisch kranken Menschen, von gesunden Lehranalysanden und gesunden Bekannten zu hören bekam und die dank schriftlicher Protokollierung genau ausgezählt werden konnten, die Zahl von 11 200.

Den ersten Einblick in den unübersehbaren Reichtum dieser Träume verschaffte mir die in der FREUDschen Schule vorgeschriebene langjährige Ausbildung in klassisch-psychoanalytischer Praxis und Theorie. Nach und nach jedoch häuften sich die Träume, deren Gehalt sich mit dem Schlüssel der FREUDschen Traumtheorie nicht ohne unerträgliche Gewaltanwendung erschliessen lassen wollte, in einem Ausmasse, dass sie die ernsthaftesten Zweifel an der Zulänglichkeit dieser Theorie aufsteigen liessen. Ich suchte mir darum in den wissenschaftlichen Arbeiten der anderen Traumpsychologen neue Hilfe. Bald wollte es das Glück, dass in Zürich eine psychotherapeutische Arbeitsgemeinschaft gebildet wurde, die unter der Leitung von C. G. JUNG stand und zu deren Gründern auch A. MAEDER, ein weiterer Pionier unter den Traumforschern, zählte. Der zehnjährige Bestand dieser Arbeitsgemeinschaft bot mir reiche Möglichkeiten, mich gründlich mit den Traumlehren dieser beiden Forscher vertraut zu machen. Die zusätzlichen Handhaben für eine psychotherapeutisch wirksame Traumdeutung, die ich den Anregungen dieser Arbeitsgemeinschaft verdanke, gehören heute mit zum unerlässlichen Rüstzeug meiner ärztlichen Tätigkeit. Eine zureichende Erhellung der Traumphänomene selbst konnte ich jedoch auch bei diesen Autoren nicht finden. Ebensowenig wollten mir die Schlussfolgerungen in den Traumuntersuchungen H. SILBERERS, A. ADLERS, W. STEKELS und in all den zahlreichen späteren Studien anderer Traumpsychologen das eigentliche Wesen der Traumerscheinungen eröffnen, so wertvolle theoretische Ergänzungen sie auch brachten. Denn als Theorien hatten sie mit der ursprünglichen Traumlehre FREUDS das eine gemeinsam, dass auch sie immer gleich an Stelle des unmittelbar gegebenen Phänomens nur Erklärungen setzten, die die

Träume aus etwas Nicht-Traumhaftem, aus etwas hinter den Erscheinungen bloss Angenommenem, gedanklich Erschlossenem abzuleiten versuchten.

Zweifellos waren alle diese Traumtheorien unerlässlich. Wie anders hätten denn zu Beginn der modernen Traumforschung die so flüchtigen Gebilde unserer Nächte wissenschaftlich überhaupt in Angriff genommen werden sollen. Wir haben es auch nur dieser gewaltigen Vorarbeit zu verdanken, wenn wir heute vielleicht tiefer nach dem eigenen und vollen Gehalt der Traumphänomene fragen dürfen. Diese Frage allerdings drängt uns die Aufgabe auf, wiederum von allen Traumtheorien und Traumhypothesen abzulassen, um ganz bei den Traumerscheinungen selbst verweilen zu können und nur das zu bedenken, was uns diese von ihnen selbst her kundgeben.

Die vorliegende Arbeit stellt deshalb einen Versuch dar, eine unmittelbare Sicht auf das Traumphänomen durch den Abbau der verdeckenden oder skelettierenden Denkkonstruktion der heutigen Traumtheorien vorzubereiten. Die Möglichkeit, ein solches Wagnis zu unternehmen, verdanke ich der Auseinandersetzung mit dem daseinsanalytischen Denken Martin HEIDEGGERS. In die dazu notwendige Nähe dieses Denkens gelangte ich, angeregt durch die Arbeiten Ludwig BINSWANGERS, im Verlaufe einer jahrelangen Vertiefung in HEIDEGGERS veröffentlichte und in manche seiner noch unveröffentlichten Schriften, vor allem aber durch dessen unermüdliche Bereitschaft zu unmittelbarem Gespräch. Ob mein Verstehen bereits in zureichendem Masse die Offenheit und Strenge erlangte, die die Daseinsanalytik und jede Auseinandersetzung mit ihr erfordert, wird die vorliegende Arbeit entscheiden. Es müsste dies dann nicht völlig verneint werden, wenn meine Untersuchungen dazu angetan wären, die Traumereignisse aus der psychologistischen und anthropologistischen Sicht der bisherigen Traumlehren herauszuheben und sie gleichsam in ihr eigenes Licht zu stellen.

EINLEITUNG

> „Ich, Tschuang-Tse, träumte einst, ich sei ein Schmet-
> terling, ein hin und her flatternder, in allen Zwecken und
> Zielen ein Schmetterling. Ich wusste nur, dass ich meinen
> Launen wie ein Schmetterling folgte, und war meines
> Menschenwesens unbewusst. Plötzlich erwachte ich; und
> da lag ich: wieder ‚ich selbst‘. Nun weiss ich nicht: war
> ich da ein Mensch, der träumte, er sei ein Schmetterling
> gewesen, oder bin ich jetzt ein Schmetterling, der träumt,
> er sei ein Mensch?"   (Tschuang-Tse.)

Schwerlich lässt sich ein anderes Phänomen menschlichen Existierens finden, dem wie dem Träumen im Laufe der Zeiten eine so
wechselvolle Beachtung geschenkt wurde. Schwanken doch die Urteile über den Traum „zwischen seiner Einschätzung als einer nicht
selten bis zur Virtuosität sich erhebenden Potenzierung einerseits und
einer entschiedenen, oft bis unter das Niveau des Menschlichen füh-
renden Herabminderung und Schwächung des Seelenlebens andererseits"[1].

Das älteste Traumbuch, von dem wir bis zum heutigen Tage
Kenntnis besitzen, liegt in einer im Britischen Museum aufbewahrten
Papyrusrolle vor. Sie gehört in die Zeit der 12. ägyptischen Dynastie,
in die Jahre 2000—1790 v. Chr. also, und stammt aus Dêr-el-Medîneh.
Aus dem 7. Jahrhundert v. Chr. datiert der sehr ausführliche Traum-
kanon, der in der Tontafelbibliothek des letzten grossen assyrischen
Königs Assurbanipal in Ninive gefunden wurde. Hierauf taten sich
besonders die Chaldäer in der Traumdeutungskunst hervor, nachdem
sie Assurbanipals Erbe angetreten und nach ihrem Sieg über die
Assyrer das neubabylonisch-chaldäische Reich gegründet hatten. Über
das gleiche urgeschichtliche Alter können sich auch die Traumdeutungen Josefs, des Sohnes Jakobs, ausweisen. Josef verstand nicht nur
seine eigenen Träume sondern auch die seiner Mitgefangenen und
später die des Pharaos auszulegen[2].

In diesen ältesten Zeiten unserer Geschichte wird aber die Traumdeutung eine göttliche Kunst genannt, darum, weil die Träume — der
ganzen damaligen, grandios einheitlichen, theozentrischen Weltaus-
legung entsprechend — unmittelbare Offenbarungen Gottes oder der

---

[1] F. W. HILDEBRANDT: „Der Traum und seine Verwertung fürs Leben". Leipzig 1875.
[2] Genesis 37, 3—9 und 40, 9—19, sowie 41, 1—7.

Götter waren. So kam ja, wie das vierte Buch Moses zu berichten weiss, der Herr selbst in einer Wolkensäule herabgefahren, um Aaron und Miriam also zurechtzuweisen: „Wenn unter euch ein Prophet des Herrn ist, so offenbare ich mich ihm in Gesichten und rede in Träumen mit ihm". Desgleichen lesen wir in der ältesten der ägyptischen Traumurkunden, dass Horus seine schlimmen Träume ausdrücklich als Machinationen des bösen Gottes Set bezeichnete und sich daher nicht anders zu helfen wusste, als seine Mutter, die Göttin Isis, anzuflehen, ihn vor den üblen Folgen dieser Träume zu bewahren.

Solcher Auffassung entsprechend konnten Träume nicht nur das Schicksal des einzelnen bestimmen. Oft genug entschieden sie über das Geschick ganzer Heere und Völker. Schon der Erzvater Jaakob hatte seinem Traume von der Himmelsleiter gehorcht, als ihm darin die Stimme Gottes befohlen hatte, in sein Heimatland zurückzukehren. Aus den auf Tonprismen eingegrabenen Annalen des Assyrierkönigs Assurbanipal erfahren wir, dass dieser seinen Feldzug gegen den Elamiterkönig Te-Uman auf den Traum eines seiner Seher hin unternahm. Die Göttin Istar selbst nämlich hatte in jenem Traume des Sehers den König zu dem kriegerischen Unternehmen aufgefordert, ihm ihren Schutz versprochen und ihm Glück und Ruhm verheissen. Die Geschichte weiss zu berichten, dass die Göttin ihr im Traume verkündetes Wort hielt. Assurbanipal besiegte das elamitische Heer an den Ufern des Eulaeus, nahm Te-Uman gefangen und liess ihn enthaupten.

Nicht nur die Träume selbst, auch die Traumdeutung betrachtete das frühe Altertum als göttliches Werk. Davon spricht zuerst Jaakobs Sohn Josef. Seinen Mitgefangenen gegenüber betonte er ausdrücklich, dass die Traumdeutung von Gott komme. Vor dem Pharao verwahrte er sich dagegen, dass *er* imstande sein solle, einen Traum auszulegen. „Ich nicht!", waren seine Worte, „ein Gott möge antworten, was Pharao frommt"[1]. Als später Nebukadnezar Daniel befahl, er solle ihm nicht nur seinen Traum deuten sondern auch erraten, was er geträumt habe, vermochte Daniel dem Befehl nur deshalb Folge zu leisten, weil es einen Gott im Himmel gebe, der Geheimnisse enthülle[2].

Vom Traum als einem Sendboten der Götter sprach auch Homer noch. Schon gleich zu Beginn der „Ilias" rät Achilleus Atreus'

---

[1] Genesis 41, 16.
[2] Daniel 2, 28.

Sohn, da Krieg und Pest die Achaier dahinrafften: „Fragt einen der Opferer oder der Seher oder auch die Traumausleger; auch Träume ja kommen von Zeus"[1]. Im zweiten Gesang der „Ilias" ist es gar ein eindeutig lügenhafter Traum, mit dessen Hilfe Zeus den Agamemnon betrügt, um Achilleus zu ehren und die Danaer zu verderben: „Eile mir, täuschender Traum", gebietet der Gott, „ins Gezelt Atreus' Sohn Agamemnons und heiss' ihn rüsten zur Schlacht die Hauptumlockten Achaier, all' im Heer; denn jetzo sei leicht ihm bezwungen der Troier weitdurchwanderte Stadt. Nicht mehr zweifachen Entschlusses sei'n die olympischen Götter; bewegt schon habe sie alle Hera durch Flehn, und hinab auf Ilios schwebe Verderben"[2]. Im sechsten Gesang der „Odyssee" dagegen eilt Pallas Athene persönlich, auf die Heimkehr des „edelgesinnten Odysseus" bedacht, zur schlafenden Nausikaa. Mit dem Hintergedanken, dem eben an der Küste der Phaiakeninsel Scheria gestrandeten Odysseus hinlängliche Pflege angedeihen zu lassen, erscheint sie der Königstochter in der Traumgestalt der liebsten Gespielin und ermahnt die Schläferin, sobald der Morgen sich röte, an den Strand zu fahren, um dort ihre schönen Kleider zu waschen[3].

Auch Sokrates bedeuteten seine Träume göttliche Mahnungen, die Gehorsam heischten. Darum begann er noch während seiner letzten Lebenstage im Gefängnis auf ihr Geheiss hin zu dichten. So wenigstens lesen wir in Platons „Phaidon" über ihn: „Sage ihm denn, sprach er (Sokrates), oh Klebes, die Wahrheit, dass ich es nicht tue, um etwa gegen ihn (den Dichter Euenos) und seine Gedichte aufzutreten . . ., sondern um zu versuchen, was wohl ein gewisser Traum meine, und mich vor Schaden zu hüten, wenn etwa dies die musische Tätigkeit sein sollte, die er mir anbefiehlt. Es war nämlich dieses: es ist mir oft derselbe Traum vorgekommen in dem nun vergangenen Leben, der mir, bald in dieser, bald in jener Gestalt erscheinend, immer dasselbe sagte: ‚Sokrates' sprach er, ‚schaff und treibe musische Kunst!' Und ich dachte zuerst, der Traum wolle mich zu dem ermuntern und antreiben, was ich schon tat, und wie man die Laufenden anzutreiben pflegt, so ermuntere mich auch der Traum zu dem, was ich schon tat, Musenkunst zu treiben, weil nämlich die Philosophie die vortrefflichste Musenkunst ist und ich diese doch trieb. Jetzt aber, seit das Urteil gefällt ist und das Fest des Gottes meinen Tod noch

[1] Homers „Ilias" übersetzt von J. H. Voss. Basel 1946, erster Gesang Vers 61—63.
[2] ebenda, Zweiter Gesang, Vers 5—14.
[3] Homers „Odyssee". Sechster Gesang, Vers 13—40.

verschoben hat, dachte ich doch, ich müsse, falls etwa der Traum mir doch befähle, mich mit dieser volkstümlichen Musenkunst zu beschäftigen, auch dann nicht ungehorsam sein, sondern es tun. Denn es sei doch sicherer, nicht abzuscheiden, bis ich mein Gewissen beruhigt und Gedichte gemacht habe, um dem Traum zu gehorchen. So habe ich denn ein Gedicht auf den Gott gemacht, dem das gegenwärtige Opferfest gilt . . .". So also war auch den alten Griechen der Traum noch göttlicher Spruch oder Befehl. Darum wurden auf Träume hin sogar neue Kulte eingeführt und bestehende geändert[1]. Es war nichts Ungewöhnliches, Träume in amtliche Urkunden aufzunehmen. Träume, selbst Träume von Frauen, gehörten wie ausdrücklich erwähnt wird, zum Staatsakt.

Eine entsprechend hohe Verehrung, wie sie das frühe Altertum des westlichen Kulturkreises dem Traume entgegenbrachte, blieb ihm in der östlichen Welt des Islams, des Hinduismus und der chinesischen Philosophie durch alle Zeiten hindurch erhalten. Kennzeichnend für das nie ruhende fern-östliche Denken über das Träumen des Menschen ist schon sein Anfang. Als besonders eindrückliches Beispiel für diesen grossen Beginn darf die Überlegung des in der zweiten Hälfte des IV. Jahrhunderts v. Chr. lebenden Weisen Tschuang-Tse gelten, die wir dieser Schrift als Motto voranstellten. Sie verdient es, an dieser Stelle wiederholt zu werden. „Ich, Tschuang-Tse, träumte einst, ich sei ein Schmetterling, ein hin und her flatternder, in allen Zwecken und Zielen ein Schmetterling. Ich wusste nur, dass ich meinen Launen wie ein Schmetterling folgte, und war meines Menschenwesens unbewusst. Plötzlich erwachte ich; und da lag ich: wieder ‚ich selbst'. Nun weiss ich nicht: war ich da ein Mensch, der träumt, er sei ein Schmetterling, oder bin ich jetzt ein Schmetterling, der träumt, er sei ein Mensch?"

Im Abendlande dagegen gelangte der Traum erst Jahrhunderte später wieder zu ähnlicher Bedeutsamkeit.

Dann freilich können wir bei keinem Geringeren als dem im IV. nachchristlichen Jahrhundert lebenden Bischof Synesius von Cyrene[2] wieder lesen: „Ich bin nicht überrascht, dass einige ihren Träumen die Entdeckung eines Schatzes verdanken; dass manche andere völlig unwissend zu Bette gegangen sind und als begabte Dichter erwachten, nachdem sie sich in einem Traume mit den Musen unterhalten hatten. Ich brauche auch gar nicht erst von jenen zu sprechen, die in ihrem

[1] Jezower: Das Buch der Träume, S. 427.
[2] zit. nach R. WOOD, World of Dreams, Antology, New York 1947.

12

Schlaf von einer Gefahr Kenntnis erhielten, die ihnen drohte, oder denen in ihren Träumen von einem Heilmittel Kunde gegeben wurde, das sie kurieren konnte. Das Wunderbarste und zugleich Geheimnisvollste ist jedoch, dass der Schlaf der Seele den Weg zu den vollkommensten Einsichten in das wahre Wesen der Dinge erschliesst und dass er ihr die Fähigkeit eröffnet, über die Natur hinauszugehen und sich selbst mit der intelligiblen Sphäre zu vereinigen, von welcher sie so weit her gewandert ist, dass sie gar nicht mehr weiss, woher sie kam . . . Daraus erhellt, dass es immer ein Mensch ist, der uns belehrt, wenn wir wachen; dass es aber stets Gott ist, der uns erleuchtet, wenn wir schlafen." Im 13. Jahrhundert wurde der spanische Arzt, Alchemist und Philosoph Arnal VON VILLANOVA zum offiziellen Traumdeuter an den Höfen von Aragonien und Sizilien ernannt. Seine Kunst hatte ihn weitherum berühmt gemacht und ihn nachhaltigen Einfluss auf die Denkungsart seiner Zeitgenossen gewinnen lassen. In seinem Buche über den Traum, in seinen „Expositiones visionum quae sunt in somnii, ad utilitatem medicorum non medicam"[1] berichtet er zum Beispiel vom Regen im Traume, er könne unter anderem die wissenschaftliche Erleuchtung von seiten Gottes bedeuten. Ein Mystiker des 14. Jahrhunderts andererseits verkündete: „Ein Lehrer spricht, dass die Gegenwart von Engeln etlichen Menschen öfter im Schlafe als im Wachen erscheine, darum weil der Mensch im Schlaf mehr Ruhe hat vor der Mannigfaltigkeit der äusseren Dinge als im Wachen". Noch zu Beginn der Renaissance befassten sich fast alle grossen Ärzte, Theologen und Philosophen sehr angelegentlich mit den Träumen und ihrer Deutung. So gestand etwa der hervorragende Mailänder Arzt Hieronymus CARDANUS, dass Träume „so sonnenklar einleuchtend über die wichtigsten Dinge in meinem Leben entschieden haben"[2].

In der Zwischenzeit jedoch, zwischen dem frühen Altertum und dem Mittelalter, hatte der Traum im Westen ein erstes Mal seine Göttlichkeit eingebüsst. Zunächst war die Traumdeutung einem plumpen Schematismus verfallen. Nach PLUTARCH gab es schon im 5. Jahrhundert vor Christi Geburt Traumbücher und Traumtafeln, aus denen man Prophezeiungen und Warnungen einfach ablesen konnte. Aristoteles[3] und HIPPOKRATES stellten die göttliche Sendung

---

[1] Opera omnia, Basel 1585.

[2] Hieronymus CARDANUS: „Somniorum synesiorum, omnis generis in somnia explicantes libri IV". Bologna 1562, erste deutsche Übersetzung 1564 in Basel.

[3] Aristoteles: „Über Träume und Traumdeutungen" (übersetzt von H. Bender), Stuttgart 1885 und „Über Schlafen und Wachen", Phil. Bibl. Meiner, Leipzig 1924.

der Träume ausdrücklich in Abrede. ARISTOTELES suchte den Ursprungsort der Träume nicht mehr ausserhalb des Menschen, sondern innerhalb seiner eigenen Natur. Die Träume, sagte er, seien notwendige Erscheinungen dieser Natur. Sie stammten aus den Erlebnissen und persönlichen Verhältnissen des Träumenden, aus seinen Sorgen, Ängsten, Hoffnungen, aber auch aus seinen körperlichen Vorgängen, namentlich aus der Bewegung und der Wärme des Blutes. In seiner späten Schrift über „Traummantik" versucht er sogar, die Traumprophetie auf psycho-physiologische Art und Weise zu erklären. Seine Überzeugung von der Möglichkeit prophetischer Träume beweist immerhin, dass auch er noch im metaphysischen Grund der alten Griechen ruhte.

Erst mit Petronius, dem Berater Neros, brach dieser metaphysische Boden der alten griechischen Welt und damit bald auch diese selbst vollkommen zusammen. Selbstgewiss erklärte Petronius: „Nicht die Götter und göttliches Machtgebot schicken die Träume vom Himmel herab, sondern ein jeder macht sie sich selber". „Somnia quae mentes ludunt volantibus umbris non denubra deum, nec ab aethere numina mitunt, sed sibi quisque facit"[1]. In diesen Sätzen spricht sich bereits mit aller Deutlichkeit die erste rationalistisch-aufklärerische Geistesepoche des abendländischen Denkens aus. Freilich hatte sich dennoch ungeachtet noch im zweiten nachchristlichen Jahrhundert ein ARTEMIDOROS aus Daldis von Apollo selbst zum Traumstudium aufgerufen gefühlt. Auf Geheiss dieses Gottes sammelte dieser Lydier noch einmal das gesamte damalige Wissen über den Traum. Er trug auf seinen vielen Reisen alles zusammen, was in den verschollenen Aufzeichnungen kundiger Schriftgelehrter, in den volkstümlichen Überlieferungen, aber auch was in den Reden „verschriener Zauberer und Lotterbuben" für die Traumkunde von Bedeutung sein konnte. Seine Funde hinterliess er uns in fünf grossen Traumbüchern. Wohl anerkannte ARTEMIDOROS immer noch Träume, die von der Gottheit stammen und gut von den bedeutungslosen Träumen zu unterscheiden seien, da diese von den Beschäftigungen des Tages, von Begierden, Affekten und körperlichen Ursachen herrühren sollen. Im wesentlichen sind diese Traumbücher jedoch nur mehr eine schematisch nach Gebieten geordnete Aufzählung von Traumbildern. Ihre Deutung geschieht zum grossen Teil ganz mechanisch nach einer von alters her fixierten

---

[1] Ant. Lat. 651 r. Vgl. auch L. BINSWANGER: „Wandlungen in der Auffassung und Deutung des Traumes", Berlin 1928, und „Traum und Existenz", in Ausgew. Vorträge und Aufsätze, Bern 1947, S. 90.

starren Chiffriermethode. Trotzdem sind in diesen Traumbüchern des Artemidoros manche psychologischen Winke zu finden, die erstaunlich modern anmuten[1]. Jedenfalls vermochte dieses Werk des ARTEMIDOROS auf die gesamte Traumliteratur der Folgezeit einen entscheidenden Einfluss auszuüben. Bis zu Beginn der neuzeitlich-naturwissenschaftlichen Untersuchungen sind nur wenige Schriften über den Traum ohne die Traumbücher des Artemidoros zu denken. Kein Geringerer als Philipp MELANCHTHON hat die deutsche Ausgabe der fünf Traumbücher des Artemidoros mit einer ausführlichen Einleitung versehen, in der dieser protestantische Theologe und Freund Luthers namentlich auf den Nutzen der Träume für die Medizin hinwies.

Nicht weniger schlecht als zu Neros Zeiten erging es den Träumen wieder in der neuzeitlichen Aufklärungsepoche des 17. und 18. Jahrhunderts. Schon der Vorläufer des Positivismus, TH. HOBBES, sah von neuem in allen Träumen nichts als den Effekt somatischer Reize. Auch VOLTAIRE hielt die Annahme, Träume könnten Voraussagen und Prophezeiungen geben, für abergläubischen Unsinn. Für ihn sind Träume ebenfalls meist Ausdruck somatischer Reize oder exzessiver Leidenschaftlichkeit. KANT warnt zwar vor einer Geringschätzung der Träume, weil man „in diesem Falle vermutlich ein grosses Geheimnis der Natur mit Achtlosigkeit" übergehe[2]. Er vermutet sogar, dass die Vorstellungen im Schlafe „klärer und ausgebreiteter sein mögen, als selbst die klärsten im Wachen". Doch dann fährt er fort, von diesen Vorstellungen selbst könne man aber, da der Körper im Schlaf nicht mitempfunden werde, gar kein Bewusstsein haben. Auf keinen Fall dürfe man die Träume damit verwechseln. Nämlich „die Träume, das ist, die Vorstellungen des Schlafenden, deren er sich beim Erwachen erinnert, gehören nicht hierher. Denn alsdann schläft der Mensch nicht völlig; er empfindet in einem gewissen Grade klar und webt seine Geisteshandlungen in die Eindrücke der äussern Sinne. Daher er sich ihrer zum Teil nachher erinnert, aber auch an ihnen lauter wilde und abgeschmackte Chimären antrifft"[3]. In seinen Re-

---

[1] Artemidoros: „De somniorum interpretatione libri V", Basilea 1544 und „Symbolik der Träume" (übersetzt von Fr. S. Krauss, Wien 1881); vgl. hiezu: S. FREUD: „Die Traumdeutung", Leipzig und Wien 1922, 7. Aufl., S. 3; J. JACOBI, Ciba-Zschr., 1945, S. 3374f.; W. KURTH: „Das Traumbuch des Artemidoros im Lichte der FREUDschen Traumlehre". Psyche, 1951, S. 488.

[2] I. KANT: „Deutlichkeit der Grundsätze der natürlichen Theologie und Moral". 2. Beitr.

[3] ders.: „Träume eines Geistersehers" Text der Ausgabe (A), 1766, Leipzig 1880 (K. Kehrbach), S. 27, Anm.

flexionen zur Anthropologie bringt KANT die Träume zudem in die unmittelbare Nachbarschaft des Aberglaubens, der Zauberei und nicht zuletzt auch des „Magendrückens"[1].

Eine neue kurze Renaissance wurde dem Träumen noch einmal zur Zeit der Romantik zuteil. Gotthilf Heinrich SCHUBERT zum Beispiel[2] rühmte den Traum zu Beginn des letzten Jahrhunderts von neuem als eine Befreiung des Geistes von der Gewalt der äusseren Natur und sah in ihm eine Loslösung der Seele von den Fesseln der Sinnlichkeit. Auch der jüngere FICHTE gesellte sich zu den Bewunderern, die den Traum als einen Aufschwung des Seelenlebens zu einer höheren Stufe betrachteten. Nicht nur die Philosophen, auch Neurologen wie etwa BURDACH äusserten sich in jener, der geistigen Alleinherrschaft der technischen Wissenschaften vorangehenden Periode noch in ähnlicher Weise über den Traum. Für ihn war der Traum „die Naturtätigkeit der Seele, welche nicht durch die Macht der Individualität beschränkt, nicht durch Selbstbewusstsein gestört, nicht durch Selbstbestimmung gerichtet wird, sondern die in freiem Spiel sich ergehende Lebendigkeit der sensiblen Zentralpunkte"[3]. Dieses Schwelgen im freien Gebrauch der eigenen Lebendigkeit stellte sich BURDACH als einen Zustand vor, in welchem die Seele sich erfrischt und neue Kräfte für die Tagesarbeit sammelt. Deshalb zitiert und akzeptierte BURDACH denn auch die Stelle, an der der Dichter NOVALIS das Walten des Traumes mit den Worten preiste: „Der Traum ist eine Schutzwehr gegen die Regelmässigkeit und Gewöhnlichkeit des Lebens, eine freie Erholung der gebundenen Phantasie, wo sie alle Bilder des Lebens durcheinanderwirft und die beständige Ernsthaftigkeit des erwachsenen Menschen durch ein fröhliches Kinderspiel unterbricht. Ohne die Träume würden wir gewiss früher alt, und so kann man den Traum, wenn auch nicht als unmittelbar von oben gegeben, doch als göttliche Mitgabe, einen freundlichen Begleiter auf der Wallfahrt zum heiligen Grab betrachten."[4] Fast noch eindringlicher schildert ein zweiter berühmter Nervenarzt aus der ersten Hälfte des 19. Jahrhunderts, PURKINJE, die erfrischende und heilende Tätigkeit des Traumes. Er schrieb: „Besonders vermitteln die produktiven Träume diese Funktion. Es sind leichte Spiele der Imagination, die mit des

---

[1] I. KANT: „Reflexionen KANTS zur Anthropologie", herausgegeb. von B. ERDMANN, Leipzig 1882, S. 105.

[2] G. H. SCHUBERT: Die Symbolik des Traumes. Bamberg 1914.

[3] BURDACH: „Die Physiologie als Erfahrungswissenschaft. 1830, III. BD. S. 486.

[4] NOVALIS: IV. S. 58.

Tages Gegebenheiten keinen Zusammenhang haben. Die Seele will die Spannungen des wachen Lebens nicht fortsetzen, sondern sie auflösen, sich von ihnen erholen. Sie erzeugt vorerst denen des Wachens entgegengesetzte Zustände, sie heilt Traurigkeit durch Freude, Sorgen durch Hoffnung und heitere, zerstreuende Bilder, Hass durch Liebe und Freundlichkeit, Furcht durch Mut und Zuversicht."[1]

Als die vielleicht bedeutendste und zugleich formvollendetste Studie über das Wesen des Traumes, die wir jener Zeit verdanken, darf die Schrift F. W. HILDEBRANDTS „Der Traum und seine Verwertung fürs Leben"[2] gelten. „Der Traum", so heisst es darin, „lässt uns wohl bisweilen in Tiefen und Falten unseres Wesens blicken, die uns im Zustande des Wachens meist verschlossen bleiben. Er bringt uns so feine Aperçus der Selbsterkenntnis, so lehrreiche Enthüllungen halb unbewusster Gemütsanlagen und Kräfte, dass wir erwachend staunen möchten über den Dämon, der mit wahrem Falkenauge uns in die Karten blickt." Auch als einen Warner hatte HILDEBRANDT den Traum schon erkannt. Er könne uns auf verborgene Schäden unserer Seele aufmerksam machen, schrieb er, wie er andererseits auch nach dem Zugeständnis der alten Ärzte bisher unbemerkt gebliebene körperliche Leiden dem Bewusstsein zu verkünden vermöge: „Der Traum warnt, warnt von innen heraus, als die Stimme eines Wächters, der auf dem Zentralobservatorium unseres Seelenlebens steht. Er warnt vor dem Fortschreiten auf Wegen, die wir im Grunde schon betreten haben." Ganz ähnlich wie HILDEBRANDT hatte schon vor ihm HERDER den Traum als einen Weg in „des Herzens Tief und des Geistes" begrüsst.

Eine besondere Hervorhebung verdienen ferner die Traumstudien Karl Albrecht SCHERNERS. In seinem Buch über „Das Leben des Traumes"[3] nämlich sollte vier Jahrzehnte später Sigmund FREUD den geeigneten Anknüpfungspunkt für seine eigene epochemachende Traumlehre finden. Freilich schilderte zunächst auch SCHERNER, wie im Traum die „Zentralität, die spontane Energie des Ichs entnervt" werde. Gleich aber beeilte er sich zu rühmen: „Das Bilderleben (des Traumes) wirft alle ihm von der Ichheit auferlegten Fesseln ab und wird frei", so dass die als Phantasie zu benennende Tätigkeit

[1] PURKINJE: „Wachen, Schlaf, Traum und verwandte Zustände". WAGNERS Handwörterbuch der Physiologie, 1846, S. 456. Vgl. hiezu auch die Untersuchungen SANTE DE SANCTIS über „Komplementärträume bei Melancholikern", in: Die Träume, übersetzt von Schmidt, Halle 1901.

[2] F. W. HILDEBRANDT: „Der Traum und seine Verwertung fürs Leben", Leipzig 1875.

[3] A. SCHERNER: „Das Leben des Traumes". Berlin 1861.

der Seele frei von aller Verstandesherrschaft und damit der strengen Masse ledig zur unbeschränkten Herrschaft sich aufschwinge. „Sie nimmt zwar", fährt SCHERNER fort, „die letzten Bausteine aus dem Gedächtnis des Wachens, aber führt aus ihnen Gebäude auf, die von den Gebilden des Wachens himmelweit verschieden sind. Sie zeigt eine Vorliebe für das Ungemessene, Übertriebene, Ungeheuerliche. Zugleich gewinnt sie durch die Befreiung von den hinderlichen Denkkategorien eine grössere Schmiegsamkeit, Behendigkeit, Wendungslust; sie ist aufs feinste empfindsam für die zarten Stimmungsreize des Gemütes, für die wühlerischen Affekte, sie bildet sofort das innere Leben in die äussere plastische Anschaulichkeit hinein. Der Traumphantasie fehlt die Begriffssprache, was sie sagen will, muss sie anschaulich hinmalen, und da der Begriff hier nicht schwächend einwirkt, malt sie es in Fülle, Kraft und Grösse der Anschauungsform hin. Besonders erschwert wird die Deutlichkeit ihrer Sprache dadurch, dass sie die Abneigung hat, ein Objekt durch sein eigentliches Bild auszudrücken und lieber ein fremdes Bild wählt, insofern dieses nur dasjenige Moment dieses Objektes, an dessen Darstellung ihr liegt, durch sich auszudrücken imstande ist. Das ist die symbolisierende Tätigkeit der Phantasie . . ." Diese symbolisierende Phantasietätigkeit stellt SCHERNER als *die* Zentralkraft eines jeden Traumes hin. Sie bleibe dies, sagt er, ob der Traum nun seiner Lieblingsdarstellung des menschlichen Organismus, des Symbols des Hauses nämlich, sich bediene, oder ob die atmende Lunge in einem flammenerfüllten Ofen mit seinem luftartigen Brausen ihre symbolhafte Darstellung finde, oder ob die Erotik einer Träumerin in ihren Träumen sich in der Verfolgung durch nackte Männer ausdrücke.

Von der sich gegen das Ende des 19. Jahrhunderts ausbreitenden Allmacht des materialistisch-mechanistischen Denkens wurde dann jedoch die ehemals göttliche Traumdeutekunst erst recht wieder in die Hinterstuben des dunkelsten Aberglaubens und in die Praktiken skrupelloser Schwindler verwiesen. Wenn das technisch-naturwissenschaftliche Verständnis schon in den gescheitesten Gedanken und in den edelsten Gefühlen des wachen Menschen schliesslich nichts mehr anderes als ein mehr oder weniger notwendiges Sekret der Gehirnzellen, ein blosses Epiphänomen ihrer Molekülmechanik erblicken konnte, so war man schon gar nicht mehr bereit, dem so flüchtigen und zudem häufig allem rationalen Denken spottenden Phänomen unserer Nächte noch irgendeinen Wert oder Sinn zuzubilligen. Wo immer man in der wissenschaftlichen Welt dieser Jahre dem Traume überhaupt noch einiges Interesse entgegenbrachte, galt die Ansicht,

18

wie sie damals etwa HERBART formulierte. Dieser aber bezeichnete den Traum als „ein allmähliches, partielles und zugleich sehr anomalisches Wachen". Eine ähnliche, ebenso bezeichnende Beschreibung finden wir in dem 1878 erschienenen Werk über den Traum von C. BINZ[1]. In ihm wird der Übergang des Traumlebens ins Wachen mit den Worten geschildert: „Immer geringer werden, nämlich gegen den Morgen zu, die in dem Gehirnweiss aufgehäuften Ermüdungsstoffe, und immer mehr von ihnen wird zerlegt und von dem rastlos treibenden Blutstrom fortgespült. Da und dort leuchten schon einige Zellhaufen, wachgeworden, hervor, während ringsherum noch alles in Erstarrung ruht. Es tritt nun die isolierte Arbeit der Einzelgruppen vor unser umnebeltes Bewusstsein, und zu ihr fehlt die Kontrolle anderer, der Assoziation vorstehender Gehirnteile. Darum fügen die geschaffenen Bilder, welche meist den materiellen Eindrücken naheliegender Vergangenheit entsprechen, sich wild und regellos aneinander. Immer grösser wird die Zahl der freiwerdenden Gehirnzellen, immer geringer die Unvernunft des Traumes". Gegen Ende seines vielbeachteten Buches kommt BINZ gar zum Schluss: „Alle Tatsachen, wie wir sehen, drängen dahin, den Traum als einen körperlichen, in allen Fällen unnützen, in vielen Fällen geradezu krankhaften Vorgang zu kennzeichnen." G. TH. FECHNER fügt diesem vernichtenden Urteil in seinen „Elementen der Psychophysik"[2] noch das Gleichnis hinzu: es sei, als ob die psychologische Tätigkeit im Traume aus dem Gehirn eines Vernünftigen in das eines Narren übersiedelt wäre. MAURY[3] wiederum meint, das wache Denken verhalte sich zu den Sprüngen der Traumbilder etwa so wie die normale Motilität zu gewissen choreatischen oder paralytischen Bewegungsformen.

Wie vortrefflich stimmen diese Meinungen des ausgehenden 19. Jahrhunderts über den Traum mit den Auffassungen jener anderen, bereits erwähnten Aufklärungszeit vor zwei Jahrtausenden überein! Damals schon schrieb zum Beispiel CICERO: „Nihil tam praepostere, tam incondite, tam monstruose cogitare potest, quod non possimus sognare". (Es lässt sich nichts so Verkehrtes, so Wirres, so Monströses denken, das wir nicht träumen können.) Am Schluss seines Werkes „De divinatione", in dem CICERO den göttlichen Charakter der Träume bestreitet, fügte er noch hinzu: „Wenn also weder ein Gott der Schöpfer der Träume ist, noch die Natur irgendwelche Ge-

---

[1] C. BINZ: Über den Traum. Bonn 1878.
[2] G. TH. FECHNER: „Elemente der Psychophysik", 1889.
[3] A. MAURY: Le Someil et les rêves. Paris 1878.

meinschaft mit den Träumen hat, noch durch Beobachtung eine Wissenschaft erfunden werden kann, so ist bewiesen, dass man den Träumen durchaus keinen Glauben schenken darf"[1].

Wenn es hoch kam, liessen unsere naturwissenschaftlichen Forscher vor der letzten Jahrhundertwende — wie zu Zeiten Ciceros — den Traum noch etwa als ein sogenanntes Leibreizphänomen gelten. Sie meinten damit, dass die Traumbilder als seelische Spiegelungen der während des Schlafens empfangenen inneren Sinnesempfindungen aufzufassen seien. Nach WUNDT[2] etwa sollten nicht ganz erloschene Erregungen der Netzhaut die Ursachen von Träumen sein, in denen zahllose Vögel oder Schmetterlinge auftauchen. STRÜMPELL[3] wiederum erklärte den typischen Fliegetraum als das von der Seele gebrauchte Bild, mit dem sie die innere Leibesempfindung des Auf- und Absteigens der atmenden Lungenflügel darzustellen versuche. Der Theorie von der Verbildlichung eigener Leibesempfindungen glaubte schliesslich KRAUSS[4] dadurch noch mehr Gewicht verleihen zu können, dass er für sie den Begriff der Traumsubstanziation in Anspruch nahm.

Nicht nur innere Körpersensationen hielt man für Traumerreger, auch in Sinnesreizen, die von aussen kommen, erblickte man eine Quelle der Traumbildung. JESSEN[5] etwa schrieb 1856: „Jedes undeutlich wahrgenommene Geräusch erweckt entsprechende Traumbilder. Das Rollen des Donners versetzt uns mitten in eine Schlacht, das Krähen eines Hahnes kann sich in das Angstgeschrei eines Menschen verwandeln, das Knarren einer Türe Träume von räuberischen Einbrechern hervorrufen. Wenn wir des Nachts die Bettdecke verlieren, so träumen wir vielleicht, dass wir nackt umhergehen oder dann, dass wir ins Wasser gefallen sind. Wenn wir schräg im Bette liegen und die Füsse über den Rand desselben herauskommen, so träumt uns vielleicht, dass wir am Rande eines schrecklichen Abgrundes stehen, oder dass wir von einer steilen Höhe hinabstürzen."

Zwanzig Jahre später versuchte MAURY diese Traumtheorie der Illusionsbildung aus äusseren Sinneseindrücken experimentell zu bestätigen. Dabei konnte er feststellen, dass einer, der während des Schlafes mit einer Feder an den Lippen und an der Nasenspitze ge-

---

[1] CICERO: De divinatio II, 71, S. 147.

[2] WUNDT: Grundzüge der physiologischen Psychologie. II. Bd., 2. Aufl. 1880.

[3] L. STRÜMPELL: Die Natur und Entstehung der Träume. Leipzig 1877.

[4] A. KRAUSS: „Der Sinn im Wahnsinn". Allg. Zschr. f. Psychologie XV und XVI, 1858/59.

[5] JESSEN: Versuch einer wissenschaftlichen Begründung der Psychologie. Berlin 1856.

kitzelt wird, träumt, er werde einer schrecklichen Tortur unterzogen: eine Pechlarve werde ihm aufs Gesicht gelegt, dann weggerissen, so dass die Haut mitgehe. Ein andermal wetzte jemand eine Schere an einer Pinzette nahe am Ohr des schlafenden MAURY. Da hörte dieser Autor im Traume Glockenläuten, dann Sturmläuten und fühlte sich in die Junitage 1848 zurückversetzt.

I. Teil

DIE NEUZEITLICHEN TRAUMTHEORIEN

1. Die Traumtheorie Sigmund FREUDS

Die wissenschaftliche Bescheidung, mit der sich die materialistisch-positivistische Traumforschung der zweiten Hälfte des 19. Jahrhunderts zufrieden gab, ist uns heute kaum mehr begreiflich. Denn inzwischen ist uns allen klargeworden, dass die vor der Jahrhundertwende allein gültige Leibreiztheorie des Traumes gerade die interessanteste Seite des Phänomens völlig ausser acht liess. Wurde doch in dieser Theorie die wichtige Frage gänzlich übergangen, warum denn ein Traum auf einen äusseren oder inneren Sinnesreiz hin gerade dieses und kein anderes der tausend möglichen Bilder zu seiner Darstellung benützte. Dabei drängt sich dieses Problem gerade etwa bei einem Traum, wie ihn seinerzeit M. SIMON [1] berichtete, aufdringlich genug in den Vordergrund. In diesem Traume nämlich sah der Autor riesengrosse Personen bei Tisch sitzen und hörte deutlich das furchtbare Geklapper, das ihre aufeinanderschlagenden Kiefer beim Kauen erzeugten. Als er gleich darauf erwachte, vernahm er den Hufschlag eines vor seinem Fenster vorbeigaloppierenden Pferdes. Mit der Entdeckung dieses akustischen Reizes glaubte der für seine Zeit repräsentative Traumforscher SIMON seinen Traum zureichend erklärt zu haben. Wenn jedoch schon der Lärm der Pferdehufe gerade Traumvorstellungen wie aus dem Erinnerungskreis von Gullivers Reisen wachgerufen hatte, sollte da die Auswahl eines für den Reiz so ungewöhnlichen Erinnerungskreises nicht ausserdem durch andere Motive erleichtert gewesen sein? Hat hier nicht die im Schlafe eingreifende objektive Sinnesreizung des Gehörs als Traumquelle nur eine bescheidene Rolle gespielt? Haben im Grunde nicht ganz andere Momente die Auswahl der wachzurufenden Erinnerungsbilder ausschlaggebend determiniert? Alle diese mit der Traumerklärung SIMONS unzufriedenen Fragen liegen heute auf jedermanns Lippen. Wer sie aber für uns wörtlich so und bei eben diesem Traume SIMONS vor einem Dreivierteljahrhundert zum erstenmal stellte, war Sigmund FREUD. Er war es, der damit auf die gewaltige „Überschätzung der

[1] M. SIMON: „Le monde des rêves". Paris 1888.

nicht aus dem Seelenleben stammenden Reize für die Traumbildung" aufmerksam machte [1]. Freilich dachte FREUD mit diesen Fragen der in der damaligen Psychiatrie herrschenden Denkrichtung radikal entgegen. Er war sich dessen völlig bewusst und ahnte selbst, dass alles, was eine Unabhängigkeit des Seelenlebens von nachweisbaren organischen Veränderungen, was eine Spontaneität in seinen Äusserungen erweisen könnte, die Psychiater von damals gewaltig erschrecken werde [2]. Mit dieser Befürchtung sollte FREUD nur allzu recht behalten; denn der Schreck über seine neuartige Fragestellung löste in der wissenschaftlichen Welt einen eigentlichen Totstellreflex aus. Darum vernehmen wir im Vorwort zur zweiten Auflage von FREUDS „Traumdeutung" die aufschlussreichen Worte: „Dass von diesem schwer lesbaren Buche noch vor Vollendung des ersten Jahrzehnts eine zweite Auflage notwendig geworden ist, verdanke ich nicht dem Interesse der Fachkreise, an die ich mich damit gewendet habe. Meine Kollegen von der Psychiatrie scheinen sich keine Mühe gegeben zu haben, über das anfängliche Befremden hinauszukommen, welches meine neuartige Auffassung des Traumes erwecken konnte, und die Philosophen von Beruf, die nun einmal gewohnt sind, die Probleme des Traumlebens als Anhang zu den Bewusstseinszuständen mit einigen — meist den nämlichen — Sätzen abzuhandeln, haben offenbar nicht bemerkt, dass man gerade an diesem Ende allerlei hervorziehen könne, was zu einer gründlichen Umgestaltung unserer psychologischen Lehre führen muss."

Die Darstellung seiner neuen Auffassung vom Traume hatte FREUD aber in eben diesem Werke, das gerade im Geburtsjahr unseres Jahrhunderts erschienen war, mit den folgenden stolzen und inhaltsreichen Sätzen eingeleitet: „Auf den folgenden Blättern werde ich den Nachweis erbringen, dass es eine psychologische Technik gibt, welche gestattet, Träume zu deuten und dass bei Anwendung dieses Verfahrens jeder Traum sich als ein sinnvolles psychisches Gebilde herausstellt, welches an angebbarer Stelle in das seelische Treiben des Wachens einzureihen ist." Wohl weiss auch FREUD, dass der Eindruck, den der Traum unserem wachen Urteil macht, der Auffassung entgegenkommt, seine Eigentümlichkeiten seien durch eine psychische Minderleistung im Schlafzustand zu erklären. Der Traum, gibt FREUD zu, erscheine wirklich unzusammenhängend, vereinige ohne Anstoss die ärgsten Widersprüche, lasse Unmöglichkeiten zu, lasse

---

[1] S. FREUD: „Die Traumdeutung", 7. Aufl., Leipzig und Wien 1922, S. 29.
[2] S. FREUD: a. a. O., S. 30.

24

unser bei Tage einflussreiches Wissen beiseite, zeige uns ethisch und moralisch stumpfsinnig. Wer sich im Wachen so benehmen würde, wie es der Traum manchmal in seinen Situationen vorführe, den würden wir für wahnsinnig halten; wer im Wachen so spräche oder solche Dinge mitteilen wollte, wie sie im Trauminhalt vorkommen, der würde uns den Eindruck eines Verworrenen und eines Schwachsinnigen machen [1]. Trotzdem gehe es keineswegs an, das Traumproblem deshalb einfach wie bisher mit der Annahme eines partiellen Wachens erledigen zu wollen. Denn zu solcher Erklärung habe ja schon 1830 der berühmte Neurologe BURDACH bemerkt: „Wenn man sagt, der Traum sei ein partielles Wachen, so wird damit erstlich weder das Wachen noch das Schlafen erklärt, zweitens nichts anderes gesagt, als dass einige Kräfte der Seele im Traum tätig sind, während andere ruhen. Aber solche Ungleichheit findet während des ganzen Lebens statt."

Vor allem aber konnte FREUD auf die Leistungen des Traumgedächtnisses aufmerksam machen, die jene des wachen Erinnerungsvermögens oft bei weitem übertreffen. Gerade diese „hypermnestischen" Fähigkeiten des Traumbewusstseins seien ja eines der wichtigsten Indizien dafür, dass nichts, was wir geistig einmal besessen, ganz und gar verloren gehen könne, oder wie DELBŒUF es ausdrücke, „que toute impression, même la plus insignifiante, laisse une trace inaltérable, indéfiniment susceptible de reparaître au jour." Selbst MAURY, so sehr diesem der Traum theoretisch bloss „toute une série de dégradations de faculté pensante et raisonnante" bedeutete und er in ihm nur einen der berühmten „automatismes mentales" der französischen Psychiatrie sehen konnte, erzählte aus eigener praktischer Erfahrung ein bezeichnendes Erlebnis. Er sei nämlich, schreibt er, als Kind häufig von seiner Vaterstadt Meaux nach dem nahegelegenen Trilport gekommen, wo sein Vater den Bau einer Brücke leitete. In einer Nacht versetzt ihn der Traum, als er schon lange erwachsen war, von neuem nach Trilport und lässt ihn wieder in den Strassen der Stadt spielen. Ein Mann nähert sich ihm, der eine Art Uniform trägt. MAURY fragt ihn nach seinem Namen; er stellt sich vor, er heisse C... und sei Brückenwächter. Nach dem Erwachen fragt der an der Wirklichkeit der Erinnerung noch zweifelnde MAURY eine alte Dienerin, die seit der Kindheit bei ihm ist, ob sie sich an einen Mann dieses Namens erinnern könne. „Gewiss", lautet die Antwort, „er war der Wächter der Brücke, die Ihr Vater damals gebaut hat."

---

[1] S. FREUD: a. a. O., S. 38.

Man halte sich nun, schliesst FREUD aus solchen Beispielen, diese ausserordentliche Leistungsfähigkeit des Gedächtnisses im Traume vor Augen, um den inneren Widerspruch in all den Theorien lebhaft zu empfinden, die die Absurdität und Inkohärenz des Traumes auf eine blosse psychische Spiegelung momentaner Leibreize zurückführen oder durch ein partielles Vergessen des uns am Tage Bekannten erklären wollen.

FREUD erinnert darum die damals noch ganz einseitig naturwissenschaftlich-materialistisch orientierten Psychiater an die vorhergehende geistige Epoche, in der die Philosophie und nicht die exakten Naturwissenschaften die Geister beherrscht habe. Bei diesen Denkern hätten die psychischen Leistungen des Traumes eine viel bereitwilligere und wärmere Anerkennung gefunden. So habe Gotthilf Heinrich SCHUBERT [1] den Traum als eine Befreiung des Geistes von der Gewalt der äusseren Natur gerühmt und in ihm eine Loslösung der Seele von den Fesseln der Sinnlichkeit gesehen. Auch der jüngere FICHTE hatte sich zu den Bewunderern des Traumes gesellt, die den Traum als einen Aufschwung des Seelenlebens zu einer höheren Stufe betrachteten. Doch nicht nur die Philosophen, auch der Neurologe BURDACH äusserte sich in jener, der geistigen Alleinherrschaft der technischen Wissenschaften vorangehenden Periode noch in ähnlicher Weise über den Traum. Für ihn war der Traum „die Naturtätigkeit der Seele, welche nicht durch die Macht der Individualität beschränkt, nicht durch Selbstbewusstsein gestört, nicht durch Selbstbestimmung gerichtet wird, sondern die in freiem Spiel sich ergehende Lebendigkeit der sensiblen Zentralpunkte" [2]. Dieses Schwelgen im freien Gebrauch der eigenen Lebendigkeit stellte sich dabei BURDACH als einen Zustand vor, in welchem die Seele sich erfrischt und neue Kräfte für die Tagesarbeit sammelt. Deshalb zitiert und akzeptiert BURDACH denn auch die Stelle, an der der Dichter NOVALIS das Walten des Traumes mit den Worten preist: „Der Traum ist eine Schutzwehr gegen die Regelmässigkeit und Gewöhnlichkeit des Lebens, eine freie Erholung der gebundenen Phantasie, wo sie alle Bilder des Lebens durcheinanderwirft und die beständige Ernsthaftigkeit des erwachsenen Menschen durch ein fröhliches Kinderspiel unterbricht. Ohne die Träume würden wir gewiss früher alt, und so kann man den Traum, wenn auch nicht als unmittelbar von oben gegeben, doch als göttliche Mitgabe, einen freundlichen Begleiter auf der Wallfahrt

---

[1] G. H. SCHUBERT: „Die Symbolik des Traumes", 1814.

[2] BURDACH: „Die Physiologie als Erfahrungswissenschaft. 1830, III. Bd., S. 486.

zum heiligen Grabe betrachten[1]." Fast noch eindringlicher schildert ein zweiter berühmter Nervenarzt aus der ersten Hälfte des 19. Jahrhunderts, PURKINJE, die erfrischende und heilende Tätigkeit des Traumes. Er schrieb: „Besonders vermitteln die produktiven Träume diese Funktion. Es sind leichte Spiele der Imagination, die mit des Tages Gegebenheiten keinen Zusammenhang haben. Die Seele will die Spannungen des wachen Lebens nicht fortsetzen, sondern sie auflösen, sich von ihnen erholen. Sie erzeugt vorerst denen des Wachens entgegengesetzte Zustände, sie heilt Traurigkeit durch Freude, Sorgen durch Hoffnung und heitere, zerstreuende Bilder, Hass durch Liebe und Freundlichkeit, Furcht durch Mut und Zuversicht[2]."

Als die bedeutendste und zugleich formvollendetste Studie über das Wesen des Traumes, die wir jener Zeit verdanken, bezeichnete FREUD die Schrift F. W. HILDEBRANDTS „Der Traum und seine Verwertung fürs Leben"[3]. „Der Traum", so heisst es darin, „lässt uns wohl bisweilen in Tiefen und Falten unseres Wesens blicken, die uns im Zustande des Wachens meist verschlossen bleiben. Er bringt uns so feine Aperçus der Selbsterkenntnis, so lehrreiche Enthüllungen halb unbewusster Gemütsanlagen und Kräfte, dass wir erwachend staunen möchten über den Dämon, der mit wahrem Falkenauge uns in die Karten blickt." Auch als einen Warner hatte HILDE BRANDT den Traum schon erkannt. Er könne uns auf verborgene Schäden unserer Seele aufmerksam machen, schreibt er, wie er andererseits auch nach dem Zugeständnis der alten Ärzte bisher unbemerkt gebliebene körperliche Leiden dem Bewusstsein zu verkünden vermöge: „Der Traum warnt, warnt von innen heraus, als die Stimme eines Wächters, der auf dem Zentralobservatorium unseres Seelenlebens steht. Er warnt vor dem Fortschreiten auf Wegen, die wir im Grunde schon betreten haben." Ganz ähnlich wie HILDEBRANDT hatte schon vor ihm HERDER den Traum als einen Weg in „des Herzens Tief und des Geistes" begrüsst.

Eine besondere Hervorhebung verdienen jedoch vor allem die Traumstudien Karl Albrecht SCHERNERS. Denn es war in dessen Buch über „Das Leben des Traumes"[4], in dem vier Jahrzehnte

[1] NOVALIS: IV. S. 58.

[2] PURKINJE: „Wachen, Schlaf, Traum und verwandte Zustände". WAGNERS Handwörterbuch der Physiologie, 1846, S. 456. Vgl. hiezu auch die Untersuchungen SANTE DE SANCTIS über „Komplementärträume bei Melancholikern" in: Die Träume, übersetzt von SCHMIDT, Halle 1901.

[3] F. W. HILDEBRANDT: „Der Traum und seine Verwertung fürs Leben", Leipzig 1875.

[4] A. SCHERNER: „Das Leben des Traumes". Berlin 1861.

später Sigmund FREUD den geeigneten Anknüpfungspunkt für seine eigene epochemachende Traumlehre fand. Freilich schilderte zunächst auch SCHERNER, wie im Traum die „Zentralität, die spontane Energie des Ichs entnervt" werde. Gleich aber beeilte er sich zu rühmen: „Das Bilderleben (des Traumes) wirft alle ihm von der Ichheit auferlegten Fesseln ab und wird frei", so dass die als Phantasie zu benennende Tätigkeit der Seele frei von aller Verstandesherrschaft und damit der strengen Masse ledig zur unbeschränkten Herrschaft sich aufschwingt. „Sie nimmt zwar", fährt SCHERNER fort, „die letzten Bausteine aus dem Gedächtnis des Wachens, aber führt aus ihnen Gebäude auf, die von den Gebilden des Wachens himmelweit verschieden sind. Sie zeigt eine Vorliebe für das Ungemessene, Uebertriebene, Ungeheuerliche. Zugleich gewinnt sie durch die Befreiung von den hinderlichen Denkkategorien eine grössere Schmiegsamkeit, Behendigkeit, Wendungslust; sie ist aufs feinste empfindsam für die zarten Stimmungsreize des Gemütes, für die wühlerischen Affekte, sie bildet sofort das innere Leben in die äussere plastische Anschaulichkeit hinein. Der Traumphantasie fehlt die Begriffssprache, was sie sagen will, muss sie anschaulich hinmalen, und da der Begriff hier nicht schwächend einwirkt, malt sie es in Fülle, Kraft und Grösse der Anschauungsform hin. Besonders erschwert wird die Deutlichkeit ihrer Sprache dadurch, dass sie die Abneigung hat, ein Objekt durch sein eigentliches Bild auszudrücken und lieber ein fremdes Bild wählt, insofern dieses nur dasjenige Moment dieses Objektes, an dessen Darstellung ihr liegt, durch sich auszudrücken imstande ist. Das ist die symbolisierende Tätigkeit der Phantasie . . ." Diese symbolisierende Phantasietätigkeit stellt SCHERNER als *die* Zentralkraft eines jeden Traumes hin. Sie bleibe dies, sagt er, ob der Traum nun seiner Lieblingsdarstellung des menschlichen Organismus, des Symbols des Hauses nämlich sich bediene, oder ob die atmende Lunge in einem flammenerfüllten Ofen mit seinem luftartigen Brausen ihre symbolhafte Darstellung finde, oder ob die Erotik einer Träumerin in ihren Träumen sich in der Verfolgung durch nackte Männer ausdrücke.

Zugegeben, sagt FREUD dazu, die Willkürlichkeit und Losgebundenheit von allen Regeln der wissenschaftlichen Forschung scheine in diesen SCHERNERschen Ansichten nur zu augenfällig. Gegen ihre Verwerfung *vor* aller Prüfung müsse er aber doch als gegen ein allzu hochmütiges Vorgehen ein Veto einlegen. Denn diese SCHERNERsche Lehre handle immerhin von einem Gegenstand, der dem Menschen durch Jahrtausende rätselhaft, wohl aber zugleich inhalts- und beziehungsreich erschienen sei und zu dessen Erhellung die gestrenge Wissenschaft, wie sie selbst bekenne, nicht viel anderes beigetragen habe, als dass sie — in vollem Gegensatz zur populären Empfindung — dem Objekt Inhalt und Bedeutsamkeit abzusprechen versuche. Und wenn man SCHERNERS Ansichten etwa reine Phantastik vorwerfen wolle, so müsse man doch bedenken, dass auch Ganglienzellenphantastik möglich sei. Die Beschreibung des Traumvorganges durch BINZ als eines Hinziehens der Aurora des Erwachens über die eingeschlafenen Zellhaufen der Hirnrinde [1] und unzählige andere analoge Schilderungen nüchterner und exakter Naturforscher jener Zeit ständen, sagt FREUD, wahrlich an Phantastik und an Unwahrscheinlichkeit keineswegs hinter dem SCHERNERschen Deutungsversuch zurück [2].

Damit sich freilich die SCHERNERschen Keime einer Traumlehre zu immer prägnanterer Begrifflichkeit entfalten und schliesslich gar zum Grundstock einer neuen Psychologie von grossartiger Geschlossenheit werden konnten, bedurfte es noch eines unerhörten Wagnisses. Das aber ereignete sich erst in der grundlegenden Geistestat FREUDS, deren schon einmal Erwähnung getan wurde, weil FREUD selbst sie bereits in der Einleitung zu seiner „Traumdeutung" durch die Formulierung vorwegnahm: der Traum sei nicht einfach eine sinnlose Spiegelung der physischen Hirnzellenprozesse, sondern er sei „ein sinnvolles psychisches Gebilde, welches an angebbarer Stelle in das seelische Treiben des Wachens einzureihen ist."

Diese Aussage über den Traum war zunächst allerdings nichts anderes als eine überaus kühne Annahme. Darüber war sich FREUD durchaus im klaren. Denn über ihre Richtigkeit, fügte er gleich hinzu, könne nur der Erfolg entscheiden [3]. Zum vorneherein freilich durfte sich FREUD durch zweierlei Erfahrung zu dieser Annahme ermutigt fühlen. Einmal erinnerte er sich der Untersuchungen BERNHEIMS in Nancy. BERNHEIM nämlich hatte nachzuweisen vermocht, dass Personen, die man in tiefer Hypnose bestimmte Handlungen ausführen liess, die Erinnerung daran nach dem Erwachen nur scheinbar einbüssten. Durch geschickte Fragen konnten sie alle wieder nach und nach ins Gedächtnis zurückgerufen werden. Daraus vermutete FREUD, dass auch „der Träumer es doch weiss, was sein Traum bedeute, nur weiss er nicht, dass er es weiss und glaubt darum, dass er es nicht weiss [4]." Zum andern hatte FREUD auch schon seine eigenen

---

[1] Vgl. S. 16
[2] S. FREUD: l. c., S. 61.
[3] S. FREUD: Ges. Schr. Bd. VII, S. 100.
[4] S. FREUD: Ges. Schr. Bd. VII, S. 98.

Erfahrungen auf dem Gebiete der hysterischen Symptomatik und auf dem weiten Felde der sogenannten Fehlhandlungen des Alltagslebens, des Vergessens, des Verlegens, des sich Versprechens usw. gemacht. Auch diese Erscheinungen waren ja der Wissenschaft vor FREUD nicht weniger unverständlich erschienen als der Traum. Dann aber hatten sie sich FREUDS Scharfsinn doch als sinnvolle, ebenfalls an angebbarer Stelle in das seelische Treiben des Wachens einreihbare psychische Gebilde entpuppt.

Mit seiner Grundannahme über den Traum war aber FREUD, ohne dass er sich dessen recht versah, nichts Geringeres widerfahren, als dass sich der Naturwissenschaftler FREUD in einen Geisteswissenschaftler, genauer, in einen Geschichtsforscher verwandelt hatte. Denn wo ein psychisches Gebilde sinnvoll an angebbarer Stelle in das seelische Treiben des Wachens eingereiht werden kann, da liegt die Anschauung vom Menschen als eines historisch und kontinuierlich werdenden, sein Schlafen und Wachen einheitlich umfassenden, sinnbestimmten Wesens zugrunde. Wie sehr sich FREUD selbst als Historiker fühlte, geht deutlich genug aus seinen wiederholten Vergleichen der psychoanalytischen Methode im allgemeinen mit der Archäologie und seiner Traumdeutungskunst im besonderen mit der Entzifferung einer Hieroglyphenschrift hervor. Er konnte sich dabei auf frühere ganz entsprechende Aussagen Gotthilf Heinrich SCHUBERTS und Charles BAUDELAIRES berufen. Denn jener hatte schon hundert Jahre zuvor vom Traume behauptet, er stelle eine Hieroglyphen-, Ur- und Natursprache der Seele dar. Von diesem aber besitzen wir einen Brief an seinen Freund Charles ASSELINEAU vom 13. März 1856, der mit den bemerkenswerten Sätzen beginnt: „Mein lieber Freund! Da Träume Sie unterhalten, schicke ich Ihnen hier einen, der Ihnen sicherlich nicht missfallen wird. Es ist 5 Uhr morgens, er ist also noch brühwarm. Bedenken Sie, dass es nur sozusagen ein Muster aller jener tausend Träume ist, von denen ich belagert werde. Ich brauche Ihnen wohl nicht zu sagen, dass die unglaubliche Sonderbarkeit dieser Träume und ihre ganze Art, die meinen Beschäftigungen und meinen Herzensangelegenheiten völlig fremd ist, mich immer zu der Annahme treibt, dass alles das nur eine Hieroglyphensprache ist, zu der mir der Schlüssel fehlt."

Den Vergleich der Traumdeutung mit der Entzifferung einer Hieroglyphenschrift hielt FREUD sogar für so tragfähig, dass er der damaligen „überlegenen Skepsis der Gebildeten" gegen die Möglichkeit einer Traumdeutung ausdrücklich mit dem Hinweis auf die analoge Situation begegnete, in der sich die Historiker bei der Auslegung der babylonisch-assyrischen Schriften befunden hätten. Auch für diese habe es eine Zeit gegeben, schrieb FREUD, zu der die öffentliche Meinung weit darin ging, die Keilschriftenentzifferer für Phantasten und diese ganze Forschung für einen „Schwindel" zu erklären. Im Jahre 1857 hätte aber die Royal Asiatic Society die entscheidende Probe aufs Exempel gemacht. Sie habe vier der angesehensten Keilschriftenforscher aufgefordert, ihr von einer neu aufgefundenen Inschrift unabhängige Übersetzungen im versiegelten Kuvert einzusenden und habe nach der Vergleichung der vier Lösungen verkünden können, dass die Übereinstimmung derselben weit genug gehe, um das Zutrauen in das bisher Erreichte und die Zuversicht auf weitere Fortschritte zu rechtfertigen. Seit dieser Zeit sei denn auch die Sicherheit in der Lesung der Keilschriftendokumente viel grösser geworden und der Spott der gelehrten Laienwelt habe allmählich ein Ende genommen. Die Vergleichung der Resultate von *Traum*deutungen, die sich korrekt geschulten Analytikern ergeben, berechtige aber bereits zu ganz ähnlichen Hoffnungen auch auf dem Gebiete dieses Wissenschaftszweiges [1].

Dem rationalistisch-positivistischen Denken jener Zeit musste freilich ein Unterfangen, das nach einem lebensgeschichtlich sinnvollen Zusammenhang zwischen Traumgeschehen und Erlebnissen der wachen Person zu forschen vorgab, in höchstem Masse befremdlich und unwissenschaftlich erscheinen. Denn was ein rechter Naturwissenschaftler sein wollte, beschied sich damit, die verschiedenartigen, an sich sinnfreien, mithin auch sinnlosen „Tatbestände" und „Funktionen" zu beschreiben, ihre Aufeinanderfolge zu registrieren und sie mit Hilfe des Kausalitätsgesetzes vorausberechenbar erscheinen zu lassen. Ein so rigoros naturwissenschaftlich denkender Psychiater wie HOCHE zum Beispiel musste deshalb FREUDS Annahme über den Traum denn auch sogleich als „den gegebenen Boden für jede Art von naiver oder wissenschaftlicher Phantasietätigkeit oder Mythenbildung" verabscheuen. Ja sogar in FREUD selbst hatte das lebensgeschichtliche Denken über den Traum einen schweren Stand. Auch in ihm, als dem Kinde seiner Zeit, brach unmittelbar nach seinem neuen Denkansatze hinter dem Historiker wieder mit aller Vehemenz der naturwissenschaftliche Techniker durch, gewann die Oberhand und verführte seinen Genius zu einer sichernden naturwissenschaftlichen Traum*theorie*. Zur naturwissenschaftlichen Einstellung zurückgekehrt interessierte sich FREUD nun folgerichtig gar

---

[1] S. FREUD: Ges. Schr. Bd. VII, S. 239.

nicht mehr um das Traumphänomen als solches, um die unmittelbar wahrgenommenen, „manifesten" Erscheinungen des Träumens. Vielmehr mussten bei ihm die einzelnen, konkreten Phänomene hinter nur angenommenen, allgemeingültigen und vorausberechenbaren Kräften zurücktreten. Die unmittelbar gegebenen Erscheinungen wollte er nur mehr als Anzeichen eines Kräftespiels begriffen haben. Wörtlich so hat FREUD selbst seine technische Absicht formuliert und hat damit zugleich eine ganz vortreffliche Charakteristik des naturwissenschaftlichen Denkens überhaupt gegeben [1].

Kräfte muss aber jeweilen der technische Verstand nur deshalb annehmen, um die einzelnen Bestandstücke, in die er zuvor die unmittelbar wahrgenommenen Phänomene atomisierend zerdacht hatte, wieder zu einem Ganzen zusammenzudenken. Sobald sich deshalb FREUD aus einem lebensgeschichtlich denkenden, sinnverstehenden Traumpsychologen wieder in einen kausal erklärenden Naturwissenschaftler zurückverwandelt hatte, erschienen ihm die aus den manifesten Traumbildern gedeuteten *latenten* Traumgedanken nur mehr als blosse Bestandstücke des Traumes. Dementsprechend wurde es zu seinem wesentlichen Anliegen, zur Annahme von Kräften gelangen zu können, durch die er sich diese Bestandstücke produziert und zusammengehalten denken konnte. Alles kam ihm nun darauf an, eine allgemeingültige, energetische Traumquelle zu supponieren, als deren „Leistung" man sich das ganze Träumen, die „Traumarbeit", das Formen und Zusammenfügen der latenten Traumgedanken als der „Stoffbestandteile" des Traumes vorzustellen vermochte. Bald glaubte FREUD, diese generelle, allgemeingültige Kraftquelle der Traumbildung ein für allemal in den infantilen Triebwünschen des Menschen gefunden zu haben. Ganz scharf formuliert er deshalb, es gebe keine anderen als Wunschträume [2]: Das einzig Wesentliche am Traume sei die Traumarbeit, die auf den Gedankenstoff, die latenten Traumgedanken nämlich, einwirke [3] und der eigentliche Motor, der diese Arbeit leiste, sei stets ein infantiler Triebwunsch [4]. Seinen Ort also hat der eigentliche Traummotor, die infantile Triebregung, noch hinter oder unter der psychischen Schicht, in der die latenten Traumgedanken beheimatet sind. Er befindet sich im Bereich eines „Unbewussten" im engeren Sinne. Darum kann FREUD sagen, die Triebkräfte des infantilen Wunsches bedienen sich der latenten

---

[1] S. FREUD: Ges. Schr. Bd. VII. S. 62.
[2] S. FREUD: „Die Traumdeutung", S. 94.
[3] S. FREUD: „Vorlesungen zur Einführung in die Psychoanalyse", S. 229.
[4] S. FREUD: „Die Traumdeutung", S. 412.

Traumgedanken so, wie ein Kapitalist seine Angestellten zu selbstsüchtigen Zwecken gebrauche. Der infantile Triebwunsch wandle die latenten Traumgedanken zu dem einzigen Zwecke in das manifeste Traumbild um, damit er sich unter ihrem Deckmantel doch noch eine, wenn auch bloss mehr verhüllte Befriedigung verschaffen könne.

Wie weit schliesslich bei einer solch technischen Einstellung die Missachtung und Vergewaltigung der unmittelbar gegebenen Wirklichkeit eines Phänomens gehen kann, hat uns FREUD etwa bei seiner Bearbeitung des „Traumbeispieles vom überfahrenen Kind" vor Augen geführt. Eine seiner agoraphoben Patientinnen hatte nämlich eines Nachts geträumt: „Ihre Mutter schickt ihre kleine Tochter weg, da sie allein gehen muss. Sie fährt dann mit der Mutter in der Eisenbahn und sieht die Kleine direkt auf den Schienenweg zugehen, so dass sie überfahren werden muss. Man hört die Knochen krachen (dabei ein unbehagliches Gefühl, aber kein eigentliches Entsetzen). Dann sieht sie sich aus dem Waggonfenster um, ob man nicht hinten die Teile sieht. Dann machte sie ihrer Mutter Vorwürfe, dass sie die Kleine allein hatte gehen lassen." Um nun als Motor und Ursache dieses Traumes einen infantilen, exhibitionistischen Trieb annehmen zu können, ändert FREUD von sich aus den Traumtext: „sie sieht sich aus dem Waggonfenster um, ob man *nicht hinten* die Teile sieht" in den Satz ab: „ob man nicht die Teile *von hinten* sieht". So kann er dann diesen Traumteil in Zusammenhang mit einem nachträglichen Einfall der Träumerin bringen, der lautete, sie hätte einmal des Vaters Geschlechtsteile im Badezimmer *von hinten* gesehen. Ohne Bedenken also geht FREUD darüber hinweg, dass etwas rückwärts blickend, hinter sich sehend und etwas von hinten wahrnehmen dem phänomenalen Bestande nach geradezu Gegensätzliches bedeuten kann. Kann man doch unter Umständen von einem Ding, das man rückwärts blickend gewahrt, auch dessen Vorderseite sehen[1].

Noch bedarf aber in FREUDS Theorie die Traumarbeit der Camouflage ihrerseits einer Ursache und eines Motors. FREUD glaubte, der Zwang zu einem entstellenden, verbergenden Sich-Verhüllen des infantilen Triebwunsches hinter den latenten Traumgedanken gehe von einer moralischen Instanz im Menschen aus. Denn die ethischen Werte des Träumers vertrügen sich nicht in der Öffentlichkeit des Bewusstseins mit der Anstössigkeit der meisten infantilen Triebregungen. Der Maskierung der anstössigen Traumquelle seien dabei gleich zwei Erfolge beschieden. Nicht nur setze der Traum-

---

[1] S. FREUD: „Die Traumdeutung", S. 246.

wunsch auf diese Weise seine Befriedigung doch noch durch, sondern zugleich werde auch das Ich des Träumers nicht mehr durch den drängenden Charakter oder die moralische Anstössigkeit des nun unkenntlich gemachten Triebwunsches beunruhigt. Damit erfülle der Traum auch noch die wichtige Funktion eines „Nachtwächters", eines Hüters des Schlafes[1].

FREUD hat ein ungeheures Mass an Fleiss, eine unendliche Geduld und seinen ganzen Scharfsinn aufgeboten, um seine Lehre von einem Traumzensor zu erhärten und um die durch den angenommenen Triebmotor geleistete Traumarbeit in vier gesonderte Leistungen auseinanderlegen zu können. Er unterschied an ihr:

1. die Verdichtung, 2. die Verschiebung, 3. die Umsetzung von Gedanken in visuelle Bilder, und 4. die sekundäre Bearbeitung.

Unter der *Verdichtung* versteht FREUD die Tatsache, dass der manifeste Traum immer weniger Inhalt hat als der latente, also eine Art von abgekürzter Übersetzung des letzteren sei. Diese Verdichtung komme einmal dadurch zustande, dass gewisse latente Elemente überhaupt ausgelassen würden. Zweitens gehe von manchen Komplexen des latenten Traumes nur ein Brocken in den manifesten über. Und drittens würden latente Elemente, die etwas Gemeinsames haben, für den manifesten Traum zusammengelegt, zu einer Einheit verschmolzen.

Die zweite Leistung der Traumarbeit, die *Verschiebung*, ist nach FREUD ganz das Werk des Traumzensors. Sie vermöge sich auf zweierlei Art zu äussern. Einmal könne ein latentes Element nicht durch einen eigenen Bestandteil, sondern durch etwas Entfernteres, also durch eine Anspielung ersetzt werden. Zum andern pflege die Verschiebung zu bewirken, dass der psychische Akzent von einem wichtigen Element auf ein anderes, unwichtiges übergehe, so dass der Traum anders zentriert werde und fremdartig erscheine.

Die dritte Leistung der Traumarbeit, die *Umsetzung von Gedanken in visuelle Bilder*, werde nicht ganz konstant vollbracht. Sie stosse denn auch, meint FREUD, auf ganz besondere Schwierigkeiten. Deshalb dürfe man keine grossen Ansprüche an die Genauigkeit der Darstellung machen. Man müsse es also der Traumarbeit etwa hingehen lassen, dass sie bei bildlich schwer zu bewältigenden Elementen selbst vor Gewalttätigkeiten nicht zurückschrecke. Sie mache denn auch oft nicht halt vor einer Umkehrung des eigentlich gemeinten Traumsinnes, nicht vor einer Umkehrung der Beziehungen zwischen zwei

---

[1] S. FREUD: Ges. Schr. Bd. VII, S. 127.

Personen, nicht vor einer Umkehrung in der zeitlichen Folge und dem kausalen Ablauf der Begebenheiten, ja selbst vor einer Verkehrung eines Gegenstandes in seinen Gegensatz scheue sie nicht zurück.

Dem vierten Stück der Traumarbeit, der sogenannten *sekundären Bearbeitung*, ist es nach Freuds Vorstellung daran gelegen, aus den nächsten Ergebnissen der Traumarbeit etwas Ganzes, ungefähr Zusammenpassendes, herzustellen. Dabei werde das Material nach einem oft ganz missverständlichen Sinn angeordnet. Wo es ferner nötig erscheine, würden Einschübe vorgenommen, nur um den Ansprüchen des Bewusstseins auf logische Ordnung einigermassen zu genügen[1].

2. Grundlagenkritik an der FREUDschen Traumtheorie

Wenn aber Freud der Traumarbeit und ihren Techniken ein solches Unmass an Entstellung des „eigentlich gemeinten Traumsinnes" zumutet, so gibt er sich selbst hinwiederum das Recht, einen Traumsinn durch ein ebensolches Unmass an Veränderung der manifesten Trauminhalte zu rekonstruieren. Zum Beispiel darf er jetzt bei dieser Rekonstruktion irgendwelche Elemente neu einfügen, weil durch die Verdichtung latente Elemente völlig weggelassen worden sein könnten. Er darf ferner bei der Aufhebung der von ihm angenommenen Technik der Verschiebung den manifesten Traum in seinen psychischen Werten ganz anders zentrieren. Er darf aber auch die Gewalttätigkeiten, die er ausdrücklich der Traumarbeit der Umsetzung von abstrakten Gedanken in visuelle Bilder zubilligt, durch Gegengewalttätigkeiten wieder gutmachen, indem er etwa den Beziehungscharakter zwischen zwei Traumpersonen oder den zeitlichen oder kausalen Ablauf der Traumgegebenheiten, mithin den ganzen Traumsinn umkehrt. Ja, er darf sogar einen Trauminhalt durch sein Gegenteil ersetzen. Schliesslich kann er ganze Traumpartien zu blossen Einfügseln der „sekundären Bearbeitung" erklären, die gar nicht zu den eigentlichen Traumgedanken gehörten, sondern nur der Herstellung einer gewissen logischen Anordnung im manifesten Traumbild dienten. Damit hat aber Freud bei der Rekonstruktion der latenten Traumgedanken zweifellos der Willkür und der Gewalttätigkeit Tür und Tor geöffnet. Offensichtlich lässt sich so aus einem manifesten Traumbild alles rekonstruieren, was dem Traum-

---

[1] S. Freud: „Vorlesungen zur Einführung in die Psychoanalyse". Bd. VII, S. 174 ff.

deuter gerade beliebt, auch dies zum Beispiel, dass jedem Traum ein infantiler Triebwunsch zugrunde liege.

Deshalb können wir auch all die zahlreichen konkreten Traumbeispiele, an denen FREUD die „Rekonstruktion des eigentlich gemeinten Traumsinnes" versucht, durchaus nicht als stichhaltige Beweise für die Gültigkeit seiner Wunscherfüllungstheorie anerkennen. Nirgends wird uns darin die Gewähr geboten, dass er die dabei erwähnten Entstellungstechniken faktisch der Wirklichkeit der Phänomene abgelauscht hätte und sie nicht vielmehr gerade umgekehrt in diese nur hineindachte, um das Denken seiner Wunscherfüllungstheorie überhaupt zu ermöglichen. Wir werden von ihm um so eher noch ganz andere Belege verlangen müssen, als er selbst am Schlusse seines Werkes „Die Traumdeutung" eingesteht, dass sich seine Wunscherfüllungstheorie nicht allgemein beweisen lasse, dass er vielmehr mit dieser seiner Behauptung einen Schritt weit über das Beweisbare hinausgegangen sei[1].

FREUD anerkennt diese Forderung nach besserer Fundierung seiner Traumlehre damit, dass er zunächst gewichtige Zeugen zugunsten seiner Wunscherfüllungstheorie aufzurufen versucht. So weist er einmal auf die vielen Redewendungen hin, in denen die Wunscherfüllungstendenz des Traumes klar zum Ausdruck komme. Ein ungarisches Sprichwort etwa, schreibt FREUD, behaupte, dass das Schwein von Eicheln, die Gans von Mais träume. Und eine jüdische Frage lautet: Wovon träumt das Huhn? Von Hirse. Andererseits bezeugte schon Aristoteles, wie vor ihm Hippokrates und nach ihm Artemidoros, dass der Hungrige im Traume esse, der Durstige trinke, weil der Traum eben ein Wunscherfüller sei. Vielleicht das anmutigste Kränzlein habe aber HERDER dem Traum als einem Wunscherfüller par excellence gewunden. In seiner Paramythie „Der Schlaf" beklagt sich nämlich dieser dunkle Gast bei Jupiter über den traurigen Anblick, den er inmitten der anderen Menschheitsgenien, seiner glänzenden, gefälligen Brüder, biete. Jupiter tröstet ihn, indem er ihm „das silbergraue Horn anmutiger Träume" überreicht. „Aus ihm", sprach er, „schütte deine Schlummerkörner, und die glückliche Welt sowohl als auch die unglückliche wird dich über alle deine Brüder wünschen und lieben. Die Hoffnungen, Scherze und Freuden, die in ihm liegen, sind von deinen Schwestern, den Grazien, mit zauberischer Hand von unseren seligsten Fluren gesammelt. Der ätherische Tau, der auf ihnen glänzt, wird einen jeden, den du zu

---

[1] S. FREUD: „Traumdeutung", S. 412.

beglücken denkst, mit *seinem* Wunsch erquicken, und da sie die Göttin der Liebe mit unserem unsterblichen Nektar besprengt hat, so wird die Kraft ihrer Wollust viel anmutiger und feiner den Sterblichen sein, als alles, was ihnen die arme Wirklichkeit der Erde gewähret. Aus dem Chor der blühendsten Scherze und Freuden wird man fröhlich in deine Arme eilen: Dichter werden dich besingen, und in ihren Gesängen dem Zauber deiner Kunst nachbuhlen; selbst das unschuldige Mädchen wird dich wünschen, und du wirst auf ihren Augen hangen, ein süsser beseligender Gott. — Die Klage des Schlafs verwandelte sich in triumphierenden Dank, und ihm ward die schönste der Grazien, Pasithea, vermählet."

Auch für seine Annahme eines Traumzensors kann sich FREUD auf einen eindrucksvollen Beistand berufen. Kein Geringerer als Plato hatte geschrieben, dass in einem jeden von uns, selbst in den scheinbar gemässigten Menschen, eine wilde und heftige, tierische Natur versteckt sei. Die für unerlaubt gehaltenen Gelüste und Begierden dieser Natur würden aber im Wachen der Kontrolle der Ordnung und der Übermacht der besseren, vernünftigen Triebe unterworfen... Wenn jedoch die vernünftige und milde Kraft der Seele schlafe, bäume sich das Wilde und Tierische auf, entblösst aller Scham und Vernunft, um sich in den Traumvisionen zu befriedigen.

Natürlich weiss auch FREUD, dass blosser Zeugenaufruf noch lange keiner wissenschaftlichen Beweisführung gleichkommt. Diese selbst beginnt er jedoch mit einer blossen Gegenbehauptung. Wenn seine Kritiker fragten, meint er, warum denn unser Denken bei Nacht plötzlich genötigt sein sollte, sich allein auf die Erzeugung von Wünschen einzuschränken, so müsse die Antwort auf diese Frage wie gewöhnlich in solchen Fällen lauten: „Ich weiss es nicht, warum der Traum nicht vieldeutig sein soll wie das wache Denken mit seinen verschiedenen Akten des Urteilens, der Schlussfolgerung, der Widerlegung, der Erwartung, der Vorsätze und dergleichen. Ich hätte nichts dagegen. Meinetwegen sei es so. Nur eine Kleinigkeit widersetzt sich dieser breiteren und bequemeren Auffassung des Traumes, dass es nämlich in Wirklichkeit nicht so ist[1]."

Gegen die immer wiederholte Unterschiebung, es handle sich im Traume nach seiner Auffassung immer nur um die Befriedigung *sexueller* Triebe, vermag sich freilich FREUD ohne Mühe zur Wehr zu setzen. Eine solche Behauptung, schreibt er, sei seiner Traumdeutung völlig fremd und nirgends in allen fünf Auflagen seines

---

[1] S. FREUD: Ges. Schr. Bd. VII, S. 228.

Buches „Die Traumdeutung" zu finden. Sie stehe im Gegenteil in greifbarem Widerspruch zu andern Inhalten seines Werkes. „Ich wüsste vor allem nicht", fährt FREUD weiter fort, „den Augenschein wegzuschaffen, dass es zahlreiche Träume gibt, welche andere als — im weitesten Sinne —erotische Bedürfnisse befriedigen, wie Hunger-, Durst-, Bequemlichkeitsträume usw."

Als wesentlichen Beweis für die Richtigkeit seiner Ableitung sämtlicher Traumbilder aus Triebregungen führt dann aber FREUD die Erfahrung ins Feld, dass sich beim freien Assoziieren zu den Trauminhalten schliesslich immer Triebwünsche einstellten. Doch selbst wenn sich diese Erfahrung generell bestätigen liesse, wäre sie keineswegs ein schlüssiger Beweis für die Gültigkeit der FREUDschen Wunscherfüllungstheorie. Sie würde lediglich anzeigen, dass im Menschen u. a. immer auch infantile Triebregungen lebendig sind. Ausgangspunkt und Endpunkt einer Assoziationsreihe aber einfach kausal-genetisch miteinander zu verknüpfen, entspricht zwar durchaus einer im technischen Denken üblichen gedanklichen Konstruktion, weil die Technik immer nur in den Vorstellungen von Verursachendem und Bewirktem denken kann. Nichts aber sichert uns gegen die Möglichkeit, dass durch solches Denken einer bloss zeitlichen Aufeinanderfolge, einer zeitlich auseinandergelegten Entfaltung gleich autochthoner, nicht voneinander ableitbarer Erscheinungen ärgste Gewalt angetan wird.

Endgültig erhärten zu können glaubte FREUD seine Wunscherfüllungstheorie schliesslich mit dem Hinweis auf Träume, die die halluzinatorische Erfüllung infantiler Triebwünsche ganz unverhüllt erkennen lassen. Derartige Träume liessen sich insbesondere bei Kindern recht oft nachweisen. FREUD selbst erwähnt als Beispiel hiefür einen Traum seiner eigenen Tochter. Er war bei ihr einmal Zeuge, wie sie im Alter von 19 Monaten im Schlaf ausrief: „Anna Freud, Erdbeer, Hochbeer, Eier (s)peis, Papp." Diese Tochter hatte am Morgen vorher Erbrechen gehabt und war darum den Tag über nüchtern gehalten worden. In ihrem Traum gebraucht sie, sagt FREUD, ihren Namen wohl sicherlich, um die Besitzergreifung auszudrücken, und der nachfolgende Speisezettel umfasst wohl alles, was ihr als begehrenswerte Mahlzeit erscheinen musste. Dass die Erdbeeren darin in zwei Varianten vorkamen, war wohl eine Demonstration gegen die häusliche Sanitätspolizei und hatte seinen Grund in dem von ihr wohl bemerkten Nebenumstand, dass die Kinderfrau ihre Indisposition auf allzu reichlichen Erdbeergenuss geschoben hatte. Für dies ihr unbequeme Gutachten nahm sie also im Traum Revanche.

Dieselbe Leistung wie bei der jüngsten Enkelin, fährt FREUD in diesem Bericht fort, vollbringt dann der Traum kurz nachher bei der Grossmutter, deren Alter das des Kindes ungefähr zu 70 Jahren ergänzt. Nachdem die Grossmutter einen Tag lang durch die Unruhe ihrer Wanderniere zum Hungern gezwungen war, träumt sie dann, dass sie für beide Hauptmahlzeiten zu Gast geladen ist und jedesmal die köstlichsten Bissen vorgesetzt bekommt. Ebenso aufrichtig sei, sagt FREUD hierauf, ein anderer Traum, den die landschaftliche Schönheit des Ausees bei seinem damals 3½jährigen Töchterchen erregt habe. Die Kleine war zum erstenmal über den See gefahren, und die Zeit der Seefahrt war ihr viel zu rasch vergangen. An der Landungsstelle wollte sie das Boot nicht verlassen und weinte bitterlich. Am nächsten Morgen erzählte sie: „Heute nacht bin ich auf dem See gefahren." Hoffen wir, schliesst der Vater, dass die Dauer dieser Traumfahrt sie besser befriedigt hat.

Nicht minder unverhüllte Wunscherfüllungsträume stellen sich aber auch bei Erwachsenen dann besonders oft wieder ein, wenn diese unter ungewöhnlich harte physische Lebensbedingungen geraten. So berichtet zum Beispiel Otto NORDENSKJÖLD in seinem Buche „Antarctic" über die mit ihm überwinternde Mannschaft, dass Essen und Trinken die Mittelpunkte waren, um die sich ihre Träume am häufigsten drehten. „Einer von uns", schreibt er, „der nächtlicherweise darin exzellierte, auf grosse Mittagsgesellschaften zu gehen, war seelenfroh, wenn er des Morgens berichten konnte, dass er ein Diner von drei Gängen eingenommen habe." So werde man leicht verstehen können, fährt der Autor der „Antarctic" fort, „wie ersehnt uns der Schlaf war, da er uns alles bieten konnte, was ein jeder von uns am glühendsten begehrte." DUPREL andererseits berichtet von Mungo Park, der auf einer Afrikareise dem Verschmachten nahe war, dass er zu jener Zeit unaufhörlich von den wasserreichen Tälern und Auen seiner Heimat träumte[1].

Solche unverhüllten Träume nun, sagt FREUD, brächten den Wunscherfüllungscharakter mit einer Aufdringlichkeit zum Ausdruck, dass sie im Gegensatz zu den üblichen Träumen der Erwachsenen keine Rätsel zu lösen aufgäben. Sie seien darum auch an und für sich nicht interessant, „besitzen aber *natürlich einen unschätzbaren Wert als Beweise dafür*, dass der Traum ganz allgemein seinem innersten Wesen nach eine Wunscherfüllung bedeutet[2]." Ist aber diese Art von

---

[1] S. FREUD: Ges. Schr. Bd. VII, S. 124 ff.
[2] S. FREUD: „Die Traumdeutung", S. 89 (vom Ref. gesperrt).

Schlussfolgerung im Grund nicht alles andere als „natürlich"? Kann hiebei überhaupt auch nur im entferntesten von einem Beweise gesprochen werden? Warum sollte denn auch die mögliche Struktur einer einzigen Art von Träumen nur ihrer leichten Erklärbarkeit wegen gleich für alle Träume insgesamt verbindlich sein? Müssen da nicht unbedachte und unangemessene Voraussetzungen mit im Spiele gewesen sein, die in FREUDs Vorstellung gerade die sogenannten Wuscherfüllungsträume zu einer so unerhörten Vorrangstellung gelangen liessen? Anders liesse sich doch wohl eine derart offensichtlich kurzschlüssige Unbedachtsamkeit und willkürliche Parteilichkeit bei einem sonst so überaus redlichen und unbestechlichen Denker schwerlich begreifen.

Zwar nicht der Umstand als solcher, nicht die Tatsache, dass FREUDs wissenschaftlichen Schlussfolgerungen überhaupt eine bestimmte Vormeinung zugrunde liegt, darf ihm zum Vorwurf gemacht werden. Denn bei keinem menschlichen Denken und Erkennen geht es je ohne eine vorwissenschaftliche, ursprüngliche Ontologie ab. Keine Wissenschaft vermöchte je ohne einen vorwissenschaftlichen Leitfaden ihres Denkens auszukommen. Nie steht ja der Mensch zunächst inmitten eines sinnlosen Chaos, in das erst die wissenschaftlichen Forscher mit Hilfe eines unvoreingenommenen, voraussetzungslosen Denkens eine Sinngebung hineinbrächten. Stets ist vielmehr vor aller Wissenschaft immer schon eine wenn auch noch so vage und unausgelegte Wesensschau, eine bestimmte, wenn auch völlig unbewusste Metaphysik, eine allgemeine Idee über die eigentliche Natur der Dinge da. Gehörte nicht ein ursprüngliches, unmittelbares Verstehen von Welt ganz primär und unumgänglich zum Wesen des Menschen selbst, woraus sollte denn auch je ein wissenschaftliches Wissen plötzlich entspringen können? Darum sind alle wissenschaftlichen Erkenntnisse und Errungenschaften immer nur die säuberlichen Auslegungen und Differenzierungen eines ganz bestimmten vorwissenschaftlichen Weltverständnisses. Dementsprechend sind auch alle Fragestellungen, die die Wissenschaft an ihre Gegenstände stellt, immer schon einer vorgängigen Konzeption über das Wesen der Dinge entsprechend geartet, und ihre Untersuchungsmethoden werden ihr entsprechend ausgebaut. Die vorgängige, selten bedachte, als Selbstverständlichkeit hingenommene Wesensschau mit den ihr entsprechenden Fragestellungen und Untersuchungsmethoden bildet deshalb regelmässig das geistige Schöpfgerät, mit dem die wissenschaftlichen Forscher in das, was faktisch ist, hineinzugreifen pflegen. Nur was in diesem Schöpfgerät hängen bleibt oder sich mit mehr oder weniger Gewalt in es hineinpressen lässt, wird jeweilen als Realität anerkannt, für wirklich gehalten. Alles andere wird entweder völlig übersehen oder als Phantasterei abgetan.

Wohl darf deshalb auch bei FREUD nicht das Vorliegen bestimmter vorwissenschaftlicher, gedanklicher Voraussetzungen als solches beanstandet werden. Dagegen muss sich seine psychoanalytische Traumtheorie wie jede Wissenschaft immer von neuem wieder die Frage gefallen lassen, welche besondere Struktur denn ihr unbewusster ontologischer Leitfaden besitze, wie es mit seiner Angemessenheit an das eigentliche Wesen der untersuchten Gegenstände bestellt sei. Das nicht eigens bedachte geistige Schöpfgerät FREUDS ist das Denken der naturwissenschaftlich-technischen Wissenschaften überhaupt; so wie es sich langsam, aber mit geschichtlicher Notwendigkeit und immer prägnanter aus der abendländischen Metaphysik herauskristallisierte. Dieses Denken schuf sich schliesslich eine Vorstellungswelt, in der alles, was ist, auf ein vorausberechenbares Kräftespiel reduziert erscheint, in der es demzufolge lediglich noch wirkend Bewirktes oder verursachtes Verursachendes geben kann. Unter solcher Voraussetzung ist allerdings gar keine andere als die FREUDsche Traumtheorie möglich. Denn nur die Wunsch- und Trieberfüllungsträume sind ohne weiteres einer kausalenergetischen Erklärung und einer mechanistisch-motorenhaften Ableitung zugänglich. Als die dem technischen Denken allein durchschaubaren Traumphänomene mussten sie von diesem denn auch zu den ursprünglichen und einzig wirklichen Träumen gestempelt werden. Ihrer leichten mechanisch-dynamischen Durchschaubarkeit wegen schrieb es ihnen den alles beherrschenden Vorrang zu. Waren sie aber die diesem Denken allein durchsichtigen und daher faktisch für möglich gehaltenen Traumgebilde, so konnten auch alle anderen Träume im Grunde nichts anderes als Triebwunscherfüllungsträume sein. Sie mussten um jeden Preis auf die nämliche Grundstruktur zurückgeführt, zurückgedeutet werden können. Träume jedoch, die sich diesem Reduktionsverfahren allzu hartnäckig widersetzten, wurden einfach verleugnet. FREUD sprach ihnen, wie es sich noch im einzelnen zeigen wird, schlankweg den Traumcharakter ab. Denn Dinge, die nicht in den jeweiligen Verstehenshorizont der Menschen passen, *darf* es nicht geben.

Unerlässliches Bestandstück einer jeden technischen Traumlehre ist schliesslich auch der moralische Traumzensor. Zu jeder mechanistisch-positivistischen Weltanschauung gehören „ethische Werte" irgendwelcher Art. Sie sind die ihrer Fundamente beraubten, völlig in der Luft hängenden Relikte des gestorbenen Gottes. Daher muss auch in einer Traumlehre, die solch geistigen Positionen entspringt, ein Vertreter „ethischer Werte" anzutreffen sein. In FREUDS Theorie begegnet er uns als der „moralische Traumzensor", als der fast allgegenwärtige Gegenspieler der infantilen Triebregungen.

3. Die Traumtheorie der „Zürcher Schule"

a) Die Theorie des „finalen" Traumaspektes

FREUD hielt zeitlebens und unverbrüchlich an seiner mechanisch-kausalen Traumerklärung fest. Gegen alle Angriffe auf dieses Traumerklärungsprinzip setzte er sich stets sehr heftig zur Wehr. Die Einwände, die seine Wunscherfüllungstheorie durch den Hinweis auf die nicht seltenen Träume peinlichen Inhaltes, vorab die Angst- und Strafträume, erledigen zu können glaubten, hatte er sogar zurückgewiesen, lange bevor sie seine Kritiker überhaupt hatten vorbringen können. Denn bereits in seiner ersten Traumuntersuchung stehen die Sätze: „Zugegeben, wenn ein Traum eine Wunscherfüllung ist, so sollten peinliche Empfindungen im Traume unmöglich sein, und er müsste immer Lust bringen. Aber es fragt sich auch wem? Natürlich dem, der den Wunsch hat. Vom Träumer ist uns jedoch bekannt, dass er zu seinen Wünschen ein ganz besonderes Verhältnis unterhält. Er verwirft sie, zensuriert sie, kurz, er mag sie nicht. Der Träumer kann also im Verhältnis zu seinen Traumwünschen nur einer Summation von zwei Personen gleichgestellt werden, die aber doch aneinandergekettet sind, einer Kombination nämlich eines Triebmenschen und eines Moralmenschen. Die Wunscherfüllung des einen kann dann natürlich zur Unlust für den andern führen, wenn die beiden miteinander nicht einig sind. So kommt es dann z. B. eben zu Angst, wenn die Wünsche der unmoralischen Triebsphäre durch die Traumarbeit nicht in genügendem Umfange in harmlose Bilder umgegossen werden konnten; und die moralische Seite des Träumers in Gefahr gerät, von der Triebhaftigkeit überrannt zu werden. Durch die Angstträume hat sich also keineswegs etwas am Wesen des Traumes geändert. Höchstens muss gesagt werden, der Traum sei ein Versuch zu einer Wunscherfüllung, der im Angsttraum scheitert[1]." Später vermag FREUD die Formel seiner Wunscherfüllungstheorie zu der die Angstträume umfassenden Aussage zu vervollständigen:

---

[1] S. FREUD: „Die Traumdeutung", S. 432.

„Während man vom infantilen, unverhüllten Traum aussagen könne, er sei eine offene Erfüllung eines zugelassenen Wunsches, taugt für den Angsttraum nur die Formel, dass er die offene Erfüllung eines verdrängten Wunsches sei[1]."

Ebensowenig kann FREUD die peinlichen Strafträume als ein Argument gegen seine Wuscherfüllungstheorie gelten lassen. In der geträumten Strafe nämlich, sagt er, fänden nur die moralischen Triebe des Menschen ihre offene Befriedigung.

Dass schliesslich die unbewussten, latenten Traumgedanken an und für sich lange nicht immer nur Triebwünsche ausdrücken, war FREUDs unmittelbarer Beobachtung ebenfalls nicht entgangen. Ausdrücklich gibt er zu, dass die latenten Traumgedanken unter Umständen auch etwas ganz anderes meinen können als nur ein Wünschen. Aber er lässt auch diesen Umstand keineswegs als Einwand gegen seine Theorie gelten. Denn in seiner Auffassung sind ja die verstehbaren und deutbaren latenten Traumgedanken noch gar nicht das Letzte am Traum. Das Eigentliche an ihm ist für FREUD vielmehr die von ihm als Motor angenommene Triebkraft. Darum konnte er denn auch die Einwände, die sich auf die vielen nicht triebwunschhaften, latenten Traumgedanken stützen wollten, mit dem Vorwurf an ihre Urheber parieren, sie hätten seine Akzentverschiebung von den unmittelbar gegebenen Traumphänomenen und den daraus deutbaren psychischen Inhalten auf die dahinter angenommenen, kausal wirkenden Triebkräfte nicht mit zu vollziehen vermocht. Sie seien deshalb „in einem einfältigen Missverständnis" befangen. Und zwar handle es sich dabei um jenes „Missverständnis, welches den Traum mit den latenten Traumgedanken verwechselt und von ihm etwas aussagt, das einzig und allein zu den letzteren gehört". Die latenten Traumgedanken an und für sich, schreibt FREUD wörtlich, könnten freilich oft genug durch einen „Vorsatz, eine Wahrnehmung, eine Überlegung, eine Vorbereitung, einen Lösungsversuch einer Aufgabe usw." ersetzt werden. Ja, gerade daraus erfahre man nebenbei die interessante Tatsache, dass sich das unbewusste Denken der Menschen mit solchen Akten beschäftige. „Wenn Sie richtig zusehen", fährt FREUD dann jedoch sofort technisch-konstruierend fort, „erkennen Sie, dass dies alles nur von den latenten Traumgedanken gilt". Man dürfe aber „diese angeführte Mannigfaltigkeit keineswegs auf das Wesen des Traumes selbst be-

---

[1] S. FREUD: „Vorlesungen zur Einführung in die Psychoanalyse", Ges. Schr. Bd. VII, S. 222.

ziehen. Denn wenn Sie vom Traum selbst sprechen, so müssen Sie entweder den manifesten Traum meinen, d. h. das Traumprodukt der Traumarbeit oder höchstens noch die Traumarbeit selbst, d. h. jenen psychischen Vorgang, der aus den latenten Traumgedanken den manifesten Traum formt. Jede andere Verwendung des Wortes ist Begriffsverwirrung, die nur Unheil stiften kann. Die latenten Traumgedanken sind der Stoff, den die Traumarbeit zum manifesten Traum umbildet. Warum wollen Sie durchaus den Stoff mit der Arbeit verwechseln, die ihn formt? Der Traum mag also alles mögliche sein, insoweit Sie nur die durch ihn vertretenen Gedanken berücksichtigen, Wahrnehmung, Vorsatz, Vorbereitungen usw.; er ist immer auch die Wunscherfüllung eines unbewussten Wunsches, und er ist nur dies, wenn Sie ihn als Ergebnis der Traumarbeit betrachten. Der eine Charakter, die Wunscherfüllung, ist der konstante, der andere mag variieren[1]."

Der Vorwurf des „einfältigen Missverständnisses" zielte dabei vornehmlich auf H. Silberer, A. Maeder, A. Adler, W. Stekel und C. G. Jung. Sie alle hatten sich daran gestossen, dass Freud den Traum einerseits als eine Art von Hieroglyphensprache bezeichnete, seine Symbole auch etwa mit den „Überresten einer Grundsprache"[2] verglich, auf der andern Seite aber das manifeste Traumphänomen unversehens zu einer blossen Fassade deklarierte. Wie soll, fragten diese Kritiker, bei einer Hieroglyphenschrift überhaupt von einer Fassade die Rede sein können? Kann es sich im Grunde bei solcher Rede um etwas anderes als um das hinter dem Bild der Fassade verborgene Eingeständnis eigener Leseschwierigkeiten handeln, die die Traumschrift der kausalen Betrachtungsweise Freuds bereiten musste? Sie lehnten alle auch Freuds Bestimmung dessen, was überhaupt Traum genannt werden dürfe, als eine durch nichts begründete Willkür ab. Während Freud aus seiner technischen Grundeinstellung heraus immer von neuem betonen musste, es sei „natürlich, dass der manifeste Traum für uns an Bedeutung verliert"[3], wandten seine abtrünnigen Schüler ihre ganze Aufmerksamkeit gerade wieder diesem zu. Zugleich mit ihrer Weigerung, die manifesten Traumbilder nur auf ihre verursachenden Triebkräfte zu reduzieren, hoben sie nun an ihnen eben jene finalen Aspekte heraus, die Freud nicht als zum Traum selbst gehörig gelten lassen konnte.

[1] S. Freud: „Vorlesungen zur Einführung in die Psychoanalyse", Ges. Schr. Bd. VII, S. 228.

[2] S. Freud: Ges. Schr. Bd. VII, S. 169.

[3] ebenda S. 184.

Allerdings hatte auch die FREUDsche Traumlehre selbst die finale Betrachtungsweise nicht ganz vermissen lassen. Schreibt doch auch sie dem Traume zweifellos ein Ziel und einen Zweck zu, wenn sie als den „Sinn eines jeden Traumes" die halluzinatorische Erfüllung eines Triebwunsches bezeichnet[1] oder den Traum die Rolle eines Schlafhüters oder Nachtwächters spielen lässt[2]. Nach Ansicht MAEDERS ADLERS, STEKELS und JUNGS ging jedoch die finale Bedeutung des menschlichen Träumens weit über solche Ansätze hinaus. A. ADLER sah im Traume einen „probeweisen Anschlag" für das zukünftige Leben. Der Traum deutet nach ihm „die Vorbereitung entsprechend der Lebenslinie des Träumers einer aktuellen Schwierigkeit gegenüber an[3]". Auch nach W. STEKEL sucht der Traum immer „eine Lösung für den Konflikt des Lebens oder für den Konflikt des Tages". Der Traum ist der „Wegweiser zum Lebenskonflikt des Patienten"[4]. Schon vor ADLER hatte A. MAEDER den Traum als „eine autosymbolische Darstellung der aktuellen Libidosituation, welche dem Bewusstsein übermittelt werde[5]" oder „als Selbstdarstellung der aktuellen unbewussten Situation — in symbolischer Form" aufgefasst. In etwas anderer Formulierung nannte er den Traum auch „Ausdrucksmittel und Mitteilung des Unbewussten während des Schlafes, zuhanden des Bewusstseins als Wahrnehmungsorgan" zwecks „suggestiver, stiller Beeinflussung" des wahrnehmenden Ichbewusstseins[6]. MAEDER hat ferner einer Gruppe von Träumen schon 1912 die Funktion der „Vorübung und Vorbereitung zur späteren Wachtüchtigkeit" zuerkannt. „Sie suchen und geben Lösungsversuche der aktuellen Konflikte." Soweit diese Träume als Lösungsversuche der schwebenden seelischen Konflikte aufgefasst werden müssen, komme in ihnen eine „prospektive Funktion" zum Ausdruck. „Sie bietet dem unsicheren, desorientierten, ängstlichen Ichbewusstsein eine mahnende, warnende, korrigierende, aber trostspendende, stützende Hilfe[7]."

Da faktisch A. MAEDER der erste war, der auf die Möglichkeit einer finalen Traumdeutung aufmerksam gemacht hatte, deshalb

---

[1] S. FREUD: „Die Traumdeutung", S. 94.

[2] S. FREUD: „Die Traumdeutung", S. 162, und Ges. Schr. Bd. VII, S. 223.

[3] A. ADLER: „Traum und Traumdeutung". Zentralblatt für Psychoanalyse, Jahrg. 1912/13, S. 174.

[4] W. STEKEL: „Fortschritte und Technik der Traumdeutung". Wien, Leipzig, Berlin 1935. Einleitung.

[5] A. MAEDER: „Über das Traumproblem". 1914, S. 2.

[6] A. MAEDER: „Über die Funktion des Traumes". Psychoanalytische Forschung, Bd. IV, Wien 1912, S. 700, und 1913.

[7] A. MAEDER: „Selbsterhaltung und Selbstheilung". Zürich 1949, S. 131 ff.

den schwersten Vorwürfen FREUDS ausgesetzt war und ihr später zusammen mit C. G. JUNG die grösste Beachtung schenkte, steht diese Auffassung heute unbeschadet der zahlreichen Beiträge anderer Autoren, allgemein unter dem Titel einer „Traumlehre der Zürcher Schule".

Seine neue finale Traumauffassung versuchte MAEDER u. a. anhand eines Traumes des Dichters Peter ROSEGGER anschaulich zu belegen und sie von der FREUDSchen Betrachtungsweise plastisch abzuheben. Dieses Traumbeispiel schien sich ihm hiezu deshalb besonders zu eignen, weil FREUD selbst es schon in seiner „Traumdeutung" diskutiert und in seiner kausal-reduktiven Weise interpretiert hatte. Dabei war es von FREUD ausdrücklich als einer jener Träume gekennzeichnet worden, die die Theorie der Wunscherfüllung auf eine harte Probe stellten. Eine ausführliche Gegenüberstellung beider Deutungen dieses Traumes ist um so eher am Platze, als uns später unsere eigenen Traumerfahrungen zwingen werden, auf eben dieses nächtliche Phänomen ROSEGGERS noch ein weiteres Mal zurückzukommen. ROSEGGER berichtet: „Ich erfreue mich sonst eines gesunden Schlummers, aber ich habe die Ruhe von so mancher Nacht eingebüsst, ich habe neben meinem bescheidenen Studenten- und Literatendasein den Schatten eines veritablen Schneiderlebens durch die langen Jahre geschleppt, wie ein Gespenst, ohne seiner loswerden zu können.

Es ist nicht wahr, dass ich mich tagsüber in Gedanken so häufig und lebhaft mit meiner Vergangenheit beschäftigt hätte. Ein der Haut eines Philisters entsprungener Welt- und Himmelsstürmer hat anderes zu tun. Aber auch an seine nächtlichen Träume wird der flotte Bursche kaum gedacht haben; erst später, als ich gewohnt worden war, über alles nachzudenken, oder auch, als sich der Philister in mir wieder ein wenig zu regen begann, fiel es mir auf, wieso ich denn — wenn ich überhaupt träumte — allemal der Schneidergeselle war und dass ich solcher Gestalt schon so lange Zeit bei meinem Lehrmeister unentgeltlich in der Werkstatt arbeitete. Ich war mir, wenn ich so neben ihm sass und nähte und bügelte, sehr wohl bewusst, dass ich eigentlich nicht mehr dorthin gehörte, dass ich mich als Städter mit anderen Dingen zu befassen habe; doch hatte ich stets Ferien, war stets auf der Sommerfrische, und so sass ich zur Aushilfe beim Lehrmeister. Es war mir oft gar unbehaglich, ich bedauerte den Verlust der Zeit, in welcher ich mich besser und nützlicher zu beschäftigen gewusst hätte. Vom Lehrmeister musste ich mir mitunter, wenn etwas nicht ganz nach Mass und Schnitt ausfallen wollte, eine

Rüge gefallen lassen; von einem Wochenlohn war gar niemals die Rede. Oft, wenn ich mit gekrümmtem Rücken in der dumpfen Werkstatt so dasass, nahm ich mir vor, die Arbeit zu kündigen und mich fremd zu machen. Einmal tat ich es sogar, jedoch der Meister nahm keine Notiz davon, und nächstens sass ich doch wieder bei ihm und nähte.

Wie mich nach solch langweiligen Stunden das Erwachen beglückte! Und da nahm ich mir vor, wenn dieser zudringliche Traum sich wieder einmal einstellen sollte, ihn mit Energie von mir zu werfen und laut auszurufen: Es ist nur Gaukelspiel, ich liege im Bette und will schlafen... Und in der nächsten Nacht sass ich doch wieder in der Schneiderwerkstatt.

So ging es Jahre in unheimlicher Regelmässigkeit fort. Da war es einmal, als wir, der Meister und ich, beim Alpelhofer arbeiteten, bei jenem Bauer, wo ich in die Lehre eingetreten war, dass sich mein Meister ganz besonders unzufrieden mit meinem Arbeiten zeigte. ,Möcht' nur wissen, wo du deine Gedanken hast!' sagte er und sah mich etwas finster an. Ich dachte, das Vernünftigste wäre, wenn ich jetzt aufstünde, dem Meister bedeutete, dass ich nur aus Gefälligkeit bei ihm sei und wenn ich dann davonginge. Aber ich tat es nicht. Ich liess es mir gefallen, als der Meister einen Lehrling aufnahm und mir befahl, demselben auf der Bank Platz zu machen. Ich rückte in den Winkel und nähte. An demselben Tage wurde auch noch ein Geselle aufgenommen, bigott, es war der Böhm, der vor 19 Jahren bei uns gearbeitet hatte und damals auf dem Wege vom Wirtshaus in den Bach gefallen war. Als er sich setzen wollte, war kein Platz da. Ich blickte den Meister fragend an, und dieser sagte zu mir: ,Du hast ja doch keinen Schick zur Schneiderei, du kannst gehen, du bist fremd gemacht.' — So übermächtig war hierüber mein Schreck, dass ich erwachte.

Das Morgengrauen schimmerte zu den klaren Fenstern herein in mein trauliches Heim. Gegenstände der Kunst umgaben mich; im stilvollen Bücherschrank harrte meiner der ewige Homer, der gigantische Dante, der unvergleichliche Shakespeare, der glorreiche Goethe — die herrlichen, die unsterblichen alle. Vom Nebenzimmer her klangen die hellen Stimmchen der erwachenden und mit ihrer Mutter schäkernden Kinder. Mir war zumute, als hätte ich dieses idyllisch-süsse, dieses friedensmilde und poesiereiche, hell durchgeistigte Leben, in welchem ich das beschauliche menschliche Glück so oft und tief empfand, von neuem wiedergefunden. Und doch wurmte es mich, dass ich mit der Kündigung meinem Meister nicht zuvorgekommen, sondern von ihm abgedankt worden war.

Und wie merkwürdig ist mir das: mit jener Nacht, da mich der Meister fremd gemacht hatte, geniesse ich Ruhe, träume nicht mehr von meiner in ferner Vergangenheit liegenden Schneiderzeit, die in ihrer Anspruchslosigkeit ja so heiter war und die doch einen so langen Schatten in meine späteren Lebensjahre hereingeworfen hat[1]."

In dieser Traumreihe des Dichters, der in seinen jungen Jahren Schneidergeselle gewesen war, fällt es schwer, „das Walten der Wunscherfüllung zu erkennen", sagt FREUD und fährt fort: „Alles Erfreuliche liegt im Tagesleben, während der Traum den gespenstigen Schatten einer endlich überwundenen, unerfreulichen Existenz fortzuschleppen scheint. Eigene Träume von ähnlicher Art haben mich in den Stand gesetzt, einige Aufklärung über solche Träume zu geben. Ich habe als junger Doktor lange Zeit in einem chemischen Institut gearbeitet, ohne es in den dort erforderten Künsten zu etwas bringen zu können, und denke darum im Wachen niemals gerne an diese unfruchtbare und eigentlich beschämende Episode meines Lernens. Dagegen ist es bei mir ein wiederkehrender Traum geworden, dass ich im Laboratorium arbeite, Analysen mache, Verschiedenes erlebe und so weiter; diese Träume sind ähnlich unbehaglich wie die Prüfungsträume und niemals sehr deutlich. Bei der Deutung eines dieser Träume wurde ich endlich auf das Wort ‚Analyse' aufmerksam, das mir den Schlüssel zum Verständnis bot. Ich bin ja seither ‚Analytiker' geworden, mache Analysen, die sehr gelobt werden, allerdings *Psycho-Analysen*. Ich verstand nun, wenn ich auf diese Art von Analysen im Tagesleben stolz geworden bin, mich vor mir selbst rühmen möchte, wie weit ich es gebracht habe, hält mir nächtlicherweile der Traum jene anderen missglückten Analysen vor, auf die stolz zu sein ich keinen Grund hatte; es sind Strafträume des Emporkömmlings, wie dieses Schneidergesellen, der ein gefeierter Dichter geworden war. Wie wird es aber dem Traume möglich, sich in den Konflikt zwischen Parvenüstolz und Selbstkritik in den Dienst der letzteren zu stellen und eine vernünftige Warnung anstatt einer unerlaubten Wunscherfüllung zum Inhalt zu nehmen? Ich erwähnte schon, dass die Beantwortung dieser Frage Schwierigkeiten macht. Wir können erschliessen, dass zunächst eine übermütige Ehrgeizphantasie die Grundlage des Traumes bildete, an ihrer Statt ist aber ihre Dämpfung und Beschämung in den Trauminhalt gelangt. Man darf daran erinnern, dass es masochistische Tendenzen im Seelenleben gibt, denen man eine solche Umkehrung zuschreiben darf. Ich könnte

---

[1] P. ROSEGGER: „Waldheimat", Bd. II, S. 321 ff.

nichts dagegen haben, wenn man diese Art von Träumen als Strafträume von den Wunscherfüllungsträumen abtrennt. Ich würde
darin keine Einschränkung der bisher vertretenen Theorie des Traumes erblicken, sondern bloss ein sprachliches Entgegenkommen für
die Auffassung, welcher das Zusammenfallen von Gegensätzen
fremdartig erscheint. Genaueres Eingehen auf einzelne dieser Träume
lässt aber noch anderes erkennen.

In dem undeutlichen Beiwerk eines meiner Laboratoriumsträume
hatte ich gerade jenes Alter, welches mich in das düsterste und erfolg-
loseste Jahr meiner ärztlichen Laufbahn versetzt; ich hatte noch
keine Stellung und wusste nicht, wie ich mein Leben erhalten sollte,
aber dabei fand sich plötzlich, dass ich die Wahl zwischen mehreren
Frauen hatte, die ich heiraten sollte! Ich war also wieder jung, und
vor allem *sie* war wieder jung, die all diese schweren Jahre mit mir
geteilt hatte. Somit war einer der unablässig nagenden Wünsche des
alternden Mannes als der unbewusste Traumerreger verraten. Der
in andern psychischen Schichten tobende Kampf zwischen Eitelkeit
und der Selbstkritik hatte zwar den Trauminhalt bestimmt, aber der
tiefverwurzelte Jugendwunsch hatte ihn allein als Traum möglich
gemacht. Man sagt sich auch manchmal im Wachen: Es ist ja sehr
gut heute, und es war einmal eine harte Zeit; aber es war doch schön
damals; du warst ja noch so jung."

A. MAEDER hält diese Deutung für künstlich und wenig überzeugend. Insbesondere wendet er gegen FREUDS Schlussfolgerung
ein: „Seine (FREUDS) Theorie erfordert eine Wunscherfüllung; der
Wunsch jeden alternden Mannes, wieder jung zu sein, wird hier als
treibende Kraft des Traumes angenommen, ungeachtet des bedrück-
ten und aufgewühlten Seelenzustandes des entlassenen fortgeschickten
Träumers. Das nicht Wirklichnehmen des manifesten Trauminhaltes
rächt sich hier ganz entschieden. Die befreiende Wirkung des letzten
Traumes geht wesentlich auf den Kontrast zwischen der ungerechten,
demütigenden Behandlung im Traume und der idyllischen Lage im
Heime ROSEGGERS beim Erwachen zurück. Wenn ich mich im Traume
intensiv nach meiner Jugend sehne, sehe ich nicht ein, warum das
Erwachen — die Feststellung meines reifen Alters und meiner
jetzigen Lage — mich so beglücken würde, wie es dort der Fall ist.
FREUD erklärt gar nicht, wieso dieses Träumen jetzt endgültig auf-
hörte. Zur Deutung eines Traumes gehört unbedingt die Berücksich-
tigung seiner eventuellen Nachwirkung auf das Wachbewusstsein
des Träumers. ROSEGGER berichtet, er sei jahrelang von diesem Traum
förmlich verfolgt worden, jetzt sitze er wieder beim Lehrmeister,

wie in der Jugend, stecke manche Rüge ein, erhalte keinen Wochenlohn usw. Im allerletzten Traum dieser langen Traumreihe kommt es zu der bedeutsamen Steigerung: ‚Er habe doch kein Geschick zur Arbeit‘, und werde unter bemühenden Umständen fortgeschickt. Dieser langgedehnte, unbewusste Prozess erreichte einen Tiefpunkt und zugleich sein Ende mit der Kränkung und Demütigung des Träumers, ‚so übermächtig war mein Schreck, dass ich erwachte....‘ ROSEGGER hat offenbar diesen Schock gebraucht, um seinen Ehrgeiz und Hochmut zu korrigieren. Mit dem erreichten Ziel kann ‚dies‘ Träumen aufhören.

Ein solcher Traum hat unbedingt die Bedeutung eines wirklichen inneren Erlebnisses. Er bedeutet hier zugleich als letzter einer langen Reihe einen Wendepunkt.

Ist es nicht natürlich, anzunehmen, dass ROSEGGER im Laufe seiner Karriere, seines Aufstieges vom Schneider zum hochgeschätzten Schriftsteller, eitel und hochmütig geworden ist? In seinen Träumen wird er einer peinlichen Prüfung und Korrektur unterworfen: Der Lehrmeister rügt ihn und lässt nichts Gutes an ihm gelten. Es ist nicht die Vergangenheit, die ihn jetzt verfolgt, sondern eine unbewusste Instanz, die der aktuellen Orientierung des Ichbewusstseins widerstrebt und bloss Bilder aus der Vergangenheit zu ihrer Darstellung benützt. Im Traum beschäftigt sich die Seele mit der aktuellen Situation des Träumers und nimmt kritisch Stellung dazu. Das ist die Zürcher Auffassung des Traumes. In einer Privatkorrespondenz zwischen dem Dichter ROSEGGER und einem literarischen Freund wird gerade diese Frage der Eitelkeit und des Ehrgeizes in durchaus persönlicher Weise behandelt — eine Bestätigung unserer ursprünglichen Vermutung. Sehr gut passt dazu die Schilderung des Arbeitszimmers beim Erwachen: ‚Im stilvollen Bücherschrank harrte meiner der ewige Homer, der gigantische Dante, der unvergleichliche Shakespeare, der glorreiche Goethe, die herrlichen, die unsterblichen alle.‘ Sie sind die wahren Lehrmeister des Dichters; Gewaltige des Geistes, von denen er lernen, an denen er sich bilden und entwickeln darf. Man beachte die verwendeten Eigenschaftswörter: der ewige, gigantische, unvergleichliche, der glorreiche...; wie klein, bescheiden, muss der Träumer neben ihnen erscheinen! Der Aufstieg ROSEGGERS hatte ihn sicher mit Minder- und Überwertigkeitsgefühlen beschwert, die ihn in der Gesellschaft höher Gestellter leiden, aber in derjenigen niedrig Gestellter hochmütig empfinden liessen. Nach der Demütigung des letzten Traumes einer langen Reihe scheint sich aber ein neues Gleichgewicht, eine objektive Bewertung einzustellen: ROSEGGER erkennt seinen bescheidenen Platz unter den Geistesgewaltigen und freut sich am eigenen Heim und Familienleben. Es dürfte richtig sein, zu behaupten, dass eine solche Traumdeutung uns Einblicke in die Entwicklung und Reife der Persönlichkeit vermittelt. Wir nehmen wahr, dass ein Vorgang der Seelenkorrektur, des Ausgleiches und Werdens in der Tiefe stattfindet, der auf die Gesamtpersönlichkeit, also auch auf das Ichbewusstsein, wirkt — eine charakteristische Form der Selbsttätigkeit der Seele. Dank seiner symbolischen Ausdruckskraft vermag der Traum sie uns zu vermitteln.

FREUDS Blick bei dieser Deutungsarbeit war entschieden zu einseitig regressiv rückwärts gerichtet. Die Sehnsucht nach der Jugend, weg von der Melancholie des alternden Mannes, erschien ihm als das Bestimmende des betreffenden Traumes. Solche Träume kommen selbstverständlich vor; aber in diesem Falle dürfte sich FREUD getäuscht haben. Wahrscheinlich hat er etwas Persönliches hineinprojiziert, denn er identifiziert sich förmlich mit den Träumen. Er spricht tatsächlich in seinem Kommentar von einem eigenen Traum, in dem er als Analytiker in einem chemischen Laboratorium auftritt, was seiner persönlichen Vergangenheit entspricht. Darin spielt das Motiv des wieder Jungseinwollens tatsächlich eine bestimmende Rolle.

Die Erhebung eines einmal gewonnenen Standpunktes zu einer strikten Regel, zu einer Art Dogma, macht einen für alles andere blind. Wir müssen von der starren Formel des Traumes als Wunscherfüllung und als einseitig infantil aufgefasstes Geschehen abrücken und erkennen, dass es Träume gibt (wie auch andere seelische Phänomene), in denen eine progressive, vorwärtsgerichtete Bewegung der Libido das Bild eines ersehnten Zieles oder auch das Streben nach einer Verwirklichung zum Ausdruck gebracht wird. Neben der Vergangenheit kann uns die Zukunft — auch unbewusst — beschäftigen[1]."

MAEDERS Auffassung schloss sich C. G. JUNG vorbehaltlos an. So schreibt C. G. JUNG später einmal: „Die prospektive Funktion ist eine im Unbewussten auftretende Antizipation (Vorwegnahme) zukünftiger Leistungen, etwas wie eine Vorübung oder Vorausskizzierung, ein im voraus entworfener Plan... Es handelt sich um eine Vorauskombinierung der Wahrscheinlichkeit — dass sie der bewussten Vorauskombinierung gelegentlich überlegen ist, ist insofern nicht erstaunlich, als der Traum aus der Verschmelzung unterstelliger Elemente hervorgeht, also eine Kombination aller derjenigen Wahr-

---

[1] A. MAEDER: „Selbsterhaltung und Selbstheilung". Zürich 1949, S. 132 ff.

nehmungen, Gedanken und Gefühle ist, welche dem Bewusstsein um ihrer schwachen Betonung willen entgangen sind[1]."

Zunächst freilich hatte sich C. G. Jung durch „die Komplexität des Materials" nur zu einer Erweiterung des kausalen Denkens Freuds zum „konditionalen" Betrachten der psychischen Erscheinungen veranlasst gesehen. „Denn auf diesem Gebiete", schrieb Jung wörtlich, „haben wir es mit einer solchen Mannigfaltigkeit und Unübersichtlichkeit von Bedingungen zu tun, dass keine *eindeutigen* Kausalzusammenhänge behauptet werden können. Hier ist der Begriff des Konditionalismus weit eher am Platze: d. h. unter Bedingungen, die so oder so beschaffen sind, *können* sich solche oder solche Folgen ergeben. Es ist ein Versuch, die strenge Kausalität durch ein Ineinander-Wirken von Konditionen aufzulösen, die Eindeutigkeit des Zusammenhanges von Ursache und Wirkung durch die Vieldeutigkeit des Wirkungszusammenhanges zu erweitern." Ausdrücklich fügt C. G. Jung aber selbst hinzu, dass durch den Konditionalismus die Kausalität im alten Sinne nicht aufgehoben, sondern nur dem vielschichtigen Material des Lebendigen angepasst werde[2]. Von der konditionalen zur „finalen" Betrachtungsweise gelangte aber auch C. G. Jung, sobald er die Überzeugung gewonnen hatte, dass „alles Lebende nach seiner Ganzheit strebt oder zum mindesten auf die Herstellung eines normalen seelischen Gleichgewichtes abzielt[3]." Eines der Instrumente nun, das diesem Gleichgewichts- oder Ganzheitsstreben diene, erblickte C. G. Jung auch im Traume. In diesem Sinne schreibt er dem Traume die besonderen finalen Funktionen der Komplementierung und insbesondere der Kompensierung zu. Im Traume nämlich kompensiere das autonome, überindividuelle oder „kollektive" Unbewusste das bewusste Ich. Der Traum ermögliche dadurch eine Gegenüberstellung, eine Vergleichung der beiden Persönlichkeitsteile und lasse so im günstigen Falle auch einen Ausgleich oder eine Berichtigung entstehen. Als kompensatorisches Phänomen übe der Traum mithin die „Selbststeuerung des psychischen Systems" aus. Diese durch den Traum geförderte Selbststeuerung ziele auf jenen Selbstentwicklungs- und Ordnungsvorgang hin, dem C. G. Jung den Namen eines unbewussten „Individuationsprozesses" gab.

[1] C. G. Jung: „Allgemeine Gesichtspunkte zur Psychologie des Traumes" in: „Über die Energetik der Seele". Rascher, Zürich 1928, S. 179.

[2] C. G. Jung: Traumseminar 1938/39 und J. Jacobi: Die Psychologie von C. G. Jung, Zürich 1949, 3. Aufl., S. 145.

[3] C. G. Jung: Ciba-Zeitschrift, 9. Jahrg., 1945, Nr. 99, S. 3551.

b) Die Theorie von der „subjektiven" Traumbedeutung

Hatte FREUD selbst schon mit einigen Ansätzen zu einem finalen Denken sein eigenes rein mechanistisches, kausal-reduktives Erklärungsprinzip gesprengt, so weist er mit einer Bemerkung über den „Sacro Egoismo" des Traumes und über die „Identifikation des Träumers mit seinen Traumgestalten" noch auf eine zweite Spur, die über den technischen Verstehenshorizont hinauszuführen verspricht[1].

Mit beiden Redewendungen meinte er, dass das eigene Ich im Traume stets die Hauptrolle spiele, auch wenn es sich in anderen Menschen oder in Tiergestalten oder gar in Gegenständen verberge. Die so häufig in Träumen erscheinenden gefährlichen Tiere zum Beispiel hatte FREUD ausdrücklich als Symbole der eigenen Triebhaftigkeit und Leidenschaftlichkeit des Träumers bezeichnet. Auch einen fremden Mitreisenden im Traume eines seiner Patienten, der von einem Zollbeamten kontrolliert wird, bezieht FREUD in seiner Deutung auf das Traumsubjekt selbst. Dieser Mitreisende stelle den Träumer selbst dar, insofern dieser etwas vor ihm, dem Zollbeamten, verbergen wollte[2]. Allerdings war damit nur ein altes Prinzip der hippokratischen Traumdeutung wiederholt worden. Denn schon ihr war die Bezogenheit des Traumgehaltes auf das eigene Subjekt eine Selbstverständlichkeit. Auch wenn die Bilder des Traumes von andern und anderem handle, schrieb HIPPOKRATES, meinten sie doch das eigene Selbst des Träumers. So deutend reichte FREUD auch wieder an die Tiefe der Intuition von NOVALIS und NIETZSCHE heran. Denn jener wusste, dass uns „der Traum auf merkwürdige Weise über die Leichtigkeit unserer Seele belehre, in jedes Objekt einzudringen, sich in jedes sogleich zu verwandeln". NIETZSCHE aber hatte allen jenen, die sich um die Verantwortlichkeit ihren Träumen gegenüber drücken wollten, zugerufen: „Nichts ist mehr euer eigen, als euere Träume! Nichts mehr euer Werk! Stoff, Form, Dauer, Schauspieler, Zuschauer — in diesen Komödien seid ihr alles ihr selber."

Erst Herbert SILBERER hat dann jedoch ein gutes Dezennium später bei seinem Studium der Einschlaf- und Aufwach-Phänomene die subjektive Bedeutung vieler Traumgestalten in ihrem vollen Umfange erkannt. Ausführlich beschrieb er sie als „funktionale

---

[1] S. FREUD: Ges. Schr. Bd. VII, S. 133.
[2] S. FREUD: Ges. Schr. Bd. VII, S. 200.

Traum-Phänomene". In den funktionalen Traumbildern werde, sagte er, der Zustand oder die Leistungsfähigkeit des Bewusstseins, die jeweilige Verfassung oder Funktion der träumenden Psyche selbst abgebildet. SILBERER nannte sie funktional, weil sie nicht mit dem Material der Denkakte, ihren Inhalten, zu schaffen haben, sondern bloss auf die Art und Weise Bezug nähmen, in welcher das Traum-bewusstsein funktioniere, ob rasch, träge, leicht, lässig, freudig, erfolgreich, fruchtlos, anstrengend usw. Auch die Funktion des Ein-schlafens, des In-den-Schlaf-Sinkens, wie die Funktion des Auf-wachens könnten in den funktionalen Traumbildern dargestellt werden. Die Traumdarstellung des Einschlafens und Aufwachens fasste SILBERER noch unter der besonderen Bezeichnung der „Schwel-lensymbolik" näher zusammen. Denn diese Funktionen bevorzug-ten in ihren traumhaften, „autosymbolischen" Gestaltungen das Symbol der Schwelle. So sah sich SILBERER zum Beispiel einmal im Traume kurz vor dem Aufwachen von einem freien Platz aus in eine Art Vorhalle gehen und sodann durch die rechte Türe in den Saal eintreten. Hier auf der Türschwelle geschah dann das faktische Erwachen. Das Traumbild hätte also wirklich mit der Türschwelle die Schwelle zwischen der Schlaf- und der Wachfunktion versinnbild-licht. Freilich könnten sich diese Aufwach- und Einschlaffunktionen auch ganz anderer Symbole bedienen. Als sich SILBERER ein anderes Mal eines Morgens dem Erwachen näherkommen fühlte, aber noch im Dämmerzustand bleiben wollte, erlebte er die folgende Traum-szene: „Ich schreite mit einem Fuss über einen Bach, ziehe ihn aber alsbald wieder zurück, trachte hierüben zu bleiben." In einer ganz ähnlichen morgendlichen Situation erlebte SILBERER eines andern Tages eine ebenso köstliche Traumszene: „Ich habe eine Dame, offenbar zwecks einer gymnastischen Übung, veranlasst, in die tiefe Kniebeuge zu gehen. Sie soll sich nun wieder aufrichten. Das fällt ihr sehr schwer. Ich helfe ihr und sage: ‚Jetzt kommt das beschwer-liche Aufstehen.' (Bei diesen Worten bin ich wieder nahezu wach und erkenne die Bedeutung des Traumes.) Das Aufrichten aus der tiefen Kniebeuge kommt nämlich sowohl dem Emportauchen aus dem Schlummer wie auch dem bevorstehenden Aufstehen aus dem Bette gleich." Noch beim Erwachen selbst ist es SILBERER ganz deutlich, dass die Dame seinen eigenen Körper und seine schlaf-trunkene Seele personifiziere, sein Helfenwollen dagegen seinen Willen, seinem geistigen Impuls zum Aufstehen entspreche. In noch-mals der nämlichen Situation des morgendlichen Aufwachens er-wischte SILBERER gleich nach dem Wecksignal einen letzten Traumfetzen. Eben erlebte er darin, dass eine Frau einem Manne, einem andern, ihm ? zuliebe entsagte. Zur Deutung dieser hypnapompischen Erscheinung bemerkte SILBERER, dass in ihm eben der Entschluss latent gewesen sei, nicht mehr weiter zu schlafen. „Das Entsagen bezieht sich", sagt er wörtlich, „ich fühle dies sogleich beim Erwachen, auf meinen Verzicht auf das Weiterschlafen." Seine eigene Seele sei es, die hier in der Gestalt der Frau entsage, und zwar dem Schlafen zugunsten des Wachens[1].

Im weiteren Verlaufe seiner Untersuchungen fügte er diesen Aussagen bereits auch schon hinzu: „Die affektive Lebhaftigkeit der Personifikationen weist deutlich darauf hin, dass ich es mit einer Projektion eines lebendigen Stückes meines eigenen Seelenlebens nach aussen zu tun habe[2]."

Unmittelbar darauf und unabhängig von SILBERER hatten auch W. STEKEL und A. MAEDER auf die nämliche „subjektive" Bedeutung vieler Traumgestalten aufmerksam gemacht. MAEDERS Formulierung der „Selbstdarstellung in symbolischer Form" oder der „autosymbolischen Darstellung" im Traume wurde bereits erwähnt, als die Sprache auf seine finale Betrachtungsweise gekommen war. W. STEKEL hatte ebenfalls damals schon erkannt, dass sich sehr häufig ein evidenter Traumsinn ergebe, wenn man eine der kränklichen, schwächlichen, minderwertigen Traumfiguren als die „Personifikation der Neurose im Traum" deute[3].

Terminologisch fixierte schliesslich C. G. JUNG die mögliche Bedeutung von Traumfiguren als „sinnbildliche Darstellungen" oder „Personifizierungen" eigenseelischer Funktionen und subjektiver Wesensseiten besonders plastisch durch die Gegenüberstellung einer Traumdeutung auf der „Subjektstufe" und einer solchen auf der „Objektstufe"[4]. Auf der Objektstufe werde ein Traumding oder eine Traumperson gedeutet, wenn man glaube, der Traumsinn meine dieses ganz konkrete Aussenweltsobjekt oder zum mindesten die Beziehung des Träumers zu ihm. Die Deutung auf der Subjektstufe dagegen sehe in dem nämlichen Traumding oder der nämlichen

---

[1] H. SILBERER: „Symbolik des Erwachens und Schwellensymbolik überhaupt". Jahrbuch für psychoanalytische und psychopathologische Forschungen. Leipzig und Wien 1912, Bd. III, S. 619.

[2] H. SILBERER: „Über die Symbolik". Ebenda, S. 710 ff.

[3] W. STEKEL: a) Zentralblatt für Psychoanalyse. Bd. III, 1912/1913, S. 26.
    b) „Fortschritte und Technik der Traumdeutung". Wien, Leipzig, Bern 1935, S. 19.

[4] C. G. JUNG: „Psychologische Typen". Zürich 1921, S. 673.

Traumperson nicht dieses oder diese selbst, sondern nehme die Traumgestalt lediglich als Symbol, als Personifikation oder Objektivation eigener Subjektivität. Eine Schildkröte im Traum zum Beispiel würde bei der Deutung auf der Subjektstufe das Schildkrötenhafte, das verpanzerte Wesen des Träumers versinnbildlichen.

4. Grundlagenkritik an den Traumtheorien der „Zürcher Schule"

So nützlich das zusätzliche Wissen um die Deutbarkeit der Träume „auf der Subjektstufe" ist und so wichtig die Vorstellung möglicher Traumziele und -absichten auch praktisch-therapeutisch sein kann, dem eigentlichen Wesen unseres Träumens vermögen uns beide theoretischen Zutaten der Zürcher Schule nicht zu nähern. Denn die Vorstellung der Finalität sowohl wie die einer subjektiven Bedeutung der Trauminhalte entspringen durchaus nicht einem grundlegend wesensgemässeren Menschen- und Weltverständnis. Beides sind vielmehr lediglich die notwendigen Komplementärvorstellungen zur Kausalität und zur Objektivität innerhalb des gleichen Verstehenshorizontes. Es ist immer noch jene Vorstellungswelt, deren stillschweigende gedankliche Voraussetzungen alles Seiende, alle Dinge, alle Tiere und alle Menschen nur als wirkendes und bewirktes Vorhandenes, als wirkend bewirkte Gegenstände zu begreifen erlauben. Insofern alle Dinge als verursachte Ursachen gedacht werden und die Welt als ein blosses Kräftespiel, lediglich als ein Wirkungszusammenhang der Dinge untereinander vorgestellt wird, kommt man freilich gar nicht darum herum, zur Kausalität im üblichen Sinne eine Finalität hinzuzufügen. Darum machte die „causa finalis" denn auch schon eine der Komponenten des ursprünglichen, vierfältigen, aristotelischen Ursachenbegriffes aus. Sie war nur infolge der immer einseitiger technisch werdenden Ausrichtung des abendländischen Denkens zusammen mit der „causa materialis" und der „causa formalis" mehr und mehr in Vergessenheit geraten. Darum blieb bezeichnenderweise am Ende nur noch die „causa efficiens" als die Kausalität schlechthin übrig. Noch KANT hatte es aber in seiner „Kritik der Urteilskraft" mit aller Deutlichkeit ausgesprochen, dass man ohne Finalität bereits bei der Erklärung der einfachsten Lebenserscheinungen steckenbleibe. Denn mit dem mechanisch-kausalen Verhältnis sei nur die unlebendige Natur zu erklären; zur Beurteilung des Lebendigen dagegen müsse als notwendige Voraussetzung die Teleologie eingeführt werden. KANT versäumte jedoch nicht, sogleich darauf aufmerksam zu machen, dass diese Teleologie kein konstitutives, sondern nur ein regulatives Prinzip, d. h. eine allerdings notwendige, aber nur die subjektive Erfassung der Dinge regelnde Vorstellung sei, wie wir in der Kausalität eine blosse Kategorie unseres Verstandes vor uns hätten. Ob in der Natur jemals faktisch so etwas wie Zielstrebigkeit vorkomme, lasse sich gar nie feststellen. Kausalität wie Finalität also durchschaute KANT als bloss gedankliche Interpretationen der Welt, die mit der Konstitution der Wirklichkeit selbst gar nichts zu tun zu haben brauchten[1]. Wörtlich schreibt er: „Dass die Natur in ihren empirischen Gesetzen, sich selbst zu spezifizieren, als es zu einer möglichen Erfahrung, *als einem System* empirischer Erkenntnis, erforderlich ist, diese Form der Natur enthält eine logische Zweckmässigkeit, nämlich ihrer Übereinstimmung zu den subjektiven Bedingungen der Urteilskraft in Ansehung des möglichen Zusammenhanges empirischer Begriffe mit dem Ganzen einer Erfahrung. Nun gibt dieses aber keine Folgerung auf ihre Tauglichkeit zu einer realen Zweckmässigkeit in ihren Produkten, d. i. einzelne Dinge in der Form von Systemen hervorzubringen: denn diese könnten immer, der Anschauung nach, blosse Aggregate und dennoch nach empirischen Gesetzen, welche mit anderen in einem *System logischer Einteilung* zusammenhängen, möglich sein, ohne dass zu ihrer besonderen Möglichkeit ein eigentlich darauf angestellter Begriff, als Bedingung derselben, mithin eine ihr zugrunde liegende Zweckmässigkeit der Natur, angenommen werden dürfte."

Wie das kausale Denken der finalen Betrachtungsweise als ihrer notwendigen Komplementierung ruft, so verlangt die Vorstellung der Weltdinge als Objekte nach einer Ergänzung durch die Vorstellung eines Subjektes. Denn ohne Subjekt wäre gar nichts vorhanden, das die Dinge als Objekte vor sich hinstellen, sie als Entgegenstehendes, als Gegenstände vorstellen könnte. Daraus folgt freilich, dass jegliches Objekt, das „Objektive" schlechthin — als das lediglich von einem Subjekt vorgestellte Gegenständliche — das Subjektivste der Welt ist. Als blosser Komplementärbegriff zur Objektvorstellung wird selbstverständlich dann auch dieses Subjekt nur als etwas ebenfalls bloss gegenständlich Vorhandenes, als ein Gegenstand unter anderen Gegenständen der Welt, als ein Ding-Konglomerat und als ein Wirkungszusammenhang der verschiedensten „psychi-

---

[1] J. KANT: „Erste Einleitung in die Kritik der Urteilskraft". Leipzig 1927, S. 24 f.

schen" Gegenständlichkeiten und Vorhandenheiten gedacht. So wird zunächst das Gesamt der nicht-körperlichen Erscheinungen des Menschen zu der Vorstellung „die Psyche" verdinglicht. Aus dem Tatbestand, dass der Mensch um einen Teil seiner „psychischen" Verhaltensweisen zu wissen pflegt und sie mehr oder weniger erfolgreich zu handhaben versteht; von sehr vielen anderen seiner Einstellungen zu den Dingen und Menschen jedoch gerade umgekehrt, ohne um sie zu wissen, in Form neurotischer Symptome und alltäglicher Fehlhandlungen beherrscht oder auch etwa in Gestalt schöpferischer Eingebungen überfallen wird, leitet sowohl das kausale wie das finale Denken das Recht ab, „die Psyche" noch weiter zu unterteilen. Die nicht-körperlichen Lebensmöglichkeiten des Menschen, um die er weiss, werden zu den gegenständlichen Instanzen „das Ich" und „das Über-Ich" verdichtet; jene, die seiner eigenen Wahrnehmung entgehen, werden gedanklich als die unwirklichen Abstraktionen „das Unbewusste" oder „das Es" niedergeschlagen und zu „psychischen Schichten" hypostasiert. Andere der heutzutage gangbarsten psychischen Vergegenständlichungen und abstrakten Begriffsbildungen, die uns im Verlaufe unserer Untersuchungen noch oft genug zu denken geben werden, haben Bezeichnungen wie „das Symbol", „die Archetypen", „das kollektive Unbewusste" bekommen. Das Ausmass, das die Vergegenständlichung des „Subjektes" innerhalb des technischen Denkens erreichte, erhellt zum Beispiel aus Redewendungen wie: „Die Psyche ist ein System mit Selbstregulierung" (C. G. JUNG) oder „die menschliche Persönlichkeit ist aufgebaut in Schichten, die wir mit der geologischen Schichtung vergleichen können[1]."

Dass aber die blosse Zugabe von Komplementärvorstellungen innerhalb des nämlichen Vorstellungsrahmens nicht viel weiter hilft, hatte natürlich schon einem Forscher vom geistigen Range eines C. G. JUNG nicht entgehen können. Darum fügt er seiner Feststellung, dass die Psyche nicht nur kausal zu erfassen sei, sondern auch eine finale Betrachtung erfordere, die Bemerkung bei, „dass erst eine Vereinigung beider Gesichtspunkte (der kausalen und der finalen Betrachtungsweise)... uns eine vollkommenere Auffassung vom Wesen des Traumes zu geben vermöchte." JUNG kann freilich eine solche „Vereinigung" erst von der Zukunft erhoffen. Jedenfalls gibt er zu, dass sie „heutzutage wegen vorhandener enormer Schwierigkeiten theoretischer wie praktischer Natur in wissenschaftlich befriedigender Weise noch nicht vollzogen ist". Aber eine „Vereinigung"

---

[1] A. TEILLARD: „Traumsymbolik". Zürich 1945, S. 54.

von Komplementärbegriffen wie Kausalität und Finalität, oder Objekt-stufe und Subjektstufe ist innerhalb der Vorstellungswelt, die sie selbst schuf und trennte, schlechterdings und grundsätzlich überhaupt nie möglich.

C. G. JUNG hat zudem, wie kein Psychologe vor ihm, die Künst-lichkeit einer gedanklichen Trennung der menschlichen Wirklichkeit in psychische Subjekte und in isolierte Aussenweltsobjekte, an der die bisherige Psychologie überhaupt und die Traumforschung in ganz besonderem Masse wie an einem Krebsübel krankte, deutlich erkannt. Er ahnte denn auch bereits die unmittelbare Bezogenheit des Welt-phänomens auf das menschliche Selbst. Zahlreiche aphoristische Einstreuungen in seinen Werken bezeugen seine dahin zielende Intuition, die die Reichweite des zeitgenössischen psychologischen Denkens weit überragt. „Zuerst ist Psyche überhaupt Welt", schreibt er zum Beispiel einmal[1]. Und andernorts lesen wir: „Das Selbst aber begreift unendlich viel mehr in sich als bloss ein Ich, wie die Symbolik seit alters beweist. Es ist ebenso der oder die Andern, wie das Ich. Individuation schliesst die Welt nicht aus, sondern ein[2]." JUNG liess es aber nicht bei blossen Ahnungen bewenden, sondern konzentrierte ein ungewöhnliches Mass an geistiger Anstrengung darauf, die ge-dankliche Subjekt-Objektspaltung auch denkerisch überwinden zu können. An der Bewältigung dieses Problems lag C. G. JUNG zweifel-los deshalb so ausserordentlich viel, weil diese gedankliche Subjekt-Objektspaltung es war, die seine Traumdeutungen in so unberechen-barer Weise in solche auf der Subjektstufe und in andere auf der Ob-jektstufe auseinanderfallen liess. Ihr zufolge blieb es in einem jeder Wissenschaft unerträglichen Grade der Willkür anheimgestellt, wann in einem konkreten Falle die eine und wann die andere Deutungsart gelten sollte.

Aber ein Erfolg musste seinem Versuch zur Überbrückung der Subjekt-Objektspaltung aus dem gleichen Grunde versagt bleiben, der ihm auch die Vereinigung der kausalen und der finalen Betrach-tungsweise verunmöglichte. Denn es stand C. G. JUNG lediglich das alte naturwissenschaftliche Denkinstrument zur Verfügung, das ihn nie von der gegenständlichen Vorstellung eines Psyche-Dinges los-kommen liess. Darum versuchte er grundsätzlich genau so wie FREUD, diese Psyche und ihr Funktionieren dadurch zu erklären, dass er sie zunächst in hypothetische Teilgegenstände zerlegte. Hierauf musste natürlich auch er wieder Kräfte annehmen, die diese Teile

[1] C. G. JUNG: „Das göttliche Kind", S. 134.
[2] C. G. JUNG: „Der Geist der Psychologie". Zürich 1946, Eranos-Jahrbuch, S. 477.

von neuem zu einem einheitlichen Wirkungszusammenhang verbinden sollten. FREUD hatte aus dem menschlichen Verhalten seine Vorstellung der Triebe abstrahiert. C. G. JUNG schloss in analoger Weise aus der Tatsache, dass immer wieder und unter den verschiedensten Menschengruppen die gleichen Verhaltensweisen, Vorstellungen, Bilder, Mythen, Träume und Märchen anzutreffen sind, auf „Archetypen", die diesen allgemein verbreiteten Erscheinungen zugrunde liegen sollen. Wie FREUD letzten Endes die ganze „Psyche" auf seine Triebvorstellungen reduzierte, gelangte auch C. G. JUNG bei der Atomisierung des „psychischen Gleichgewichtssystems" zu den „Archetypen" als dessen letzte Bausteine oder Energiequellen und zu der Vorstellung eines „kollektiven Unbewussten" als der Versammlung all dieser.

Ein aus blosser Identität des Vorkommens, aus einem logisch Allgemeinen also abgezogener Archetypus ist jedoch eine nur gedanklich gefolgerte, hypothetisch erschlossene Grundmacht, der zum vornehrein eine äusserst geringe Wahrscheinlichkeit wirklichen Vorhandenseins zukommt. Dass sogar grundsätzlich kein Mensch je wird wissen können, ob es Archetypen überhaupt gibt, gesteht C. G. JUNG im Grunde selbst ein, wenn er etwa durch den Mund seiner Schülerin JACOBI sagen lässt, man könne einem Archetypus nie direkt begegnen[1]. Wenn unserem Einwand die Schüler JUNGs entgegenzuhalten pflegen, dass man ja auch den wirklichen Gedanken und Gefühlsregungen eines Mitmenschen gegenüber in einer nicht minder misslichen Lage sich befinde, weil man ja diese ebensowenig unmittelbar wie ein Ding der Aussenwelt sehen und greifen könne, sondern auch sie in ganz analoger Weise aus der Sprache des beobachteten Menschen, oder aus seiner Mimik und aus seinen Gebärden erschliessen müsse, so übersehen sie zweierlei. Erstens ist das nicht ausgesprochene Fühlen und Denken von etwas immerhin der Selbsterfahrung unmittelbar zugänglich, während auch diese niemals auf Archetypen stossen wird. Zum andern verhält sich aber auch das blosse Denken eines andern Menschen zu seiner lautlich hörbaren Wortsprache durchaus nicht wie eine hypothetisch erschlossene Annahme zu einem wahrnehmbaren Phänomen. Vielmehr beschränkt sich die Sprache des Menschen so wenig auf seine blosse Lautsprache, dass jedermann z. B. auch von einer Gebärden- oder einer Leibsprache weiss. Das stille Denken von etwas gar ereignet sich in nicht

---

[1] J. JACOBI: „Komplex, Archetypus, Symbol". Schweiz. Zeitschrift für Psychologie, 1945, S. 299.

weniger distinkten Worten als das gesprochene Sagen von Gedanken. Darum darf es mit Fug und Recht ein noch verschwiegenes Reden genannt werden. Stilles Denken und lautliches Sprechen sind mithin immer nur als zwei Unterformen derselben menschlichen Sprache voneinander verschieden. Daraus folgt jedoch, dass es niemals zu einem gedanklichen Erschliessen der einen Art von Sprache aus der andern kommen kann, das dem den Archetypus-Begriff schaffenden Schlussfolgern auch nur im entferntesten analog wäre. Unserer grundsätzlichen Kritik gegenüber ist es nur noch von untergeordneter Bedeutung, wenn zudem auch die neue Urgeschichte und die moderne Ethnologie das empirische Fundament, auf das JUNG seinen Archetypus-Begriff aufbaute, zu untergraben beginnen. Denn auf Grund zahlloser Einzeluntersuchungen vermitteln uns diese Wissenschaften ein immer deutlicheres Bild von den weltweiten Wegen und Verbindungen der ältesten Kulturen untereinander. Dadurch verliert die Annahme mehr und mehr an Glaubwürdigkeit, die sich die analogen Symbole, Mythen, Träume und Märchen der Völker als voneinander völlig unabhängig entstandene Gebilde dachte. Ihre scheinbar ursprüngliche Übereinstimmung, aus der C. G. JUNG die Archetypen abstrahierte und die er zugleich auch für einen „Beweis" ihrer „empirisch nachweisbaren" Wirklichkeit hält[1], wird offenbar häufig genug zu einem rein historischen Problem[2].

Allerdings betonte C. G. JUNG anfänglich selbst die hypothetisch-abstrakte Begrifflichkeit seiner Archetypus-Vorstellung, ebenso wie FREUD da und dort auf den reinen Annahmecharakter seiner Triebtheorie aufmerksam machte. Indessen blieb in der ganzen Geschichte der Wissenschaft noch kaum je ein schöpferischer Forscher ganz vor dem Verhängnis bewahrt, in seiner Vorstellungswelt die eine oder andere seiner spekulativen Abstraktionen unvermerkt als „empirische Untersuchungsergebnisse" zu verkennen. So glaubte denn auch FREUD plötzlich doch an die volle Wirklichkeit seiner Triebabstraktionen, wie C. G. JUNG seine Archetypus-Vorstellung im Handumdrehen wieder für eine faktisch vorhandene Gegebenheit hielt. Unversehens etwa kann JUNG diese archetypischen „Dominanten", die er eben noch hypothetische Annahmen nannte, sogar

---

[1] C. G. JUNG: „Psychologie und Alchemie". Zürich 1944, S. 32.

[2] Vgl. hiezu z. B.: J. SCHWABE: „Archetypus und Tierkreis". Basel 1951, S. XXXI, und A. BÜHLER: „Kritische Bemerkungen zur Verwendung ethnographischer Quellen in der Psychologie". Protokoll der Schweiz. Gesellschaft für Psychiatrie 1952, S. 41 ff. Ferner H. Lommel (München), „Zarathustra", Vortrag Universität Zürich, Nov. 1952.

als so konkrete Dinge denken, dass er sie als „Regulatoren" und als „Anreger der schöpferischen Phantasietätigkeit" wirken sieht. Wie FREUD die Triebe, so bezeichnet schliesslich JUNG die „Archetypen" als die „Motoren" der Traumbildung[1]. Ist in der FREUDSCHEN Lehre das manifeste Traumbild das Produkt einer latenten Triebregung, so ist es in der Traumtheorie C. G. JUNGS immer ein Archetypus, der sich im Gewande eines Traumsymbols manifestiert und die Traumbilder hervorbringt. Will man deshalb die Tragweite und die Grenzen der JUNGSCHEN Traumlehre bestimmen, so kann man sich nicht eingehend genug mit der Herkunft und dem Wesen seines Archetypusbegriffes befassen.

Wie FREUD die Triebe den organischen erogenen Zonen, lässt C. G. JUNG seine Archetypen zunächst den organischen Hirnstrukturen entstammen. „Sie vererben sich mit der Hirnstruktur, ja sind deren psychischer Aspekt[2]." Zudem denkt er die Archetypen als den „Niederschlag alles menschlichen Erlebens, bis zurück zu den dunkelsten Anfängen"[3]. Gegen diese Annahme hat allerdings bereits der Biologe PORTMANN kritisch eingewendet, dass man mit der Annahme von Erblichkeit der erschlossenen psychischen Strukturen äusserst vorsichtig umgehen sollte, und dass gar die Vorstellung eines „Niederschlages menschlichen Erlebens" auf der überholten biologischen Spekulation LAMARCKS fusse[4]. PORTMANNS Kritik bedarf jedoch ihrerseits einer wesentlichen Ergänzung. Denn auch PORTMANNS eigene Aussagen von den im Zentralnervensystem nachgewiesenen, reizaufnehmenden Strukturen, die die mit den archetypischen Verhaltensweisen der Menschen vergleichbaren archetypischen Handlungen der Tiere anregen sollen, zeugen von Vorstellungen, die auf völlig unbedachten Voraussetzungen beruhen, wenn auch deren Dunkelheiten freilich noch die Verhaltensforschungen sämtlicher moderner Tierpsychologen durchziehen. Ganz abgesehen von der Problematik nämlich, die allein schon die Redewendung von reizaufnehmenden Strukturen im Zentralnervensystem heraufbeschwört, ist von den Attrappenexperimenten, an die PORTMANN hier denkt, bis zum „Nachweis" von Urbildern, Schemata oder Strukturen im Zentralnervensystem noch ein sehr weiter und wohl für immer ungangbarer Weg.

---

[1] C. G. JUNG: „Der Geist der Psychologie". Eranos Jahrbuch, Bd. XIV, 1946, S. 447.
[2] C. G. JUNG: „Seelenprobleme der Gegenwart". Zürich, S. 179.
[3] ebenda, S. 173.
[4] A. PORTMANN: „Das Problem der Urbilder in biologischer Sicht". Eranos-Jahrbuch, Sonderband XVIII (1950) S. 413 ff.

Engen Anschluss an die Biologie wahrt C. G. JUNG auch in der Formulierung, die Archetypen seien typische Verhaltensformen[1] und vor allem mit der Aussage, diese archetypischen Verhaltensformen oder „Bereitschaftssysteme" stünden mit den Begriffen des Instinktes und des Triebes in engster Verbindung. Die Archetypen, sagt er sogar, seien nichts anderes als Selbstabbildungen der Instinkte[2]. Zugleich seien sie identisch mit den Triebgestalten, nämlich mit den „Patterns of behaviour"[3]. Manchmal wird sogar der hypothetische Begriff des Archetypus in dem Masse hypostasiert und verselbständigt, dass er zu einem „lebenden Organismus mit Zeugungskraft begabt", oder zum „Organ einer prärationalen Psyche" wird[4].

Mit diesem letzten Bilde schreibt C. G. JUNG nun den Archetypen zugleich schon eine zweite Funktion zu. Sie werden damit nicht mehr nur als „Motoren" alles psychischen Lebens vorgestellt, sie sind auch die primären Rezeptoren. „Bekanntlich" gäbe es, schreibt C. G. JUNG, „keine menschliche Erfahrung, und es ist auch gar keine Erfahrung möglich, ohne das Dazutreten einer subjektiven Bereitschaft. Worin besteht aber die subjektive Bereitschaft?" Sie bestehe, formulierte JUNG — die Schematenvorstellungen der modernen Tierpsychologie vorwegnehmend — „in letzter Linie in einer angeborenen psychischen Struktur", oder darin, „dass dem Menschen die Formen der Welt, in die er geboren wird, bereits als virtuelles Bild eingeboren sind".

Ein solch urtümliches Bild setze der Geist dem äusseren Naturvorgang entgegen, wie der Organismus dem Licht ein neues Gebilde, das Auge, entgegengesetzt habe. Und wie das Auge das Licht, so erfasse das urtümliche Bild den Naturvorgang[5]. Die aprioristischen Kategorien der Archetypen seien natürlich „kollektiver Natur... und wohl keine individuelle Prädestination. So sind auch diese Bilder als inhaltslos und deshalb als unbewusst zu denken. Sie erreichen erst Inhalt, Einfluss und schliesslich Bewusstheit dadurch, dass sie auf empirische Tatsachen treffen, welche die unbewusste Bereitschaft berühren und zum Leben erwecken"[6]. Auf diese Weise glaubt C. G. JUNG schliesslich, mit der Archetypus-Vorstellung auch „die

---

[1] C. G. JUNG: „Geist der Psychologie", S. 479.
[2] C. G. JUNG: „Energetik der Seele", S. 196.
[3] C. G. JUNG: „Geist der Psychologie", S. 448.
[4] C. G. JUNG: „Psychologische Typen", S. 603, und „Tibetanisches Totenbuch", Zürich 1935, S. 26.
[5] C. G. JUNG: „Psychologische Typen". Zürich 1921, S. 600.
[6] C. G. JUNG: „Die Beziehungen zwischen dem Ich und dem Unbewussten". Zürich 1945, S. 120.

bemerkenswerte Korrelation zwischen Bewusstsein und Erscheinungswelt, zwischen der subjektiven Wahrnehmung und den objektiven Realvorgängen, d. h. deren energetischen Wirkungen" erklären zu können. Wenigstens, fügte dem JACOBI hinzu, lasse sich damit zwischen der „subjektiven Psyche" und den aussenweltlichen Wirklichkeiten ein Zusammenhang vom Range einer Bildanalogie denken[1].

Wie aber soll es je auf solche Weise auch nur zu einer Berührung „unbewusster, subjektiver Bereitschaft" mit Naturvorgängen einer Objektivwelt, geschweige denn zu einem Erfassen, zu einem „Zum-Erleben-Erwecken" jener durch diese kommen können? So wenig ein Auge oder ein Organismus, sondern immer nur der weder mit diesem noch mit jenem identische Mensch ein Licht wahrzunehmen vermag, so wenig erfasst je ein urtümliches Bild oder ein Schema im Gehirn oder in der Psyche einen wach- oder traumweltlichen Vorgang; gesetzt selbst, urtümliches Bild oder Schema wären wie ein Auge mehr als eine bloss erschlossene, einem neukantianischen Denken entsprungene, hypothetische Vorstellung.

JUNG hat zweifellos immer deutlicher die Unzulänglichkeit dieser Vorstellungswelt gespürt und erkannt, dass auf der Grundlage dieses Denkens mit seiner unüberwundenen Subjekt-Objektspaltung doch nie begriffen werden kann, wie überhaupt der Mensch wirklich zu den Dingen der Welt gelangt. Deshalb trieb er sein Denken immer weiter in der Richtung der technischen Vorstellungen vor. Er rückte in den letzten Jahren von der Biologie, an die er sich zunächst so eng angelehnt hatte, deutlich ab und gelangte mehr und mehr zu physikalischen Hypothesen.

Schon früh allerdings hatte JUNG den psychischen Betrieb mit einem Elektrizitätswerk verglichen und etwa vom Symbol als der konkreten Erscheinungsform des Archetypus ausgesagt, es sei „ein psychischer *Energietransformator*[2]. In seinen neuen Arbeiten zieht JUNG aber noch viel weitergehende, technisch-physikalistische Schlussfolgerungen. Unzufrieden mit der Instinkt- und Geistnatur des Archetypus fragt JUNG tiefer zurück nach der „eigentlichen" Natur des Archetypus, nach dem Wesen des Archetypus an sich. Man dürfe nämlich die archetypischen Vorstellungen, die uns das Unbewusste namentlich in den Traumsymbolen vermittle, nicht mit dem Archetypus an sich verwechseln. Diese Vorstellungen und Symbole „sind vielfach variierte Gebilde, welche auf eine an sich unanschauliche Grundform

---

[1] J. JACOBI: a. a. O., S. 299.

[2] C. G. JUNG: „Psychologische Typen", S. 368.

zurückweisen.... Der Archetypus an sich ist ein psychoider Faktor, der sozusagen zu dem unsichtbaren, ultravioletten Teil des Spektrums gehört"[1]. „Wie das Psychisch-Infrarote, d. h. die biologische Triebseele, allmählich in die physiologischen Lebensvorgänge und damit in das System chemischer und physikalischer Bedingungen übergeht, so bedeutet das Psychisch-Ultraviolette, d. h. der Archetypus, ein Gebiet, das einerseits keine Eigentümlichkeiten des Physiologischen aufweist, andererseits und in letzter Linie auch nicht mehr als psychisch angesprochen werden kann... Damit wäre die Stellung des Archetypus jenseits der psychischen Sphäre bestimmt, analog der Stellung des physiologischen Triebes, welcher unmittelbar im stofflichen Organismus wurzelt und mit seiner psychoiden Natur die Brücke zum Stoffe überhaupt bildet[2]." Mit diesen Aussagen glaubt C. G. JUNG die psychischen „Vorgänge bis dahin verfolgt zu haben, wo sie sich bis zur Unvorstellbarkeit verdunkeln und nur noch Wirkungen, die einen anordnenden Einfluss auf Bewusstseinsinhalte haben, festzustellen sind. Die Untersuchung dieser Wirkungen ergibt die seltsame Tatsache, dass sie von einer unbewussten, d. h. objektiven Realität ausgehen, welche sich aber zugleich auch wie eine subjektive, also wie eine Bewusstheit verhält. Die den Wirkungen des Unbewussten zugrundeliegende Realität schliesst also ebenfalls das beobachtende Subjekt ein und ist daher von unvorstellbarer Beschaffenheit"[3].

Auf eine Klärung und Fundierung dieser Sätze durch eine genauere Bestimmung dessen, was hier unter den in so vielfältiger Verwendung erscheinenden Worten „subjektiv" und „objektiv" eigentlich verstanden werden soll, verzichtet C. G. JUNG an dieser Stelle. Statt dessen ruft er bezeichnenderweise die moderne Atomforschung zu Hilfe. „Obschon ich", schreibt er, „durch rein psychologische Überlegungen dazu gelangt bin, an der nur psychischen Natur der Archetypen zu zweifeln, so sieht sich die Psychologie aber auch durch die Ergebnisse der Physik dazu *gezwungen*[4], ihre bloss psychischen Voraussetzungen zu revidieren. Die Physik hat ihr nämlich den Schluss vordemonstriert, dass auf der Stufe atomarer Grössenordnung der Beobachter in der objektiven Realität vorausgesetzt und nur unter dieser Bedingung ein befriedigendes Erklärungsschema möglich ist. Das bedeutet einerseits ein dem physikalischen Weltbild anhaf-

---

[1] C. G. JUNG: „Geist der Psychologie", S. 460.
[2] C. G. JUNG: „Geist der Psychologie", S. 462 ff.
[3] C. G. JUNG: a. a. O., S. 482 ff.
[4] vom Ref. gesperrt.

tendes subjektives Moment, andererseits eine für die Erklärung der Psyche unerlässliche Verbindung derselben mit dem objektiven Raum-Zeitkontinuum. So wenig das physikalische Kontinuum vorgestellt werden kann, so unanschaulich ist auch der notwendig vorhandene psychische Aspekt desselben. Von grösstem theoretischem Belange ist aber die relative oder partielle Identität von Psyche und physikalischem Kontinuum, denn sie bedeutet insofern eine gewaltige Vereinfachung, als sie die anscheinende Inkommensurabilität zwischen der physikalischen Welt und der psychischen überbrückt[1]."

In ähnlichem Sinne hatte ein Schüler JUNGS, C. A. MEIER, schon 1935 angenommen, dass zwischen Physik und Psychologie ein „echtes und rechtes Komplementärverhältnis" bestehe. Beide Wissenschaften hätten „in vieljähriger getrennter Arbeit Beobachtungen und dazu adäquate Denksystematiken aufgehäuft. Beide Wissenschaften sind an gewisse Grenzen gestossen, die... ähnlichen prinzipiellen Charakter tragen. Das zu Untersuchende und der Mensch mit seinen Sinnes- und Erkenntnisorganen und ihren Erweiterungen — den Messinstrumenten und Messverfahren — stehen in unlösbarem Zusammenhang"[2].

Dass die Forschungsergebnisse der Physik und die Schlussfolgerungen der komplexen Psychologie C. G. JUNGS sich in ihrem Charakter immer mehr angleichen, ist allerdings nicht zu verkennen. Darf jedoch diese Gleichsinnigkeit der Resultate als ein Kriterium für deren Richtigkeit oder deren Wahrheitsgehalt in Anspruch genommen werden? Liegt der „Zwang" zu einer solchen Konvergenz wirklich in der Natur der Sache, ist er nicht vielmehr lediglich die notwendige und vorausbestimmte Folge des Umstandes, dass eine tiefgehende „Arbeitstrennung" beider Wissenschaften faktisch gar nie bestand? Bewegten sich denn nicht beide Arbeitsrichtungen, die Atomphysik wie die komplexe Psychologie, von Anfang an innerhalb des genau gleichen Verstehenshorizontes und bedienten sie sich nicht stets derselben Denkmethode, auch wenn JUNG glaubt, durch rein psychologische Überlegungen zu seinen Ergebnissen gelangt zu sein? Mit Hilfe zweier gleich geformter geistiger Schöpfgeräte *muss* freilich am Ende alle Wirklichkeit in ganz ähnlicher Weise ausgesiebt werden.

Immerhin kann C. G. JUNG am Schluss seiner Untersuchungen von einer Überbrückung der anscheinenden Inkommensurabilität zwischen der physikalischen Welt und der psychischen sprechen. Gelang also nicht doch der komplexen Psychologie zusammen mit

---

[1] C. G. JUNG: a. a. O., S. 483 ff.
[2] C. A. MEIER: „Die kulturelle Bedeutung der komplexen Psychologie". Zürich 1935.

der Atomphysik auf dem ihnen gemeinsamen Wege naturwissenschaftlicher Theorienbildung die Überwindung der radikalen Subjekt-Objektspaltung, die C. G. Jung als Voraussetzung auch einer vollkommeneren Auffassung vom Wesen der Träume erforderlich schien? Wie könnte aber von einer echten Überbrückung die Rede sein, wo die „Identität von Psyche und physikalischem Kontinuum", die Überwindung der Subjekt-Objektschranke mithin, sowohl von der Physik wie von der komplexen Psychologie nur um den Preis einer gedanklichen Vernichtung des eigenen Grundes und Bodens errungen wurde? Denn gehen sie nicht beide von der Vorstellung aus, im Grunde bestehe die ganze Welt ausschliesslich aus einem Wirkungszusammenhang von lauter vorhandenen physischen und psychischen Gegenständen? Führt dann aber nicht letzten Endes die Physik in die Denkverlegenheit einer nicht mehr vorausberechenbaren A-kausalität, und skelettiert sie nicht die Dinge der Welt bis auf unvorstellbare mathematische Formeln? Und ereignet sich nicht im Denken der komplexen Psychologie eine ganz analoge Selbstauflösung ihrer Grundvorstellungen? Jedenfalls bleiben auch auf ihrer Seite von der ganzen Wirklichkeit des Menschen zum Schlusse nur noch lediglich erschlossene, dunkle, anordnende, archetypische Kräfte übrig, bis sich die Archetypen gar zu „abgeleiteten Postulaten" verflüchtigen, „deren Inhalte, wenn überhaupt solche vorhanden sind, nicht vorgestellt werden können"[1].

Wenn uns nun aber die beiden überragendsten Traumpsychologen der Neuzeit, Freud und Jung, schliesslich nur auf bloss gedachte, „angenommene" Unwirklichkeiten und Abstraktionen, auf unbewusste Triebe und auf abgeleitete Archetypen als die Ursachen, Entstehungsbedingungen oder als die „Motoren" der Traumbildung verweisen können, dann besteht freilich nur noch geringe Hoffnung, auf dem Wege des technisch-naturwissenschaftlichen Denkens einen Zugang zum eigentlichen Wesen der Träume zu finden. Zum vorneherein erübrigt sich jedenfalls, noch im einzelnen in den zahlreichen Traumuntersuchungen Nachschau zu halten, die ganz innerhalb der Vorstellungswelten Freuds und Jungs verharren[2].

Noch bieten sich aber im neueren Schrifttum einige Traumtheorien an, die auf eigenen Wegen zum Wesen der Träume vorzudringen suchen.

---

[1] C. G. Jung: „Geist der Psychologie", S. 484.

[2] Zur Orientierung über die entsprechenden Publikationen siehe z. B. das vorzügliche Literaturverzeichnis in: A. Garma, Psicoanalisis de los Sueños. Buenos Aires, 1948.

5. Die neo-analytischen Traumtheorien

a) Die neo-psychoanalytische Traumlehre von H. SCHULTZ-HENCKE

Als eine mögliche neue Fundgrube für die von C. G. JUNG erhoffte „vollkommenere Auffassung vom Wesen des Traumes" bietet sich uns vor allem das Lehrbuch der Traumdeutung von H. SCHULTZ-HENCKE an.

Denn der Autor selbst bezeichnet seine „neopsychoanalytische" Auffassung vom Traume als die „Fortentwicklung der FREUDschen, ADLERschen und JUNGschen Positionen und als deren Amalgam"[1]. Zunächst nimmt der Autor den Kampf gegen die technische Vergegenständlichung des Menschen und gegen die übliche Hypostasierung der abstrakten naturwissenschaftlichen Begriffe auf. Offenbar in der Absicht, anzuzeigen, dass Triebe und Bedürfnisse nicht als eigenständige Wesen und Dinge in der Luft hängen, sondern immer einem lebenden Subjekt *an*gehören, stellt er dem Ausdruck Trieb ein „an" voraus und ergänzt ihn hinten durch das Wort „Erleben" oder „Erlebnis". Das ergibt die für SCHULTZ-HENCKES Denken charakteristischen Begriffe eines „Antriebes- oder Bedürfniserlebnisses"[2]. Aber das Phänomen des Erlebenkönnens eines Antriebes durch ein Subjekt lässt der Autor im folgenden völlig ungeklärt, ja er entleert seinen Begriff des „Erlebens" unverzüglich selbst wieder dadurch allen Gehaltes, dass er sich von neuem in die alte physikalisch-dynamische Denkweise FREUDS zurück begibt. Wie soll man jedoch innerhalb einer solchen Vorstellungswelt ein passives, ein „pathisches" Ereignis, wie es das Erleben von etwas ist, als wirkenden Motor begreifen können? Und doch stempelt der Autor genau so, wie FREUD es in seiner triebdynamischen Auffassung mit den verdrängten Trieben tat, nun „das latente Antriebserleben" zum eigentlichen „Motor" der Traumbildung. Darum stelle der Traum „gewissermassen einen Versuch dar, die gehemmte Antriebswelt immer wieder lebendig werden zu lassen und neuerlich zu formen". Den „Antriebscharakter", den SCHULTZ-HENCKE damit dem Traume verleiht, unterstreicht er mit Redewendungen, die vom Antriebserleben als vom „Kern" des Traumes[3], oder „von latenten gehemmten Antrieben" als von dessen Tiefe sprechen[4]. Auch definiert er den

---

[1] H. SCHULTZ-HENCKE: „Lehrbuch der Traumanalyse". Stuttgart 1949.
[2] ebenda, S. 7.
[3] ebenda, S. 69.
[4] ebenda, S. 197.

Traum als „wechselvolles Spiel zwischen Lust suchendem Antrieb und Furchterleben"[1]. Doch nicht nur den Traum, das menschliche Erleben überhaupt reduziert er wie Freud auf Antriebe und Bedürfnisse; bezeichnet er diese doch ausdrücklich als dessen „Zentrum"[2]. Infolgedessen kann denn auch das „Zentrum seines traumanalytischen Verfahrens" nur darin bestehen, „dass einem Traum Realeinfälle hinzugefügt werden", die an die frühkindlichen Lebenssituationen erinnern, in denen ein animales Antriebserleben gehemmt worden war. „Das übrige ist vergleichsweise Beiwerk"[3]. „Auf den Realeinfall kommt es deshalb an. Aber auch in ihm wird sich der augenblicklich in Frage kommende Antrieb so und so oft nicht unverhüllt melden. Statt dessen wird das ‚Höhere' (‚ein sublimer Einfall') für ihn eintreten, an seiner Stelle im Einfall auftreten"[4].

Ganz eindeutig sind es also auch bei Schultz-Hencke, genau so wie bei Freud, die gehemmten, infantilen, animalen Triebregungen, die die Quelle der Traumbildung sind. Nur treibt Schultz-Hencke die naturwissenschaftliche Reduktion des Menschen nicht bis zu einer blossen Dualität von Triebarten vor wie Freud, sondern lässt eine unbestimmt grosse Zahl verschiedener Antriebsqualitäten bestehen, deren „Fächer... vom animalischen Zupacken und Festhalten her bis zum Erleben der Schönheit, bis zu reiner Anschauung der Welt und religiöser Ergriffenheit reicht"[5]. Unter ihnen sollen sich allerdings die kaptativen, die retentiven und die sexuellen Strebungen durch besondere Wichtigkeit auszeichnen. Wie Freud will er auch die „geistig" genannten Phänomene des Menschen aus diesen Antrieben erklären. Wörtlich formuliert er zum Beispiel, indem er allerdings der Sicherheit seiner Überzeugung mit dem unmittelbar nachfolgenden Worte „Vermutung" sogleich wieder Abbruch tut: „Es darf mit Sicherheit die Vermutung ausgesprochen werden, dass dieses einfache animalische Bedürfnis, sich motorisch zu entladen, die Quelle jenes also so hoch bedeutsam anerkannten Freiheitsdranges ist[6]." Aber nicht nur dieser einzelne „geistige" Drang, das ganze „Dasein, Lebendigsein des Menschen, seine ‚Existenz' ist wesentlich durch diesen ganz speziellen Drang charakterisiert". So glaubt der Autor also faktisch, wie auch aus manchen seiner „daseinsanalytischen

[1] H. Schultz-Hencke: „Lehrbuch der Traumanalyse". Stuttgart 1949, S. 8.
[2] ebenda, S. 62.
[3] ebenda, S. 150.
[4] ebenda, S. 133.
[5] ebenda, S. 20.
[6] ebenda, S. 11.

Lesearten" von Traumbeispielen hervorgeht, „das allgemeinste Dasein", die gesamte „Existenz" im Sinne L. BINSWANGERS aus derartigen Antriebserlebnissen ableiten zu können[1]. In ganz gleicher Weise will er aber auch die JUNGSCHE Konzeption des Archetypus auf das Antriebs- und Bedürfniserleben zurückführen. Den Anima-Begriff zum Beispiel, den JUNG u. a. zur Bezeichnung der unbewussten weiblichen Wesensart des Mannes benützt, versucht er auf den „zentralen seelischen Tatbestand einer oralen Sehnsucht im weitesten Sinne, einer allgemeinsten kaptativen Sehnsucht" zu reduzieren. Ebenso meint er, könne der sogenannte Animus, wie JUNG die latente Männlichkeit der Frau benannte, durchaus vom Aspekt frühkindlicher Gehemmtheit innerhalb der Antriebswelt eines Menschen verstanden werden[2].

Die Charakterisierung dieser „existenziellen" oder „geistigen" oder „allgemeinmenschlichen" Tatbestände als im Grunde animalischen Antriebsursprunges, folgert dann aber SCHULTZ-HENCKE überraschenderweise, spreche jedoch „in keiner Weise" gegen ihren geistigen Charakter"[3]. Denn die animalen Einzelerlebnisse hätten eine „übergreifende Bedeutung", die „zu erkennen und genauestens kennen zu lernen von grösster Wichtigkeit" sei. Hierin liege nämlich „die Brücke zwischen Charakterologischem und Animalischem"[4]. Dank dieser „übergreifenden Bedeutung" des animalen Antriebserlebens könne zum Beispiel die Kurzformel geprägt werden: „U. a. hat auch das Anale weltanschauliche Bedeutung"[5]. Dieses vielleicht an Stelle der FREUDSCHEN Sublimierung gesetzte „Übergreifen" vermag sich freilich SCHULTZ-HENCKE nur dadurch zu erdenken, dass er aus den animalen, „elementaren Bedürfnissen" eine „allgemeinste, unabdingbare Kategorie menschlichen Antriebserlebens" auszieht und dieses Abstraktum sich dann auch in den „geistigen Antriebsarten" manifestieren lässt.

Obwohl wir von diesen letzten Formulierungen SCHULTZ-HENCKES nicht zu behaupten wagen, dass wir sie in vollem Umfange verstanden hätten, dürfen wir von ihnen doch wohl so viel aussagen, dass auch sie noch ganz innerhalb der technisch-dynamischen Vorstellungswelt liegen, in der auch alle Hypothesen FREUDS gründen. Denn immer noch wird hier jegliches Erleben und Verhalten des Men-

---

[1] H. SCHULTZ-HENCKE: „Lehrbuch der Traumanalyse". Stuttgart 1949, S. 264.

[2] ebenda, S. 85.

[3] ebenda, S. 11.

[4] ebenda, S. 177

[5] ebenda, S. 178.

schen auf Kräfte, auf gehemmte oder ungehemmte Antriebe zurückgeführt und damit als zureichend erklärt gedacht. Daran ändert auch SCHULTZ-HENCKES Bestreben nichts, das kausale Denken zu einem konditionalen zu erweitern: „Simpelkausales Denken ist immer noch Gewohnheit. Das grundsätzliche Wissen, dass nur eine konditionale Auffassung dem heute zur Aufgabe gewordenen Tatbestand gerecht wird, ist faktisch heute noch unausgereift[1]."

Wie sich SCHULTZ-HENCKE mit dieser Aufforderung zu einem konditionalen Denken nur einem alten Verlangen C. G. JUNGS angeschlossen hat[2], so macht er sich schliesslich auch JUNGS, MAEDERS und ADLERS finalen Traumaspekt zu eigen. Sehen diese im Traume eine Selbstdarstellung, so nennt SCHULTZ-HENCKE den Traum einen „Spiegel" des wachen Erlebens[3]. Wie sie bezeichnet auch er den Traum von neuem als „einen Lösungsversuch"[4]. Ebensowenig fehlt JUNGS Kompensationsvorstellung vom Traume. Nicht nur überschreibt er mit diesem Begriff ein eigenes Kapitel, er führt auch des genaueren aus: „Grundbeziehung zwischen beiden Aussagen (zwischen Aussagen über das sogenannte bewusste subjektive Erleben des Menschen und Aussagen über diesen selben Menschen als Träumer) ist der kompensatorische Charakter[5]."

Gewiss also gibt SCHULTZ-HENCKES Lehrbuch der Traumdeutung dem Lernenden manchen nützlichen praktischen Wink. Wesentlich zu fördern vermag aber auch es unser Traumverständnis nicht.

b) Die „neo-freudianische" Traumlehre E. FROMMS

Als eine Weiterentwicklung der tiefenpsychologischen Traumtheorien möchte auch der amerikanische Autor Erich FROMM seine neue Traumauffassung verstanden wissen. Darum betont er zunächst ausdrücklich die Übereinstimmung seiner Ansichten mit den Auffassungen FREUDS und JUNGS. Mit FREUD zum Beispiel gehe er darin einig, dass auch für ihn die Träume sinnvolle und bedeutungsvolle Äusserungen der schlafenden Psyche seien[6]. Obschon jedoch seine

---

[1] H. SCHULTZ-HENCKE: „Lehrbuch der Traumanalyse". Stuttgart 1949, S. 267.
[2] Vgl. S. 48.
[3] ebenda, S. 65.
[4] ebenda, S. 82.
[5] ebenda, S. 249.
[6] E. FROMM: "The Forgotten Language. An Introduction to the Understanding of Dreams, Fairy Tales and Myths". New York 1951, S. 25.

Traumtheorie diese Basis mit FREUD gemeinsam habe, stehe sie in manch anderer Hinsicht in einem scharfen Kontrast zu ihr. Vor allem, sagt FROMM, nehme er an, dass Träume nicht nur, wie FREUD es meinte, Ausdruck der niedersten und irrationalsten, sondern auch der höchsten und wertvollsten psychischen Funktionen sein können. Offensichtlich übersieht FROMM dabei nur, dass auch FREUD selbst schon unter Bezugnahme auf das in den Träumen besonders deutlich sich manifestierende Unbewusste den Satz geprägt hatte: „dass der normale Mensch nicht nur viel unmoralischer ist als er glaubt, sondern auch viel moralischer, als er weiss..., dass die Natur des Menschen im Guten wie im Bösen weit über das hinausgeht, was er von sich glaubt, d. h. was seinem Ich durch Bewusstseinswahrnehmung bekannt ist"[1]. Darüber hinaus hatte uns ebenfalls FREUD selbst schon bei der Diskussion der Strafträume dazu angehalten, „den Anteil des Über-Ichs an der Traumbildung (der Gewissensinstanz also) sorgfältiger zu beobachten"[3].

Aus C. G. JUNGS Beiträgen zur Traumlehre akzeptiert FROMM die Aussage, dass wir in unserem Schlaf oft klüger und anständiger seien, als in unserem wachen Leben. Auch gibt er in zustimmendem Sinne Kenntnis von H. SILBERERS und C. G. JUNGS Ergänzung der analytischen oder retrospektiven Traumdeutung FREUDS durch eine „anagogische" oder „prospektive" Trauminterpretation. Was FROMM aber auch von JUNG scharf trenne, sei die Tatsache, dass JUNG als Quelle der besonders klugen und zukunftsweisenden Träume einen überpersönlichen, transzendenten Grund annehme. Er dagegen glaube, dass das, was wir im Schlafen denken, immer nur *unser* Denken sei[4].

Wenn FROMM die Ursprünge seiner eigenen Traumtheorie zwar keineswegs verleugnet, so widmet er doch das weitaus grösste Kapitel seines Werkes der radikalen Abgrenzung gegen die Lehren FREUDS und JUNGS. Die Essenz seiner Unterscheidung kleidete er in die Sätze: das Unbewusste, das sich im Traume ausdrücke, sei weder JUNGS mythischer Bereich noch FREUDS Sitz der irrationalen libidinösen Kräfte. In den Träumen manifestiere sich vielmehr immer nur die eigene Selbsterfahrung mit den Mitteln der Symbolsprache. Diese aber sei dadurch gekennzeichnet, dass in ihr innere Wahrnehmungen, Gefühle und Gedanken so ausgedrückt würden, als wären

[2] S. FREUD: Ges. Schr. Bad. VI, S. 397 f.
[3] S. FREUD: „Revision der Traumlehre". Neue Folge der Vorlesungen zur Einführung in die Psychoanalyse. Wien 1933, S. 39.
[4] E. FROMM: „The Forgotten Language" etc., S. 95/97.

sie Sinneserfahrungen, Ereignisse der Aussenwelt[1]. Was dann jedoch FROMM auf Grund dieser Feststellung in dem Hauptkapitel seines Werkes als seine eigene Traumauffassung. als seine „art of dreams interpretation" ausgibt, ist bis in alle Einzelheiten genau das, was schon 30 und 40 Jahre zuvor H. SILBERER und A. MAEDER als die „autosymbolische Darstellung des Träumers" und was C. G. JUNG mit der Rede von einer „Traumdeutung auf der Subjektstufe" gekennzeichnet hatten. So diskutiert FROMM etwa besonders ausführlich zwei Träume der typischen Art, in denen vom Träumer ein Fluss zu überqueren ist. Nach seiner Traumauffassung bedeute dies das Symbol einer wichtigen Entscheidung, des Aufgebens einer bisherigen Lebensform für eine andere. Der Träumer sollte, heisse dies, das Hindernis, das zwischen dem Ufer der Kindheit und dem Reiche der Reife liege, überschreiten und überwinden[2]. Fast wörtlich dieselbe Formulierung lesen wir aber schon in JUNGS Interpretation eines derartigen Flusstraumes aus dem Jahre 1926. Denn dort schreibt JUNG: „Der Traum zeigte nämlich der Patientin, dass sie selber in sich etwas hat, das sie am Überschreiten der Grenze, nämlich am Hinübergelangen aus der einen Lage oder Einstellung in die andere hindert..., dass in ihr selber das Hindernis liegt, das zu überwinden wäre, eine Grenze, die schwer überschreitbar ist und die sich dem weiteren Fortschritt entgegensetzt... Die Deutung der Ortsveränderung als Einstellungsveränderung ist belegt durch die Ausdrucksweise in gewissen primitiven Sprachen...[3]." FROMM setzt ferner auch der FREUDschen Deutung der ebenfalls typischen Nacktheitsträume als einer halluzinatorischen Wunscherfüllung eines kindlichen Exhibitionstriebes eine „eigene" Auffassung entgegen. Er sagt: „FREUD übersehe, dass Nacktheit auch das Symbol für die nackte Wahrheit, für das Wirkliche, Unverhüllte, Unprätentiöse sein könne[4]. Dabei entgeht es FROMM nun seinerseits, dass genau dieselbe „innerweltliche" Interpretation einer äusseren Nacktheitswahrnehmung im Traume schon immer ein beliebtes Beispiel C. G. JUNGS für seine „Traumdeutung auf der Subjektstufe" war.

An einer Stelle widmet C. G. JUNG dieser Interpretation des „Nacktheitssymbols" sogar ein ganzes Kapitel, das er bezeichnenderweise mit dem Titel „Die nackte Wahrheit" überschreibt. Die Nackt-

---

[1] E. FROMM: „The Forgotten Language" etc., S. 7.

[2] ebenda, S. 175 f.

[3] C. G. JUNG: „Das Unbewusste im normalen und kranken Seelenleben". Zürich 1926, S. 123.

[4] E. FROMM: „The Forgotten Language" etc., S. 90.

heit der Gestalten, schreibt Jung dort, bedeute symbolisch, „dass die Situation die konventionelle Hülle abgeworfen und sich zur Konfrontation mit der Wirklichkeit ohne falsche Schleier und sonstige Verschönerungsmittel gestaltet hat. Damit tritt der Mensch hervor, wie er ist und zeigt das, was zuvor unter der Maske der konventionellen Anpassung verborgen war…"[1]. Eine Schülerin C. G. Jungs hat ausserdem schon vor annähernd zehn Jahren einen weiteren der möglichen „innerlichen" Aspekte des Nacktheitssymbols ausdrücklich hervorgehoben. A. Teillard schrieb: , Tiefenpsychologisch drücke er (der Nacktheitstraum) in einem drastischen Bilde die völlige Unangepasstheit eines Menschen an die Umwelt aus, verbunden mit Minderwertigkeitsgefühlen und Beschämung[2]."

Fromms Auffassung trägt mithin nicht nur keinen neuen Gesichtspunkt zu einem besseren Traumverständnis bei, sie beschneidet obendrein die Traumlehren Freuds und Jungs um wesentliche Stücke. Sie verschliesst die in diesen beiden Theorien noch weit offen gelassenen Zugänge zu überpersönlichen Bereichen, indem sie sowohl den der „mythologischen Wesen unbekannter Herkunft", als welche Freud die Triebe bezeichnete, wie die überindividuelle Sphäre, die Jung das kollektive Unbewusste nannte, schlankweg leugnet. Freilich weiss Fromm diese Beschneidung der Freudschen und der Jungschen Traumlehren mit keinen andern Gründen zu rechtfertigen als mit der Formulierung, die Traumphänomene seien der symbolische Ausdruck lediglich *unserer* Wünsche, *unseres* Denkens und *unserer* Tugenden[3]. Als wäre durch die blosse Benennung des Wesens, dem diese Wünsche und Tugenden, dieses Denken angehören, mit dem Possessivpronomen „unser" auch nur das geringste über es selbst und über die Herkunft oder Nicht-Herkunft seiner Erscheinungsgestalten ausgesagt! Geschweige denn, dass Fromm innewürde, in welche höchst gefährliche Lage er unser menschliches Wesen dadurch bringt, dass er auf diese Weise einfach alle entscheidenden Probleme unterdrückt, die allein schon durch das „Unser"-Sagenkönnen des Menschen aufspringen. Indem er aber das Denken an den Ermöglichungsgrund des Offenbarwerdens aller menschlichen Phänomene völlig vergisst, entzieht er unserem Dasein Dach und Boden und lässt es mitsamt seinen Wünschen, ethischen Werten und Tugenden gänzlich in der Luft hängen.

[1] C. G. Jung: „Die Psychologie der Übertragung". Zürich 1946, S. 122.
[2] A. Teillard: „Traumsymbolik". Zürich 1944, S. 88.
[3] E. Fromm: „The Forgotten Language" etc., S. 97.

74

6. Die jüngsten der nicht-analytischen Traumtheorien

Im Gegensatz zu den neo-analytischen Theorien gehen die Traumuntersuchungen K. LEONHARDS[1] bewusst wieder fast ganz vor die Entdeckungen FREUDS und JUNGS zurück. Der Autor hält die Traumdeutungen dieser Pioniere schon deshalb für unmöglich, weil beide von den nämlichen Traumbildern ganz verschiedene Interpretationen zu geben pflegen. Also müsse zum mindesten der eine oder der andere, am wahrscheinlichsten aber müssten beide unrecht haben. Auf eine Diskussion über die Stichhaltigkeit dieses Verwerfungsmotivs lässt sich der Autor nicht ein. Dabei ist doch schon des öftern, nicht zuletzt auch von C. G. JUNG selbst, eindrücklich aufgezeigt worden, wie sich die FREUDschen und JUNGschen Deutungen gleicher Traumbilder einem eingehenden Studium durchaus nicht als verschieden im Sinne einer gegenseitig sich ausschliessenden Widersprüchlichkeit zeigen. Sie unterscheiden sich lediglich im Sinne einer Ergänzbarkeit der einen durch die andere. Von FREUD lässt LEONHARD immerhin „die Intuition" gelten, dass im Traume „die Kräfte des Unterbewusstseins" am Werke seien. Auch führt er Traumgedanken und Erinnerungstäuschungen an, die „mit Vorliebe der Erklärung der Traumsituation dienen"[2], was FREUD unter seine vierte Entstellungstechnik der „sekundären Bearbeitung" eingereiht hätte. Mit FREUD und C. G. JUNG geht LEONHARD auch soweit einig, dass er wie diese betont, im Traume würden stets alle die Gegebenheiten bildlich belegt, die im wachen Denken vernachlässigt worden seien[3]. Und wie JUNG sieht LEONHARD einen wichtigen Zweck des Träumens darin, den Gesichtskreis des Menschen zu weiten, ihn vor vielen Einseitigkeiten zu bewahren und ihm andererseits viele Erkenntnisse zu bringen, die er sonst nicht hätte[4].

Im wesentlichen aber versucht LEONHARD die Traumbilder wieder als bloss bildhafte Wiederholungen der aussenweltlichen und innenweltlichen Wahrnehmungen und Empfindungen des wachen Lebens zu erklären. So führt der Autor zum Beispiel das traumhafte Schwebeerlebnis in einem eigenen Traume, in dem er sich zwischen zwei Damen, auf deren Hüften gestützt, schlittschuhfahrend, von der Erde gelöst, mit grosser Leichtigkeit dahingleiten fühlte, mit Sicherheit auf „Schwebeempfindungen im Gleichgewichtsorgan zurück,

---

[1] K. LEONHARD: „Gesetze und Sinn des Träumens", 2. Aufl. Stuttgart 1951.
[2] ebenda, S. 54.
[3] ebenda, S. 128.
[4] ebenda, S. 34.

das demnach auch Traumbilder hat"[1]. Ferner gehen seiner Ansicht nach auch „die Angstträume vorwiegend von einem körperlichen Missgefühl aus" und stünden „daher schon an der Grenze des Abnormen"[2]. Die traumhaften Verzerrungen und Absurditäten, das „Vorbeiträumen" am faktisch Wahrgenommenen kämen dadurch zustande, dass die wachen Wahrnehmungen wieder in ihre Elemente, in die Formen, Farben, Tonempfindungen und in die Affekte zerfielen und dass diese Elemente nach je eigenen, von der Erinnerungsfähigkeit der einzelnen Empfindungsqualitäten abhängigen Wiedererscheinungsgesetzen zu Traumbildern zusammengefügt würden. Die durch diese Gesetze bestimmten ganz unterschiedlichen „Traumneigungen" der einzelnen Wahrnehmungselemente müssen bei LEONHARD alle FREUDschen Antworten auf dessen entscheidende Frage ersetzen, warum von den tausend Wachwahrnehmungen jeweilen gerade diese eine und keine andere im Traume erscheine. Zur Erklärung dieser unterschiedlichen Traumneigung der einzelnen Wahrnehmungselemente greift LEONHARD auf eine Hypothese zurück, die in hohem Masse an die alte BINZsche Schilderung von der Aurora des Erwachens erinnert. LEONHARD behauptet wiederum, dass im Traume eine „Schlafdissoziation" eintrete, dass „die einzelnen Sinnesgebiete auseinanderfallen". „Würde der Mensch in der Regel gleichmässig tief in allen seinen seelischen Funktionen schlafen, dann würde es nicht zu Träumen kommen. Ihre Voraussetzung ist, ... dass die Willenstätigkeit stärker geschwächt ist als die Vorstellungssphäre." Auch sei das Traumbewusstsein so eng und kurzsichtig, „dass in ihm immer nur ein Begriff klar hervortreten könne"[3]. Der oberste Sinn des Traumes schliesslich liegt nach LEONHARDS Theorie darin, dass er der „Träger und Erhalter des menschlichen Erinnerungsgutes ist. Vieles würde vorzeitig verlorengehen, es würde kein Gedächtnis in menschlicher Form geben, wenn nicht der Traum immer wieder die Gelegenheit zur Erneuerung böte"[4].

Alle hypothetischen Voraussetzungen der LEONHARDschen Traumtheorie bleiben aber völlig ungeklärt. So ist zum Beispiel nichts darüber zu erfahren, wie denn einzelne Sinnesgebiete oder seelische Funktionen überhaupt schlafen und dann erst noch unterschiedlich tief schlafen, und wie gar einzelne Organe von sich aus Traumbilder

---

[3] K. LEONHARD: „Gesetz und Sinn des Träumens", 2. Aufl. Stuttgart 1951, S. 49. 133, 78.

[1] ebenda, S. 120,

[2] ebenda, S. 14.

[4] ebenda, S. 139.

haben können. Das Kernstück seiner Theorie, die „Traumgesetze" selbst beruhen auf der Annahme, dass sich die menschlichen Wahrnehmungen aus einzelnen Sinnesempfindungen zusammensetzen. Sonst könnten sie ja nicht im Traume wieder in „ihre Elemente" zerfallen und neu zu „vorbeigeträumten" Traumbildern zusammengefügt werden. Die Unhaltbarkeit einer solchen atomistischen Wahrnehmungshypothese ist aber von der modernen Psychologie längst nachgewiesen worden.

Zu diesen grundsätzlichen Einwänden kommt noch hinzu, dass offenbar auch die konkreten Beobachtungen Leonhards noch der Nachprüfung bedürfen. Denn nur schon das erste und wichtigste seiner sogenannten Traumgesetze erwies sich bei zehn wahllos herausgegriffenen Traumbeispielen unserer eigenen Erfahrung nicht einmal als die Regel. Nach Leonhards Gesetz des „Bildausfalles" nämlich sollen Formwahrnehmungen des Vortages nie im Traumbild erscheinen, es sei denn, es hätte ein leiser, unerledigter Affekt mitgespielt. Vier unserer zehn Träume widersprachen aber eindeutig dieser Behauptung. Wie ferner unsere eigenen Erfahrungen noch zur Genüge zeigen werden, träumen Menschen, trotzdem sie in ihren Träumen sehr viel und mit grösster Intensität etwas wollen und ihre „Willenstätigkeit" durchaus nicht geschwächt erscheint. Auch gibt es Träume genug, die es nicht zulassen, dass man von einem engen und kurzsichtigen Traumbewusstsein spricht. Am unmittelbarsten offenbart jedoch Leonhards Traumtheorie ihre Willkürlichkeit darin, dass sich aus ihr als oberster Traumsinn die Erhaltung des menschlichen Erinnerungsgutes ergibt. Sehr viele Menschen jedoch, die nie oder so gut wie nie Träume erinnern, bewahren ihr Erinnerungsgut keineswegs schlechter als starke Träumer.

Die Traumstudie G. Siegmunds[1] bringt ein überaus reiches und wertvolles historisches und kasuistisches Material. In der Wesensbestimmung des Traumes geht sie aber, wie der Autor es selber bezeugt, nicht über die Feststellung eines Altmeisters der Traumkunde, Sante de Sanctis, hinaus. Auch nach Siegmund nämlich liegt dem Traume stets eine ungelöste, affektive Spannung zugrunde[2]. Diese sei immer die „treibende Ursache" zur Traumbildung, schreibt er, und der Inhalt jedes Traumes müsse als phantasierte Lösung der Spannung verstanden werden[3].

---

[1] G. Siegmund: „Der Traum". Fulda 1949.
[2] ebenda, S. 40.
[3] ebenda, S. 52.

Das jüngste uns zugänglich gewordene Werk, das sich ernsthaft mit Träumen befasst, ist das Buch HARTMANNS[1]. Auch diese Schrift bringt überaus interessantes Traummaterial. Doch geht es dem Autor zum vorneherein weder um eine eigentliche Untersuchung der Träume selbst, noch um den Aufbau einer Traumtheorie. Die Träume dienen ihm vielmehr lediglich als anschauliches Belegmaterial für die bereits als richtig und wahr vorausgesetzte anthroposophische Menschentheorie Rudolf STEINERS. Sie können deshalb unseren eigenen Bemühungen keine Hilfe sein.

Will es aber auch den neuesten Traumtheorien nicht gelingen, uns dem Wesen der Traumphänomene näherzubringen, so geben sie uns immerhin gerade durch ihr Versagen die wichtige Lehre, künftighin zum vorneherein von jeder Theoriebildung abzulassen und uns ganz an den träumenden Menschen und an die sich ihm zeigenden Traumphänomene selbst zu halten.

7. Die bisherigen Versuche einer phänomenologischen Trauminterpretation

a) Die phänomenologischen Traumuntersuchungen R. BOSSARDS

Der Ruf, der die wissenschaftliche Forschung zum Traumphänomen selbst zurückholen will, damit sich dessen Wesen von ihm selbst her zeige, und es nicht immer zum vorneherein aus der ihm fremden Perspektive theoretischer Spekulation des wachen Denkens verzerrt werde, ist nicht neu.

Die jüngste der immerhin spärlichen Arbeiten von Autoren, die sich dieser Aufforderung nicht verschlossen, ist das breitangelegte Unternehmen von R. BOSSARD[2]. Mit aller Schärfe wendet sich darin der Autor gegen die bisher übliche Untersuchungspraxis und formuliert: Art und Struktur des Träumens sind „durch eine Aufzählung negativer Unterscheidungsmerkmale vom Wachbewusstsein keineswegs befriedigend zu erfassen. Es geht nicht an, das Traumbewusstsein einfach als Wachbewusstsein minderen Helligkeitsgrades zu behandeln; es kann auch nicht die Ansicht genügen, dass der Traum lediglich die territoriale Selbständigkeit der Innenzentren im Schlafe

---

[1] O. J. HARTMANN: „Medizinisch-pastorale Psychologie". Frankfurt 1952.
[2] R. BOSSARD: „Psychologie des Traumbewusstseins". Zürich 1951, S. 90.

demonstriert, wie E. Trömmer meinte. Es bedarf einer vom Traumbewusstsein ausgehenden Phänomenologie und Analyse, um seiner
eigenen Gesetzlichkeit gerecht zu werden"[1]. Die unmittelbare Beobachtung zeige jedoch, dass „für das erlebende Subjekt die Traumvorgänge nun offenbar fast denselben Realitätswert wie die realen Vorgänge der Aussenwelt für das erlebende Subjekt des Wachbewusstseins besitzen"[1].

Unmittelbar darauf verschliesst sich jedoch der Autor selbst wieder
den Zugang zum Traumphänomen vollkommen. Denn einmal verurteilt er nun den von ihm selbst festgestellten „Realitätswert der
Traumvorgänge" gleich wieder vom wachen Denken aus und nennt
die Traumerscheinungen wie üblich „blosse Bilder"; ja er sieht in
ihnen lediglich im Gehirn des Traumsubjektes selbst gemachte und
nur dort vorhandene „Vorstellungen", blosse „intrakortikale Erregungen", die der Träumer dann nur als Sinneswahrnehmungen erlebe[2].

Je unbesehener der Autor in der Folge die Vorstellungen der alten
gegenständlichen Psychologie übernimmt, um so vorzüglicher gelingt
ihm zwar vor allem eine zusammenfassende Darstellung der Jungschen Traumtheorie, um so sicherer aber bringt er auch sein eigent-
lichstes Anliegen, die phänomenologische Untersuchung der Eigen-
gesetzlichkeit der Träume, die Interpretation der zu untersuchenden
Phänomene von ihnen selbst her, zum Scheitern. So führt er zum
Beispiel nach einem kurzen Hinweis auf die höchst unbefriedigende
Bestimmung des Bewusstseinsbegriffes bei Husserl gleich die gänzlich
ungeklärt bleibenden, aber offensichtlich gegenständlich gedachten
Vorstellungen eines Wachbewusstseins und eines Traumbewusstseins
ein. Dann spricht er wieder von einer „Störung des Ich-Bewusstseins"
oder von „Funktionsresten", von einer „Dissoziation des Ich-Komplexes", ja sogar von einem physiologisch bedingten Defekt dieses
Ich-Komplexes und der intellektuellen Funktionen im Traume, weil
sich beim Einschlafen die kortikalen Gebiete verselbständigen[3]. Einmal spricht der Autor zwar nicht mehr vom Wachbewusstsein, sondern
vom Dasein, das im Traume vor sein Sein und damit selbst zur Funktion, d. h. zur Darstellung gebracht werde. Doch bleibt diese Aussage,
die offensichtlich den „daseinsanalytischen" Untersuchungen Ludwig
Binswangers entnommen wurde, in diesem Zusammenhang völlig
unverständlich.

[1] O. Bosshard: „Psychologie des Traumbewusstseins". Zürich 1951, S. 124.
278, 192.
[2] ebenda, S. 185.
[3] ebenda, S. 85, 87, 82.

Die Ergebnisse der eigenen Untersuchungen des Autors beschränken sich auf die Feststellung, dass als wesentliche Strukturmerkmale des Traumbewusstseins die Objektivität, die Projektion, die Vergegenwärtigung, die Verdichtung und die Metamorphose zu nennen seien[1]. Das an erster Stelle genannte Merkmal hebt der Autor jedoch sogleich wieder durch die Bemerkung in sich selber auf: „Die Objektivität des Traumes, bedingt durch die mehr oder weniger vollständige Ausschaltung des Ichs als höchste Spitze der hierarchisch gegliederten Psychome und als aktiv in den Bewusstseinsstrom eingreifender Instanz, schliesst nicht aus, dass von einem andern Standpunkt aus betrachtet die imaginäre Welt des Traumes als höchst subjektive Schöpfung angesehen werden muss[2]." Am Ende gar entwertet Bossard selbst alle seine Funde zusammen, indem er das Misslingen seines Unternehmens mit bewunderungswürdiger wissenschaftlicher Redlichkeit mit den Worten eingesteht: „Diesen Begriffen..., die uns zur Charakterisierung der Struktureigentümlichkeiten des Traumbewusstseins dienten, könne zweifellos der Vorwurf gemacht werden, dass sie dem Wesen des Traumes nicht ganz entsprächen, da sie vom Standpunkt des Wachbewusstseins aus und von der Traumdeutung aus gefunden und stipuliert worden seien[3]."

b) Die phänomenologischen Traumstudien von L. KLAGES

Schon lange vor Bossard und in noch viel tiefschürfenderer Weise hatte Ludwig Klages dem inadäquaten Messen des Traumphänomens am wachen Denken die Frage entgegengestellt, was uns denn eigentlich das Recht gebe, Traumbilder „mit dem Gewicht der Tatsachen abzuwägen"[4]. Was erlaube uns, wiederholt er, von dem gar nicht bewiesenen Glauben auszugehen, die Eigenarten des Träumens müssten aus den Prämissen des Wachbewusstseins verstehbar sein. Woher wüssten wir denn, dass die Erfahrungen unseres Wachens auch für unser Traumleben bestimmend sein müssen, wo uns doch träumend eine ebenso abgerundete Welt wie im Wachen erscheinen könne, ja „voller wohl gar als die des Wachens und jedenfalls ausreichend zum Fundament von Lebensformen und Denkgestaltungen

[1] O. Bosshard: „Psychologie des Traumbewusstseins". Zürich 1951, S. 139.
[2] ebenda, S. 174.
[3] ebenda, S. 174.
[4] L. Klages: „Vom Traumbewusstsein". Zeitschrift für Patho-Psychologie, Bd. III, Heft 1 und 4, 1914 und 1919.

einer Vorgeschichte der Menschheit, die mehr Jahrtausende zählt als die sogenannte Weltgeschichte Jahrhunderte". Zum mindesten sei nach dem unmittelbaren Zeugnis unseres Erlebens die traumhafte Wirklichkeit nicht weniger wirklich als die wache Welt, sie sei nur anders wirklich. Es scheine also zwei Wirklichkeiten zu geben, von denen die eine, nämlich die traumhafte, durch die gewohnte des Wachens nur bisweilen hindurchblicke, dann aber auch von ihren Gesetzen sogleich das Fundament erschüttere, indem sie uns um die Sicherheit des Gegensatzes von Subjekt und Objekt bringe.

Dann aber erklärt auch KLAGES die Traumwelt doch wieder zu einer blossen Wirklichkeit von Bildern. Denn Wachen heisse der Zustand des empfindenden Schauens und des aktmässigen Denkens von sinnlich wahrnehmbaren Körperlichkeiten. Träumen dagegen sei ein Zustand des reinen Schauens von Bilderscheinungen, „welcher zurückbleibt nach Streichung der Komponente des Empfindens". Alles „bloss Erträumte" sei deshalb durch einen völligen Mangel an empfindungsfähiger Leibhaftigkeit ausgezeichnet. Niemals würden sinnlich empfundene Schmerzen oder Lüste irgendeiner Stufe oder Gattung geträumt. Diese Bestimmung, meint KLAGES, biete sogar den Schlüssel für die Lösung sämtlicher Rätsel des Traumes.

Der unmittelbaren Erfahrung gegenüber erweist sich dieser Schlüssel freilich als völlig unbrauchbar. Ein sehr gebildeter und aufgeklärter Mann zum Beispiel träumt seit seiner Jugend von Zeit zu Zeit immer wieder genau in der gleichen Weise von einer Höllenfahrt und vom Teufel. Dabei erlebt er regelmässig die intensivsten und scheusslichsten Geruchswahrnehmungen. Ja sie sind ihm das Unangenehmste des ganzen Traumerlebnisses. In jedem neuen Traume weiss er denn auch sofort, was kommen wird und gewöhnte sich deshalb an, sich jeweilen schon zu Beginn des stereotypen Traumes die Nase zuzuhalten. Eine andere Träumerin entdeckte in einem Kellerraum eine verwesende Kindesleiche, die einen so intensiven Leichengeruch ausströmte, dass die Träumerin ob dieser Geruchswahrnehmung erbrechen musste. Ohne zu erwachen folgten diesem Traumerbrechen wieder angenehmere Ereignisse. Wiederum eine andere Frau träumte: „Ich fliehe aus einem brennenden Hotel. Meine linke Hand ist ganz verbrannt und verursacht mir unheimliche Schmerzen. Ich renne stundenlang in der Stadt herum, halte dabei meine verbrannte Hand möglichst unbewegt, weil sich die Schmerzen bei jeder Bewegung verdoppeln. Endlich erwache ich. Ich halte die Hand aber auch nach dem Erwachen noch lange unbewegt, aus Angst vor Schmerzen. Ich brauche etwa fünf Minuten, bis ich merke, dass ich in Wirklichkeit ja gar nicht verbrannt bin und dass meine Hand überhaupt nicht weh-tut." Die gleiche Patientin träumte ein andermal: „Ich stehe in einem üblen Lokal. Ein Mann gräbt mir mit einem krummen, schmutzigen Messer den Daumen der linken Hand an der Wurzel ab. Ich empfinde dabei furchtbare Schmerzen, kann aber nichts dagegen tun. Dann ändert sich die Szene: es stehen eine Menge Leute um mich herum. Ein Mann will mich vergewaltigen. Ich wehre mich lange, und dann erwache ich mit Herzklopfen. Der Traum vom schmerzenden Daumen fällt mir erst einige Zeit nach dem Erwachen wieder ein."

Andere Träumer nehmen Farben wahr, die an sinnlicher Intensität alle Farbeindrücke ihres Wachens übertreffen. Wir wissen auch von mehreren Leuten, die im Traume gewürgt wurden oder die jemand in die Finger biss oder schnitt. Sie hatten dabei ebenfalls höchst aus-geprägte sinnlich lokalisierte Schmerzempfindungen. Dabei ereigneten sich diese höchst leibhaftigen Empfindungen durchaus nicht nur, wie KLAGES es meinte, unmittelbar vor dem Erwachen, so dass etwa das Schmerzerlebnis bereits dem Wachbewusstsein zugeschrieben werden könnte.

Ein Traumbericht von G. SIEGMUND, der sich mit eben diesen Traumproblemen abgab, lautet folgendermassen: „Ich trete aus dem finsteren Gange eines alten Hauses einer Altstadt in die sonnendurch-flutete Helle des Freien und erblicke vor mir die Karls-Universität — ein Phantasiegebilde meines Traumes. Es ist ein stattlicher prunk-voller Barockbau, auf den das Licht der Morgensonne fällt. Der im Traum selbst sich regende Gedanke, das Bild könne ein blosses Traumbild sein, steht im Widerstreit zu der Wahrnehmung, dass das Bild gar nicht die meist für typisch gehaltenen Merkmale eines Traum-bildes aufweist, sondern mit soviel kleinsten Einzelheiten der Zeich-nung und Nuancen der Lichtgebung ausgestattet ist, dass es ferner von einer geradezu blendenden Helle ist, dass man das Bild photo-graphisch getreu nennen möchte. Kritisch sage ich mir: soll dieses Bild kein blosses Traumbild sein, dann muss sich seine Tatsächlich-keit durch Hinzuziehung eines zweiten Sinnes verifizieren lassen. Mit Spannung strecke ich meine Hand aus, um festzustellen, ob bei der taktilen Berührung das Bild wie ein Nebel zergeht oder ob es realen Widerstand bietet. Erstaunt stelle ich im Traume fest, dass es meinem Zugreifen Widerstand entgegensetzt und schliesse unwillkürlich: also liegt keine traumhafte Phantasie vor, sondern handfeste Wirklichkeit." Einen ganz analogen Traum hat der Zoologe Hans SPEMANN in seiner Selbstbiographie beschrieben. „Meine glücklichsten Träume", liest man dort, „handelten vom ‚Haben‘ von Tieren. So träumte ich einmal von Forellen in einem klaren Bach; auf einmal kam mir der entmutigende Gedanke, dass es nur ein Traum sein möchte, bis ich mich durch Anfassen überzeugte, dass ich sie wirklich hatte. Was leider nicht hinderte, dass ich aufwachte und sah, dass es doch nur ein Traum gewesen war[1]."

Von Rahel *Varnhagen* hören wir einen Traum, in dem ein sehr geliebtes Tier eine grosse Rolle spielte. „Ich nannte diesen Liebling ‚mein Tier'; und wenn ich eher da war, so fragte ich nach ihm, denn es übte auf mich eine grosse Gewalt aus, und ich erinnerte mich nicht, in meinem ganzen Leben wachend eine so den *Sinnen* nach starke Empfindung gefühlt zu haben, als mir der blosse Händedruck dieses Tieres machte[2]."

Wieland *Herzfelde* schliesslich schwebte einmal in einem Fliegetraum ohne Anstrengung ziemlich rasch durchs offene Fenster schräg über die Strasse auf irgendeinen Balkon. „Nun bin ich", fährt der Bericht fort, „aber doch im Zweifel, ob das Ganze nicht bloss ein Traum ist. Um mich von der Wirklichkeit meines Fluges zu überzeugen, gehe ich durch die Glastüre des Balkons in die fremde Wohnung, offenbar in ein Speisezimmer. Vor dem grossen Spiegel schneide ich allerhand Grimassen, immer noch im Zweifel, ob ich nicht träume, dann knipse ich dicht vor den Ohren mit den Fingernägeln. Nein, ich höre es, bin also vollkommen wach. Eine Platte mit herrlich belegten Brötchen lenkt mich ab. Ohne weiteres verschlinge ich davon eine ganze Anzahl, wodurch auch der letzte Verdacht, nur zu träumen, behoben wird. Massloser Jubel erfüllt mich jetzt, da es Wahrheit ist: ich kann fliegen[3]."

Von bloss unsinnigen, empfindungsfreien Bilderscheinungen im Sinne von KLAGES kann also in allen diesen Träumen wahrhaftig nicht die Rede sein. Ebensowenig besteht aber auch die Auffassung etwa von A. TEILLARD zu Recht, die die „Entstofflichung der Erscheinungswelt als eine so auffallende Funktion des Traumes" bezeichnet[4]. Auch wenn sich die Autorin dabei auf die alten Inder beruft, nach deren Zeugnis im Schlafe nur der Sukshuma-Aspekt der Erscheinungen, nur ihre feinstofflichen Formen wahrgenommen würde, so ereignen sich dessenungeachtet nur allzu viele Traumerscheinungen, die für die Träumer selbst eine im Wachen nie gekannte,

[1] G. SIEGMUND: a. a. O., S. 39.
[2] Aus: J. JEZOWER: „Das Buch der Träume". Berlin 1928, S. 133.
[3] ebenda, S. 273.
[4] A. TEILLARD: „Traumsymbolik". Zürich 1945, S. 265.

leibhaftig-sinnlich wahrnehmbare Stofflichkeits- und Wirklichkeits-
dichte besitzen.

Damit werden uns aber auch die „phänomenologischen" Traumuntersuchungen von KLAGES und BOSSHARD nur zu einer nochmaligen
und äusserst wertvollen Warnung. Sie helfen mit, unsere Vorsicht
vor dem Zwange zu verdoppeln, der unser modernes technisches
Denken beherrscht und uns immer gleich weg von dem unmittelbar
gegebenen Phänomen hin zu berechnender Vergegenständlichung aller
Erscheinungen, zur Entwirklichung der Wirklichkeit und zugleich
zur Hypostasierung unwirklicher Abstraktionen, zur Errichtung einer
künstlichen, gespenstischen „Pseudowirklichkeit" treiben will.

II. Teil

DIE TRÄUME SELBST

1. Ein „merkwürdiger Schalentraum"

Eine zweiunddreissigjährige, psychisch und physisch gesunde Frau hatte sich die Aufgabe gestellt, alle ihre Träume unmittelbar nach dem Erwachen, selbst wenn dies mitten in der Nacht sein sollte, so genau und vollständig wie möglich schriftlich zu fixieren. Sie nahm sich dabei vor, nichts hinzuzufügen, was sie nicht eben träumend erlebte, noch irgend etwas davon auszulassen, nur weil es ihr zu unwichtig, zu sinnlos, zu absurd, zu abgelegen oder zu unschicklich erschienen wäre. Diese Frau verfügte über eine weit überdurchschnittliche Intelligenz, über eine grosse natürliche Fähigkeit zur Introspektion und über einen unbestechlichen Wahrheitswillen. Es war ihr aber bisher aus äusseren Gründen verwehrt geblieben, sich psychologisch und philosophisch zu schulen. Fast alle ihre Träume pflegten dieser Frau jeweilen nach dem Erwachen in voller Klarheit und Bestimmtheit vor Augen zu stehen. Sie hielt es deshalb für ausgeschlossen, dass ihre Traumerlebnisse nachträglich und unerkannterweise durch ihre blosse Reproduktion im Wachzustande verfälscht werden konnten. So wenigstens lautete ihre Antwort, als wir ihr gegenüber die in dieser Richtung zielenden Befürchtungen von H. Ellis[1] äusserten.

„Heute nacht hatte ich einen merkwürdigen Schalentraum", berichtete uns diese Frau am 3. August 1950. „Zuerst träumte ich, ich sei mit meinem Mann und meinen Kindern am Mittagstisch gesessen.

---

[1] H. Ellis: „Die Welt der Träume", übersetzt von Kurella, Würzburg 1911, S. 3 ff. Hier moniert der Autor, es bestünde keinerlei Gewähr dafür, dass der nachträgliche Traumbericht auch wirklich das geträumte Erlebnis wiedergeben könne, weil man nach dem Erwachen in einer ganz andern Verfassung sei. Genau der gleiche Einwand liesse sich aber auch gegen das Erzählen eines heftig erlebten *Wach*ereignisses erheben, da wir uns auch nicht mehr in diesem selbst aufhalten, wenn wir es nachträglich zu berichten uns bemühen.

Es war in unserem gemütlichen Esszimmer, genau so, wie ich es eben gestern durch das Umstellen der Kredenz noch behaglicher hatte einrichten können. Ich fühlte mich in der ruhigen Behaglichkeit dieses mir so lieben Raumes wohlig aufgehoben. An den Wänden sah ich die wirklich guten Bilder, wie sie mein Mann zu sammeln liebt, an den Fenstern die Blumen und vor mir den überaus attraktiv gedeckten Tisch. Es gab grossartige Beefsteaks mit Bratkartoffeln und grünem Salat. Ich kann es jetzt noch nachempfinden, wie verlockend mir im Traume der herrliche Duft des Bratenfleisches in die Nase stieg. Und so saftig grün sah auch der Salat vor mir aus, dass mir schon beim Anblick dieser Leckerbissen das Wasser im Munde zusammenlief. Geniesserisch steckte ich mir einen Bissen nach dem andern in den Mund, denn ich war recht hungrig. Ich war mit Leib und Seele beim Essen, und auch mein Mann und meine Kinder griffen tüchtig zu. ‚Erinnerst du dich', fragte ich nach einer Weile meinen Mann im Traume, ‚dass wir am ersten Tage unserer Hochzeitsreise in Cannes genau das gleiche Menu assen?' Er bestätigte es mir lachend und fügte noch hinzu: ‚Und das ist jetzt genau ein Jahr her.' Der Unsinn in meines Mannes Antwort, dass wir erst vor einem Jahr unsere Hochzeitsreise angetreten haben sollten, während doch Kinder von fünf und acht Jahren mit am Tische sassen, und unsere Ehe in Wirklichkeit bereits genau zehn Jahre alt war, störte mich im Traum nicht im geringsten. Ich war vielmehr von der Richtigkeit dieser Angabe völlig überzeugt. Ja, ich erwiderte: ‚Und mir ist es, als sei dies eben erst gestern gewesen.' Daraufhin dachte ich eine Weile still in mich hinein an jene glücklichen Tage. Zugleich war ich aber auch dankbar für das Glück von heute. Ich schaute meinen Mann und meine Kinder an und fühlte mich ihnen so recht von Herzen zugetan, fühlte mich ihnen allen, besonders aber meinem ältesten Sohn, ganz nahe. Und merkwürdig, während dieser zu Beginn des Traumessens an seinem gewohnten Platze an dem mir gegenüberliegenden Ende des Tisches sass, war er nun plötzlich wie durch Zauberei ganz nahe bei mir, unmittelbar zu meiner rechten Seite. Im Traume selbst aber war es mir gar nicht als merkwürdig aufgefallen, dass er unversehens an einem andern Ort war, ohne dass er selbst oder die andern sich deswegen hätten körperlich rühren müssen; es war ganz selbstverständlich. Ebenso natürlich erschien es mir, dass dann, wie ich so glücklich inmitten meiner Familie sass, plötzlich farbenprächtige Brücken, kräftig leuchtenden Regenbogen vergleichbar, sich in kühnen Schwüngen über den Tisch zwischen mir und meinen Angehörigen ausspannten. Auf diesen Brücken schwebte eine grosse, goldig schimmernde Schale zwischen uns hin und her; am längsten aber verweilte sie jeweilen in der Nähe meines Lieblingssohnes.

Als ich so wunschlos glücklich war, tauchte plötzlich der Gedanke auf: Wer weiss, wie lange wir noch zusammenbleiben können. Was mag denn die Zukunft bringen? Sind nicht vielleicht schon über kurzem die Russen da? Blitzschnell musste ich mir vorstellen, wie die Russen eines Nachts in unser Haus eindringen könnten und uns alle bestialisch umbringen würden. Ebenso rasch kam mir aber auch schon die Idee, wie wir unter unserer Garage einen unentdeckbaren Schlupfwinkel für uns ausbauen könnten. Ich malte mir das in allen Einzelheiten aus. Und zwar so genau, dass ich jetzt in meiner Vorstellung bereits einen Trupp wild gestikulierender Soldaten daherstürmen sah. Und wie das im Traume oft so geht, war es gleich schon nicht mehr blosse Vorstellung, sondern nun sah ich die Russen leibhaftig kommen. Doch dann riss ich mich im Traume zusammen und verscheuchte mit grosser Willensanstrengung alle diese trüben Vorstellungen. Ich war entschlossen, jetzt nur die glückliche Gegenwart auszukosten und die Zukunft dem Herrgott anzuvertrauen. Voller Eifer wandte ich mich wieder ganz meinem Mann und meinen Kindern zu und begann mit ihnen einen Plan für eine Autotour am Nachmittag zu schmieden.

Da erwachte ich, weil das Dienstmädchen an die Türe geklopft hatte. Ich fand mich jedoch noch eine ganze Weile nicht zurecht. Der Mittagstisch, an dem wir eben noch alle so munter geplaudert hatten, war so leibhaftig und bis ins letzte Detail hinein so deutlich vor mir gestanden, dass es mich nun ganz verwirrte, mich plötzlich allein im Bette liegend vorzufinden. Zunächst wusste ich gar nicht, welches von beiden, das eben geträumte Mittagsmahl oder mein jetziges Zubettliegen Wirklichkeit war."

2. Versuch einer phänomenologischen Auslegung des „merkwürdigen Schalentraumes"

a) in Abhebung gegen die Auffassung des Traumes als einer blossen Bilderscheinung in einem menschlichen Subjekt

Selbstverständlich hätten wir unseren Versuchen, Träume phänomenologisch aus ihrem eigenen Wesen heraus und ohne alle vorgängigen theoretischen Suppositionen und Reduktionen auszulegen, ebensogut irgendein anderes Beispiel voranstellen können. Wesentlich war uns nur, überhaupt von einem konkreten Traumphänomen auszugehen. Zu einem solchen Ausgangspunkt schien sich uns dieser „merkwürdige Schalentraum" deshalb nicht schlecht zu eignen, weil er einmal von einem völlig gesunden Menschen stammt und weil er ausserdem in sich so mannigfaltige Ereignisse aufweist. Der erste Umstand feit uns gegen den üblichen Einwand, die Ergebnisse der modernen Traumuntersuchungen besässen nur für seelisch Kranke und Abnorme ihre Gültigkeit. Der reiche innere Gehalt dieses Traumerlebnisses versprach uns zudem besonders zahlreiche Anknüpfungsmöglichkeiten.

Vor die Aufgabe gestellt, diesen Traum zu deuten, liesse sich zweifellos in mancher Hinsicht eine bemerkenswerte Übereinstimmung in den Urteilen sämtlicher moderner Traumpsychologen aller Schulrichtungen feststellen. Sicher hiesse es allgemein, der Traum mache einen im ganzen sehr zusammenhängenden, wohlkomponierten Eindruck. Nur weniges wirke unsinnig, absurd, sprunghaft. An einigen Stellen erinnere er allerdings in seiner märchenhaften Phantastik an die Träume Gottfried KELLERS, die dessen nüchterner Freund Wilhelm SCHULZ deswegen zum grossen Ärgernis und Verdruss des Dichters immer nur für nachträgliche Lügengespinste halten wollte[1].

Je besser die Fachleute um die Wesensart dieser Träumerin Bescheid gewusst hätten, um so eindringlicher würden sie auch auf die hohe Kontinuität dieser traumhaften Erlebnisse und Handlungen mit denen ihres wachen Lebens hingewiesen haben. Denn, wie es die Erfahrung immer wieder zeigt, geschieht in diesem Traume vor allem das, was im wachen Leben der Träumerin hätte wahrgenommen oder sich hätte ereignen sollen, aber aus irgendwelchen inneren oder äusseren Gründen noch nicht zureichend zur Geltung und zu seiner Entfaltung gelangen konnte. So hatte die Träumerin vor dem Zubettgehen faktisch grossen Hunger verspürt, war dann aber doch zu müde ge-

---

[1] Vgl. die Eintragung Gottfried KELLERS vom 15. September 1847 in seinem Traumbuch: „Auch dem Schulz werde ich beim Frühstück keine Träume mehr erzählen, weil er den Verdacht aussprach, dass ich dieselben vorweg ersinne und erfinde. Er kennt nur die einfachsten Träume als: heut träumte ich von einem Sarg ... u. s. f. Weil er keine Phantasie hat, welche auch im Schlafe schafft und wirtschaftet, so hält er einen wohlorganisierten Traum, der einen ordentlichen Verlauf und schöne künstlerische Anschauungen hat, für unmöglich. Der gute Schulz kann sich ... sogar im Eifer in dogmatische Redensarten verirren, aber das Nächste und Einfachste, an einen schönen Traum glaubt er nicht ..., vielleicht weil sich keinerlei Bedeutung daraus ergibt, wenigstens für ihn nicht."

wesen, um sich noch etwas zum Essen zu holen. Sie hoffte, den Hunger „verschlafen" zu können. Träumend holte sie das versäumte Essen reichlich nach. Sie war ferner eine sehr mütterliche Frau, die am liebsten ganz in der Fürsorge für ihre Familie aufgegangen wäre. Widrige äussere Umstände zwangen sie jedoch zu einer Arbeit ausser Hause so dass sie ihre Kinder und ihren Mann an Betreuung etwas zu kurz kommen lassen musste. Im Traume war sie ihrer Familie ganz besonders nahe. Schliesslich waren ihr in den letzten Monaten des öftern Befürchtungen wegen eines möglichen Russeneinfalles aufgestiegen. Eigentlich, dachte sie oft, sollte man sich für diese Möglichkeit etwas vorbereiten. Immer jedoch hatte sie diese Gedanken schon im Keime erstickt. In ihrem Traume nun liess sie diese Möglichkeit und die Art und Weise, wie ihr am besten zu begegnen wäre, bis in alle Einzelheiten an sich herankommen. Dann allerdings wollte sie genau wie im Wachen auch im Traume nichts mehr davon wissen.

Fraglos würden alle Traumdeuter auch darin einiggehen, dass es sich bei diesen nächtlichen Erlebnissen und Ereignissen um Traum-*bilder* handle, in denen bestimmte Triebregungen, Strebungen, Valenzen oder Wesensseiten der Träumerin ihre halluzinatorische Befriedigung oder ihren halluzinatorischen Ausdruck gefunden hätten. Greift aber nicht vielleicht gerade die Fraglosigkeit solcher psychologischer Bestimmungen an dem Phänomen selbst vorbei, so dass man es zum vorneherein und für immer aus den Händen verliert? Hat man nicht mit der psychopathologisch-klinischen Beurteilung des Traumgeschehens als einer Art von Halluzination den Traum als Traum bereits verlassen und ihm von aussen, von der ihm fremden Perspektive des wachen Denkens her aufs ärgste Gewalt angetan? Wer könnte dafür einstehen, dass man das Traumphänomen durch diese Behandlung nicht selbstherrlich und ohne die Berechtigung dazu auch nur im geringsten nachgewiesen zu haben, in eine ihm inadäquate Dimension zerrt und es mit ganz unzureichenden Massstäben misst? Hat man sich auf solche Weise nicht allzu leichtfertig eingeredet, beim Träumen sei nichts als ein schlafendes Subjekt da, in dem die Traumbilder als bloss subjektive, unwirkliche Einbildungen oder Vorstellungen ablaufen würden? Kann mit der Definition eines solchen Traumes als eines halluzinatorischen Bildes überhaupt etwas anderes gemeint sein, als dass man die darin erscheinenden Dinge zum vorneherein zu blossen Trugbildern und Abbildern der ihnen entsprechenden, der Wach-Welt angehörenden Gegenstände verurteilt?

Was aber ist damit über den Traum als Traum schon ausgesagt? Offenbar nichts. Ja, genau besehen macht man sich mit der Definition der Traumdinge als blosse Halluzinationen nicht nur einer einfachen Verkennung des Untersuchungsgegenstandes schuldig, sondern täuscht sich mit einer doppelten Fehlinterpretation. Denn erstens meint die Kennzeichnung eines Traumdinges als Halluzination, dass es sich dabei um eine Sinnestäuschung handle. Schon dieses Urteil kommt aber lediglich einer Abwertung des Phänomens vom Wachen her gleich und trägt nichts zu seiner Erhellung bei. Zweitens wird dann mit Hilfe einer solchen Abwertung, die schon das Phänomen der sogenannten Halluzination nicht trifft, der Traum zu erklären versucht. Das Traumphänomen selbst jedoch belehrt uns unzweideutig, dass die übliche Rede von den irrealen, halluzinatorischen Traumbildern durchaus nicht seiner unmittelbaren Gegebenheit gerecht wird. Wie oft wird von einem Träumer der Wirklichkeitsgehalt eines Traumereignisses weit über den seiner wachen Erlebnisse gestellt? Dem Dichter Franz GRILLPARZER zum Beispiel erschien die Wachwelt gegenüber einem eben erlebten Traumgeschehen „wie eine Zeichnung gegen ein Gemälde, ein neblichter Tag gegen einen sonnenhellen". Auch unsere Träumerin nahm in ihrer Traumwirklichkeit keineswegs nur Bilder im Sinne von Nachbildern oder Abbildern der leibhaftigen Realität wahr: Sie lebte vielmehr während ihres Träumens genau so „mit Leib und Seele" in einer wirklichen Welt, wie sie es nur je in ihrem Wachen getan hatte. Wie hätte sie sonst beim Erwachen so lange im Zweifel darüber sein können, welches von beiden, ob die eben geträumte Mittagstischwelt oder ihre morgendliche Bettwelt die wirkliche sei.

So wenig wie um das Sehen unwirklicher Bilder handelte es sich aber auch um ein reines Schauen einer empfindungsfreien Bilderwirklichkeit, zu der Ludwig KLAGES das Träumen hatte machen wollen. Denn leibhaftig-sinnlich sah unsere Träumerin die leuchtend grüne Farbe des Salates und würzig duftend stieg ihr der Geruch des Bratens in die Nase.

Selbst dann würde unser Verstehen den wirklichen Tatbestand dieser Traumphänomene noch nicht ganz erreichen, wenn wir uns der Auffassung Ludwig BINSWANGERS angeschlossen hätten, die er das daseinsanalytische Traumverständnis nennt[1]. Wohl versucht BINSWANGER als ein phänomenologisch untersuchender Betrachter mit weit besserem Erfolge als die früheren Traumforscher in grösstmöglicher

---

[1] L. BINSWANGER: „Traum und Existenz", in Ausgewählte Vorträge und Aufsätze, Bern 1947, S. 71/81, und: „Daseinsanalyse und Psychiatrie" im „Der Nervenarzt", 22. Jahrg., 1951, S. 5.

Nähe der Traumerscheinungen zu verharren. Doch wäre er gewiss mit SZILASI zusammen etwa der Überzeugung, der frisch grüne Salat dieses Traumes wie auch die schwebende Schale seien als Traumbilder „der erste Wellenschlag der Transzendenz". Es würde zudem in ihnen gleicherweise wie in der glückhaft gehobenen Traumstimmung „eine Grundstruktur, das Thema des Steigens, die steigende Wellenphase des Daseins" zu ihrer „Verkörperung", zu ihrem „Ausdruck" oder zu ihrer „Spiegelung" gelangen. Einmal aber befreit sich auch eine solche Aussage über den Traum noch immer nicht von der alten Abwertung der Traumphänomene zu blossen Abbildern der Wachweltdinge. Ferner wird dieser Anschauung das Eigenwesen der Traumdinge weitgehend gleichgültig. „Die in die Sinne fallende Einzelgestalt", schreibt zum Beispiel L. BINSWANGER einmal wörtlich, „bleibt unwesentlich". Es wird fast nur noch den Bewegungsmomenten der Dinge ein entscheidendes Gewicht beigemessen, so als könnte ebensogut von „der eigenen Leibgestalt des Träumers wie von einem Glied dieser Gestalt, wie von einem Besitz, der ihr zu eigen ist oder von etwas, womit wir überhaupt nur in der Welt sind" geträumt werden, wenn immer diese Traumerscheinungen sich nur in der gleichen Richtung bewegten[1]. Liegt einer solchen Auffassung nicht notwendigerweise eine zweite gedankliche Destruktion der Traumphänomene zugrunde, der vorgängige Abbau aller Traumdinge nämlich zu nivellierten und auswechselbaren Gegenständen, die nur mehr mit einer Bewegungs- oder Bedeutungsrichtung behaftet sind? Zum dritten sehen wir diese daseinsanalytische Traumauffassung im Sinne L. BINSWANGERS mit der Einführung der Begriffe einer „subjektiven Transzendenz", eines „Ausdrucks oder einer Spiegelung einer Daseinsstruktur" wieder in den Verstehenshorizont DESCARTES' zurückgleiten. Denn alle diese Vorstellungen haben doch die Meinung zu ihrer Voraussetzung, es sei auch der Träumer als eine cartesianische Immanenz, als eine gegenständliche Substanz oder als ein Subjektding ausser oder hinter den Traumbildern, vorhanden. Würde er nicht zunächst als ein in sich befindliches Subjektding gedacht, so könnte er ja gar nicht aus sich heraus in ein anderes Ding, in ein Traumbild hinein transzendieren, nicht in diesem sich spiegeln und in der bildlich ausgedrückten Bedeutungsrichtung auf- und absteigen.

Wie erfuhr unsere Träumerin aber wirklich und vor aller nachträglichen Abwertung der Traumerscheinungen vom Wachen her und vor aller theoretischen Konstruktion sich selbst, ihre Mitmen-

---

[1] L. BINSWANGER: „Traum und Existenz", S. 77.

schen, den Raum und die Zeit und alle die Dinge ihrer Traumwelt um sie herum? Ganz sicher sah sie träumend nicht nur Bilder vor sich. Sie lebte vielmehr mitten in einer so wirklichen Welt, dass sich ihre Verwunderung beim plötzlichen Erwachen fast zu der von uns als Motto vorangestellten Frage TSCHUANG-TSES zuspitzte. Denn beinahe hätte auch unsere Träumerin wörtlich so gefragt: Bin ich jetzt eigentlich die im Bette liegende Morgenschläferin, die eben träumte, ich sei mit meinen Angehörigen am Mittagstisch gesessen, oder bin ich nach dem Mittagstische eingenickt und träume jetzt, ich sei eben vom Dienstmädchen geweckt worden? Schon gleich zu Beginn des Traumereignisses erlebte sie sich zudem so wirklich in ihrem Esszimmer, dass dabei so wenig wie im Wachsein von einer blossen, rein nackten, räumlichen Ortsbeziehung zwischen ihrem Körper und einem Zimmerkubus die Rede sein konnte. Das Traumzimmer war zum vorneherein auch schon ihr seelisch gestimmter Raum. Mit der behaglichen Stimmung hatte sie sich in dieses Zimmer eingeräumt, ging darin ganz auf, fühlte sich darin „aufgehoben". Wie künstlich und falsch erscheint an diesem unmittelbaren Traumereignis gemessen die übliche gedankliche Trennung einer solchen Zusammengehörigkeit in die zwei Stücke einer Aussenwelt und einer Innenwelt, in einen blossen aussenweltlichen Raumgegenstand, einen Zimmerraum einerseits und in irgendwelche darin unbeteiligt an ihm vorhandene, psychische Erlebnisse, Zustände und Verhaltensweisen des Menschen anderseits.

Ebensowenig stand in der Folge unsere Träumerin als ein in sich eingekapseltes Subjekt dem Objekt Beefsteak gegenüber. Vielmehr berichtete sie uns selbst, dass sie gleich mit Leib und Seele *bei* ihrem Beefsteak war und sich so zu ihm hingezogen fühlte, dass sie völlig *im* Essen des Fleisches aufging. Warum aber hielt sie sich jetzt mit ihrem ganzen Wesen so eindeutig und restlos „draussen", genauer: *in* einem ganz spezifischen Verhalten oder Bezug zu ihrem Beefsteak und dem grünen Salat auf, so dass sie für nichts anderes mehr Augen und Ohren hatte? Wir wissen, dass die Träumerin schon vor dem Einschlafen sehr hungrig war. Ihr Hunger wollte sie ja noch auf die Suche nach etwas Essbarem schicken. Nur war er dann durch die Intensität ihres Schlafbedürfnisses überstimmt worden. Deshalb hatte er seine Befriedigung in das Traumerleben hinein verschieben müssen. Nichts also scheint unserem Recht im Wege zu stehen, diese erste Handlung in unserem „merkwürdigen Schalentraum", das Essen des Beefsteaks, als eine typische Wunscherfüllung im Sinne FREUDS zu kennzeichnen.

b) Die Auslegung des „merkwürdigen Schalentraumes" in Abhebung gegen die
Wunscherfüllungstheorie FREUDS *und gegen die*
Antriebslehre SCHULTZ-HENCKES

Gewiss pflegen auch alle anderen Traumpsychologen, die FREUDS
Verabsolutierung dieser Art von Träumen durchaus nicht gelten
lassen, ein derartiges Ereignis ebenfalls einen Wunscherfüllungstraum
zu nennen. Gerade weil jedoch FREUD seine ganze, generelle Gültigkeit beanspruchende Wunscherfüllungstheorie auf das Vorkommen
solcher Träume gründete, lohnt es sich vielleicht doch, seine Kennzeichnung auch nur schon dieser Phänomene als unverhüllte Wunscherfüllungsträume nicht ganz unbesehen hinzunehmen. Dann aber
fällt auf, dass bei ihnen FREUD selbst zum mindesten *eine* Art von
Entstellung oder Umwandlung als das Werk der „Traumarbeit"
zuzugestehen gezwungen war. „Ein im Optativ stehender Gedanke",
schreibt er, „ist durch eine Anschauung ersetzt"[1]. Halten wir uns
an das Traumphänomen an und für sich, so bemerken wir überdies,
dass in ihm selbst überhaupt nicht die leiseste Spur eines Wünschens
vorzufinden ist; dass mithin seine Charakterisierung als ein Wunscherfüllungstraum nur aus einer nachträglichen und unkritischen
Schlussfolgerung vom Wachen her erfolgt sein kann. Denn beim
Träumen ihres Traumes findet sich jedenfalls unsere Träumerin
schon zum vornehinein in greifbarer Nähe der Traumspeisen, hat gar
nicht nötig, sie sich erst zu wünschen, braucht sie sich nur zum Munde
zu führen. Wohl mag die Hungernde während ihrer dem Träumen
vorangegangenen wachen Verfassung einen Esswunsch verspürt
haben. Wenn wir aber das Traumereignis von diesem wachen Wünschen ableiten, so erklären und begründen wir es von aussen her, aus
der möglicherweise sehr verzerrenden Perspektive des Wachens
nämlich. Geht es uns aber um die Erkenntnis des eigentlichen Wesens
eines solchen Traumes, dann brauchen wir uns überhaupt keine
Begründung oder Verursachung auszudenken, sondern müssen ihn
aus ihm selbst zu verstehen trachten.

Einem solchen Verstehen aus dem unmittelbar gegebenen, konkreten Phänomen redet nun schon seit langem und in höchst ver-
dienstvoller Weise SCHULTZ-HENCKE das Wort. Seine eigene Traumlehre jedoch würde zweifellos einen oralen Antrieb oder ein orales
Antriebserleben zum „Kern" oder zum „Zentrum" dieses Traumteiles
machen. Haben aber Begriffe wie Triebe oder Antriebe überhaupt

---

[1] S. FREUD: „Über den Traum". Ges. Schr. Bd. III, S. 207.

noch etwas mit einem konkreten menschlichen Phänomen selbst zu tun? Keineswegs. Denn die unmittelbare Erfahrung unserer Träumerin bestand weder in einem Trieb noch in einem Antriebserlebnis. Vielmehr ist es nach der Träumerin eigenen Worten die geschmackvoll gedeckte Tafel, die sie „attrahiert", sie zu sich hinzieht also, und sind es das herrlich duftende Bratenfleisch und der saftig grüne Salat, die sie anlocken. Dieses Hingezogensein auch nur schon zu einem Getriebensein umzukehren, heisst einer Irreführung durch die Gewöhnung an eine subjektivistische Interpretation menschlichen Wesens zum Opfer fallen. Da diese Art von Deutung den Menschen immer zum vorneherein mit seinem Leib gleichsetzt, kann sie sich ihn allerdings immer nur wie irgendeinen anderen Gegenstand von innen oder von hinten her gestossen und getrieben vorstellen. Denkt man sich schliesslich das zu einem Getriebensein umgedeutete Hingezogensein ausserdem künstlich von dem isoliert, worauf sich dieses wesensmässig und ganz ursprünglich bezieht, so können dann daraus freilich Begriffe wie Triebe oder Antriebe gedanklich abgeleitet werden. Nur handelt es sich dann bei diesen Abstraktionen nicht mehr um das Phänomen selbst, sondern nur noch um eine blosse Erklärung oder Theorie desselben. Eine Erscheinung in ihrem eigentlichen Wesen und vollen Gehalt können sie jedoch so wenig verstehen lassen, wie dies irgendeine andere Reduktion eines Phänomens auf Kraftvorstellungen vermag.

Wenn aber das Phänomen dieses traumhaften Fleisch- und Salatgenusses weder durch einen Esswunsch verursacht noch aus einem zentralen oralen Antrieb heraus zu verstehen ist, worin gründet denn faktisch das ganze Hingezogensein der Träumerin zu ihrem Beefsteak? Von der Träumerin wird jedenfalls lediglich, jedoch unüberhörbar, das völlige Aufgehen ihrer selbst in dem Verhalten zu den Speisen, ihr gar nichts mehr anderes sein als eben diese ihre Bezogenheit auf die Dinge ihrer Welt ausgesprochen. Warum aber existiert sie nun wohl gerade in dieser besonderen Art eines Bezuges zu ihrem Traumbeefsteak? Fest steht, dass der Träumerin Wesen durch einen leiblichen Mangelzustand auf ein Hungrigsein gestimmt war, noch ehe sie ganz einschlief. Immer ist es die jeweilige Gestimmtheit eines Menschen, die die Auswahl der Beziehungen und auch die Art und Weise seines Verhältnisses zu den Dingen und Menschen der Welt bestimmt. Aus einer Hungerstimmung heraus erschliesst sich deshalb einem Menschen stets die Welt der essbaren Dinge. Sie sind es dann, die den ganzen Weltcharakter bestimmen, die Welt be-dingen. Beides, das handelnde, essende Verhalten im Traume wie das schon vorausgegangene Wünschen von Speisen im Wachen, entstammen diesem einen und selbigen Boden: Es sind nur zwei verschiedene Austragungsformen desselben auf Hunger gestimmten Daseins. Die wache Verhaltensweise blieb nur gleichsam im blossen Wünschen stecken. Nichts aber gibt uns das Recht, den wachen *Esswunsch* zur Ursache der traumhaften *Esshandlung* zu dekretieren; noch dürfen wir etwa umgekehrt der Traumhandlung einen Zweck, eine Finalität unterschieben und behaupten, dieses Träumen hätte unsere Träumerin auf das spätere wache Essen einüben wollen.

Schon das höchst banale Eingangserlebnis unseres „merkwürdigen Schalentraumes" belehrt uns mithin sehr eindrücklich darüber, dass wir träumend nicht weniger existieren, als wenn wir wachen; in dem Sinne existieren nämlich, dass wir auch im Traume immer in einer Welt sind, der wir eine eigene Wirklichkeit besser nicht voreilig absprechen. Im weiteren Fortgang des Traumereignisses führt uns diese Träumerin ausserdem vor Augen, dass wir träumend auch auf die *verschiedenste* Art und Weise in der Welt sein, im wörtlichen Sinne ek-sistieren können, indem wir schon immer ausser uns, in einem je gestimmten Verhältnis zu den Dingen uns aufhalten und in diesem Aufenthalt bei den Dingen sind. So existierte unsere Träumerin nicht nur in einem bloss jetzthaften oder augenblicklichen schauenden, fühlenden und handelnden Bezughaben zu den Dingen und Mitmenschen ihrer Traumwelt. Sie war auch in der Weise des sich vorstellenden Erinnerns und des in die Zukunft Vorausplanens in der Welt. Ganz explizit lebte sie die Einheit ihrer Vergangenheit, ihrer Gegenwart und ihrer Zukunft. Ja der Traumplan mit dem Garagenversteck, auf den sie wachend noch nicht gekommen war, erwies sich sogar nachträglich auch im Wachen als äusserst brauchbar. Sie hielt an diesem Traumentschluss zum Garagenausbau nicht nur selber bis in die wache Wirklichkeit hinein fest, sondern fand dabei auch die lebhafte Zustimmung ihres Ehemannes. Mit diesem Traumentscheid, wie auch mit der bald folgenden, sehr bewussten, aktiven, als deutliche Willensanstrengung wahrgenommenen Entschlossenheit, nicht der durch das Denken an einen möglichen Russeneinfall sich aufdrängenden trüben Stimmung zu verfallen, verrät sie uns die Möglichkeit menschlicher Freiheit auch im träumenden Existieren.

Sehr deutlich widerspricht daher dieser Traum der üblichen Ansicht, das träumende Ich gäbe sich immer nur völlig passiv den Bildern hin[1]. Er will sich auch nicht der Meinung L. BINSWANGERS fügen,

---

[1] H. KUNZ: „Die anthropologische Bedeutung der Phantasie", I. Teil. Basel 1946, S. 19.

Träumen heisse: „Ich weiss nicht, was mir geschieht", weshalb ein
Träumer im Verlaufe eines Traumes nie „Lebensgeschichte" mache,
sondern nur „Lebensfunktion" sei und erst in diesem unergründlichen
Augenblick wach werde, wo er sich entscheide, in die Bewegung
des Geschehens einzugreifen[1].

c) Die Auslegung des „merkwürdigen Schalentraumes" in Abhebung gegen die Annahme einer Hypermnesie im Traume

Schliesslich weist unser Traum auch eine jener schon so oft als
Hypermnesie beschriebene „Traumleistung" auf. Die Träumerin
hatte sich im Traume genau an das Menu des Mittagsmahles am ersten
Tage ihrer Hochzeitsreise in Cannes erinnert, das zehn Jahre zurücklag.
Wachend vor dem Träumen hatte sie davon auch nicht die geringste
Ahnung mehr gehabt. Als Souvenir ihrer Hochzeitsreise hatte die
Träumerin aber die Menukarte mit aufbewahrt. Ihr verdankte sie
die Möglichkeit, ihre „Traumerinnerung" nachprüfen und ihre Richtigkeit bestätigen zu können. Ist jedoch dieser Tatbestand unseres
Traumes mit dem Begriff eines besonderen Erinnerungsvermögens
an längst Vergangenes mit der Vorstellung einer gesteigerten Gedächtnisfunktion, einer Hypermnesie, wirklich getroffen?
Könnte denn das damalige Essen dieser Speisen je in irgendeiner
Vergangenheit überhaupt verlorengegangen sein, aus der es ein Gedächtnis erst wieder auszugraben hätte? Als ein Verhalten der Träumerin selbst ist und bleibt es Teil ihrer Lebensgeschichte, die sie selbst
ist. Nicht als ein vergangenes Untergegangenes, sondern als ein gewesenes Verhalten west es demzufolge immerfort ihrem eigensten
Wesen zugehörig an. Nur darum ist auch die Möglichkeit seiner
neuen, unverhüllten An-wesenheit gegeben. Das Offenbarwerden
solcher An-wesenheit, die neue Vergegenwärtigung ihres damaligen
Verhaltens und mithin auch der ganzen Welt, zu der sie sich so verhielt, geschieht im Traume aus der intensiven Glücksstimmung des
Traumes heraus. Denn so ungetrübt und restlos glücklich wie in
diesem Traume, so versicherte uns die Träumerin, sei sie eigentlich
nur noch ein einziges Mal in ihrem Leben gewesen: einst in Cannes
auf ihrer Hochzeitsreise. Da und dort, damals in ihrer Verliebtheit
und heute im Traume also war die Träumerin auf genau dieselbe Art

---

[1] L. BINSWANGER: „Traum und Existenz". Ausgewählte Vorträge und Aufsätze,
Bern 1947, S. 96 ff.

und Weise in der nämlichen Glücksstimmung versammelt. Weil aber die Traumstimmung so vollkommen ihrer Verfassung zur Zeit des Hochzeitsessens entsprach, vermochte sie der Träumerin auch jene Welt wieder zu erschliessen und herbeizuholen. Zu dieser Welt gehören auch die guten Speisen, die ihr nun aus dieser ihr so nahegerückten Glückswelt von neuem in allen Einzelheiten begegnen konnten.

* * *

So verständlich unser Traum jedoch auf weite Strecken hinaus auch ist und dem wachen Dasein der Träumerin an Erlebnis-, Denk-, Erinnerungs- und Entschlussmöglichkeiten durchaus nicht nachsteht, weist er immerhin einige aller Logik widersprechende Unsinnigkeiten und Absurditäten auf. Traumhaft absurd zum Beispiel ist die Erscheinung, dass sich die Träumerin die Russen eben erst vorstellte, und schon verwandelten sich diese bloss vorgestellten Soldaten in wirkliche Russen, mit denen es nun die Träumerin leibhaftig zu tun hatte. Geradezu unsinnig ist gar die Behauptung des Ehemannes, die Träumerin und er hätten vor einem Jahre die Hochzeitsreise angetreten, während sie faktisch doch schon zehn Jahre zurücklag. Doppelt merkwürdig wird sie dadurch, dass die Träumerin diese Bemerkung des Ehemannes widerspruchslos hinnahm, obschon die Gegenwart der fünf- und achtjährigen Kinder ihre Unmöglichkeit hätte in die Augen springen lassen müssen. Noch unsinniger mutet die räumliche Verrückung ihres Lieblingssohnes an, der plötzlich von seinem alten Platze weg an ihre rechte Seite gezaubert wurde. Und vollends absurd mag dem Betrachter die auf Regenbogenbrücken zwischen ihr und ihren Angehörigen schwebende, goldschimmernde Schale erscheinen.

Zwingen uns solche Traumereignisse nicht doch zur Annahme einer der dem Traume nachgesagten „Störung oder Dissoziation des Ich-Komplexes" (BOSSARD) oder zur Zu- und Ausflucht zu einer der vielen anderen analogen psychologischen Konstruktion und Suppositionen? Woraus könnten sonst derartige, aller Vernunft spottende Absurditäten erklärt, abgeleitet und begründet werden? Oder könnte es so sein, dass all dieses Geschehen gar nicht aus irgend etwas anderem, ausserhalb seiner selbst Liegendem erklärt werden will, sondern dass es uns in seinem wahren Wesen nur erscheint, wenn wir es sich von ihm her zeigen lassen?

d) Die Auslegung des „merkwürdigen Schalentraumes" in Abhebung gegen
die alltägliche Meinung über das menschliche Vorstellen

Die Verwandlung der im Traume zunächst nur bedachten und
vorgestellten Russen in leibhaftige Russen: erscheint sie uns vielleicht
nur deshalb so grotesk, weil wir uns vom menschlichen Vorstellen
noch immer eine ganz künstliche Vorstellung machen?

In der Tat denkt die Psychologie üblicherweise, es liefen von den
Dingen, an die wir gerade denken, die uns jedoch zurzeit oder überhaupt nicht sinnlich greifbar sind, bloss eine Art von Kopien der
sinnlichen Wahrnehmungen in Form von Vorstellungen in uns drin,
gar etwa in unserem Gehirn ab. So freilich wird es zur Absurdität
und zum unlösbaren Rätsel, wenn sich im Traume derartige innere
Vorstellungsinhalte plötzlich in aussenweltliche Objekte zu verwandeln vermögen. Doch unsere Träumerin selbst gibt uns über die
Wirklichkeit ihres Traumphänomens ganz anderen Bescheid. Wörtlich
erläuterte sie: „Als ich im Traume so intensiv an den Russeneinfall
denken musste, war ich in meinen Gedanken so sehr *bei* diesen rohen
Kerlen, dass ich sie mir immer leibhaftiger vorstellen konnte, bis sie
plötzlich wirklich da waren." Faktisch also war die Träumerin, auch
als sie sich die Russen erst vorstellte, alles andere als „bei sich" oder
gar „in sich", etwa gar in ihrer grauen Hirnrinde, Hunderte von Kilo-
metern von den nächsten russischen Soldaten entfernt. Stellt man sich
ein fernes Ding oder einen abwesenden Menschen auch nur vor, ist
man vielmehr, indem man *an* ihn denkt, wachend wie träumend ebenfalls schon immer „draussen", *bei* dem vorgestellten Ding oder Menschen. Man ek-sistiert im an-denkenden Bezug zu ihm. Denn wäre der
Mensch seinem Wesen nach nicht so geartet, dass er auch im blossen
Denken an ein sinnlich nicht greifbares Ding schon alle räumliche
Distanz zum vornehrein durchmessen würde und bei ihm sich auf-
hielte, wäre er ja gar nicht in der Lage, es sich überhaupt vor-zu-
stellen, es vor sich hin zu stellen. Er vermöchte erst recht nicht etwa
einem Ding, das einst sein Elternhaus war, das er gegenwärtig jedoch
nur noch aus weiter Ferne und über Meere hinweg sich vorstellen
kann, viel „näher" zu sein als der jetzige Mieter, der es teilnahmslos
zu vorübergehender Unterkunft benützt.

Wie aber unsere Träumerin schon zum vornehrein, an die Russen
denkend und sie sich dabei vorstellend, bei ihnen ist und in dem
primär schon bestehenden ekstatischen Bezug zu ihnen sich aufhält,
so sind diese auch schon von Anfang an da und bei ihr. Im Wachen
freilich wäre *diese* Art von Anwesenheit der Russen, die eine bloss

denkend durchstandene, leiblich-sinnlich noch verdeckte Erscheinungsform ist, gleichsam in ihrer besonderen Weise festgemacht und gesichert. Im Traume dagegen entsprang der immer konzentrierteren Ausrichtung des ganzen Wesens unserer Träumerin auf den *einen* Bezug zu den Russen unmittelbar auch die Verdichtung von deren Anwesenheit zu leibhaftigen, sinnlich erreichbaren Gestalten. Diese der abschirmenden oder zulassenden, der zerstreuten oder versammelten Verfassung eines Menschen viel willigere und leichtere Entsprechung der verschiedenen Stufen von Anwesenheit alles Begegnenden zeichnet ganz allgemein den Traumbereich vor dem wachen Existieren aus.

e) Die Auslegung des „merkwürdigen Schalentraumes" in Abhebung gegen die Vorstellung einer Störung des „Zeit- und Raumsinnes" im Traume

Die scheinbar sinnlose Konfusion, die unser Traum mit dem Zeitablauf und der räumlichen Erstreckung anstellt, wird von den Traumpsychologen gerne auf eine Störung des Zeitsinnes des schlafenden Ichs zurückgeführt. Bei näherem Zusehen muss jedoch auffallen, dass sich die absonderlichen Zeit- und Raumveränderungen, so wie sie unsere Träumerin faktisch erlebte, durchaus nicht als bloss zufällige und völlig isolierte Einsprengsel ereignen. Die beträchtliche Raffung des zwischen dem Hochzeitsmahl und der Gegenwart der Träumerin verstrichenen Zeitablaufes geht vielmehr mit der ihrer Glücksstimmung entsprungenen Annäherung der ganzen damaligen Welt einher. Diese aber geschah, wie wir hörten, in einem so hohen Ausmasse, dass die Träumerin sogar alle Einzelheiten jenes Mittagessens wieder wahrzunehmen vermochte. Ebenso spricht die Träumerin im selben Atemzug von der „Zauberei" der plötzlichen räumlichen Nähe ihres Lieblingssohnes und von dem seelischen Tatbestand der „Herzensnähe" dieses Menschen. Doch wollen wir diese offenkundigen Zusammenhänge der Zeit- und Raumverhältnisse mit der gesamten menschlichen Verfassung unserer Träumerin, mit der besonderen Art ihres ganzen jeweiligen Weltbezuges zunächst nur einmal als erste Wegweiser in Erinnerung behalten. Sie sollen uns lediglich vorläufige Hinweise darauf sein, dass vielleicht doch auch bei scheinbar absurden Raum- und Zeitphänomenen im Traume nicht sogleich und notwendigerweise auf die gedankliche Konstruktion eines im Schlafe gestörten Zeitsinnes Regress genommen werden muss. Möglicherweise könnte ja nur ihr Messen mit der allgemein gültigen, gleichmässig ablaufend gedachten Weltzeit und mit dem kontinuierlich ausgedehnt vorgestellten Weltraum des wachen Alltags nicht adäquat sein und deshalb zu keinem vernünftigen Ergebnis führen. Offen müssen wir jedenfalls schon jetzt in unserem Denken die Möglichkeit halten, dass derartige zeitliche und räumliche Traumereignisse nicht einem Zeit- und Raumzerfall entsprechen, sondern dass in ihnen lediglich eine noch ganz andere, vielleicht sogar viel ursprünglichere, im alltäglichen Leben aber zugedeckte Zeitlichkeit und Räumlichkeit offenbar wird. Da aber die Zeitlichkeits- und Räumlichkeitsproblematik in diesem Traume durch andere Gehalte weit überschattet wird, erwarten wir ihre gründlichere Erhellung wohl besser erst von später folgenden Träumen, die zeitliche und räumliche Phänomene noch in wesentlich expliziterer Art aufweisen.

f) Die Auslegung des „merkwürdigen Schalentraumes" in Abhebung gegen eine „symbolische" Traumdeutung

Warum aber entdeckte die Träumerin im unmittelbar folgenden Traumereignis die wunderbar grosse, goldschimmernde Schale auf farbenprächtigen, regenbogenartigen Brücken zwischen ihr und ihren Angehörigen hin und her schweben, am längsten aber bei ihrem Lieblingssohne verweilen? Bedeutete die Traumschale symbolisch, sinnbildlich ihr eigenes Herz, wie die Träumerin es nachträglich meinte, das aus ihr heraustrat und goldene Regenbogenbrücken zu den Ihren schlug? Wo war dann jetzt der Träumerin Herz überhaupt, wo war sie eigentlich selbst in dieser Phase des Traumes, nachdem sie zuvor erst im behaglichen Wohnzimmer aufgelöst, darnach ganz, mit Leib und Seele, bei ihrem Beefsteak gewesen war? Einem sachlich indifferenten Beobachter von positivistischer Geisteshaltung wäre die Frau als ein körperlich in sich abgeschlossener Organismus, ihr Zirkulationssystem, ihr Herz wohl in ihrem Körperinneren versorgt, auf ihrem Stuhle am Tische sitzend, erschienen, durch einen lufterfüllten Raum von ihren Angehörigen in ein, zwei Meter Distanz gehalten. In Wirklichkeit aber hörte diese Frau als Mensch in der Glücksstimmung des Traumes durchaus nicht an der Oberfläche ihrer Epidermis auf, war keineswegs nur in ihrem Körper eingeschlossen und an ihren Stuhl gefesselt da. Selten, so hatte die Träumerin selbst gesagt, habe sie sich für die Dinge und Mitmenschen so offen gefühlt, seien sie ihr so nahe gewesen wie in diesem Traume. Ihr ganzes Wesen hätte nur noch in dem herzlichen Zugetansein, in ihrem Verbundensein mit ihren Angehörigen bestanden, so ganz war sie *bei* ihnen, namentlich bei ihrem Lieblingssohne. Wenn deshalb Heraklit den Zustand der Wachenden von dem der Träumenden dadurch abgrenzen wollte, dass er von jenen sagte, sie hätten eine und zwar eine gemeinsame Welt, von den Schlafenden aber wende sich ein jeder seiner eigenen Welt zu, so fällte auch er sein Urteil vom Wachen her. Der Mensch ist vielmehr auch in seinen Träumen ganz selten allein. Nach den grossen Statistiken C. S. HALLS vom Psychologischen Institut der Western Reserve University zum Beispiel sind die Träumer zu 85% mit andern Menschen zusammen, meistens mit Fremden, etwas weniger oft mit Freunden und Bekannten und am seltensten mit Verwandten.

Auch unsere Träumerin war durchaus nicht ein in sich abgeschlossenes Ich oder Subjekt, sondern war dem Innersten ihres Wesens nach gar nichts mehr anderes als ihr Zu- und Bei- ihrem Mann und ihren Kindern -Sein. Ihr Wesen, sagte sie, war zu dieser Zeit des Traumes ein weit offenes, *wie* die Traumschale offen war; und mit ihren Angehörigen fühlte sie sich verbunden, *wie* die regenbogenfarbenen Brücken des Traumes sie faktisch mit ihnen verbanden. Hatte also die Träumerin wirklich recht? Waren die Traumschale und die Traumbrücken Symbole oder Sinnbilder, bildhafte Darstellungen ihrer inneren, subjektiven Gefühlsverfassung, in die sie diese hineinprojizieren konnte? Sind Schale und Brücke in diesem Traum demnach gar nicht als eigentliche Dinge zu betrachten? Woher wird jedoch von den Traumpsychologen, denen diese Frau mit ihrem wachen Urteil über Traumbrücken und Schale nachgeredet hatte, eigentlich das Recht genommen, sie als eigenständige Dinge zu entwerten und sie als blosse von einer Traumpsyche aus sich heraus projizierte Symbole oder Sinnbilder zu deuten? Oder gibt es am Ende in Wirklichkeit gar keine Traumsymbole?

3. Der phänomenale Tatbestand von Träumen überhaupt und die Theorien von der Traumsymbolik

a) Das Traumphänomen und die FREUDsche Symbol-Theorie

Die Ansicht, dass sehr viele und gerade die wichtigsten Trauminhalte Symbole darstellen, gehört zu den Kernstücken aller heute massgeblichen Traumtheorien. Sie hat deshalb Anspruch auf unsere ganz besondere Aufmerksamkeit.

FREUD jedenfalls hätte nicht daran gezweifelt, dass die Schale in unserem Traume ein Symbol für das weibliche Genitale der Träumerin darstelle, und dass die Brücke das männliche Glied „bedeute". Denn ausführlich lesen wir bei ihm: „Das weibliche Genitale wird symbolisch dargestellt durch alle jene Objekte, die seine Eigenschaft teilen, einen Hohlraum einzuschliessen, der etwas in sich aufnehmen kann. Also durch Schachte, Gruben, Höhlen, durch Gefässe und Flaschen, durch Schachteln, Dosen, Koffer, Büchsen, Kisten, Taschen usw"[1]. Von der Brücke aber behauptet FREUD wörtlich, darin FERENCZI folgend, dass sie im Traume ursprünglich immer das männliche Glied bedeute, das das Elternpaar beim Geschlechtsverkehr miteinander verbinde. Es könne sich dann freilich zu weiteren Bedeutungen entwickeln, die sich von jener ersten ableiten. Insofern es dem männlichen Glied zu verdanken sei, dass man überhaupt aus dem Geburtswasser zur Welt komme, werde die Brücke der Übergang vom Jenseits (dem noch nicht Geborensein, dem Mutterleib) zum Diesseits (dem Leben) und da sich der Mensch auch den Tod als Rückkehr in den Mutterleib (ins Wasser) vorstelle, bekomme die Brücke auch die Bedeutung einer Beförderung in den Tod, und endlich in weiterer Entfernung von ihrem Anfangssinn bezeichne sie Übergang, Zustandsänderung überhaupt[2]. Der Traum unserer Träumerin, zum mindesten jener Traumteil, der von der Schale und der Brücke handelt, wäre daher für FREUD ein unverkennbarer Hinweis auf die unbewussten, inzestuös-sexuellen Triebregungen dieser Frau, vor allem gegenüber ihrem ältesten Sohn, gewesen.

Für diese seine Auffassung von den Traumsymbolen glaubte FREUD namentlich in den SCHRÖTTERSCHEN Experimenten noch einen nachträglichen und unumstösslichen Beweis erhalten zu haben. SCHRÖTTER hatte schon 1912 tief hypnotisierten Versuchspersonen den Auftrag gegeben, während des nachfolgenden hypnotischen Schlafes von grob sexuellen Vorgängen zu träumen. In den so produzierten Träumen erschienen dann jeweilen an Stelle des sexuellen Materials alle jene Dinge, die FREUD als Sexualsymbole bezeichnet hatte. Einmal zum Beispiel wurde einer Frau in der Hypnose aufgegeben, sie solle von einem homosexuellen Geschlechtsverkehr mit ihrer Freundin träumen. Im Traume begegnete ihr auch wirklich diese Freundin mit einer Reisetasche, auf der ein Zettel mit dem Vermerk klebte: „Nur für Damen". Daraus schlossen SCHRÖTTER und FREUD: Also könne hier doch die Reisetasche gar nichts anderes als

[1] S. FREUD: „Vorlesungen zur Einführung in die Psychoanalyse". Ges. Schr. Bd. VII, S. 159.
[2] S. FREUD: „Neue Folge der Vorlesungen zur Einführung in die Psychoanalyse". Wien 1933, S. 34.

ein Symbol für das Genitale der Freundin bedeuten[1]. Eine derartige Schlussfolgerung muss aber zum mindesten so lange eine unverbindliche Behauptung bleiben, als weder der volle Bedeutungsgehalt, den ein Geschlechtsverkehr für die Träumerin besitzt, noch alle Verweisungszusammenhänge, die eine Reisetasche im Verstehen der Versuchsperson aufleuchten lässt, des genauesten geklärt sind. Wie, wenn für diese Träumerin ein Geschlechtsverkehr nicht die isolierte Bedeutung einer Verbindung bloss zweier Genitalorgane hätte, die ihm Freud zuschreibt; wenn vielleicht auch die Meinung Herbert Silberers und C. G. Jungs in Betracht käme, die einen Geschlechtsverkehr unter Umständen gerade umgekehrt das Symbol für Verbindungen und Überbrückungen der verschiedensten Art sein liessen, auch für solche, die ganz und gar nicht dem rein sexuellen Bereich angehörten? Wer wollte es in der Tat bestreiten, dass ein nicht pathologisch verzerrter und destruierter Geschlechtsverkehr aus ihm selbst heraus und mit allem Nachdruck auf das gesamte liebende Miteinandersein zweier Menschen verweist, ja dieses zu seiner Ermöglichungsgrundlage hat? Dann aber hätte der Hypnotiseur seine Versuchsperson durch die Suggestion des homosexuellen Verkehrs auf ein liebend mitmenschliches Verhalten gestimmt, dessen Bezug allerdings sogleich auf einen weiblichen Partner einschränkend. Deshalb vielleicht wäre im Traume nicht nur das „Genitalsymbol", sondern ein ganzer Mensch, die Freundin mit der Tasche, hereingekommen. Und wenn dieser Freundin Gepäckstück wirklich nur ihr weibliches Genitale meinen sollte, warum war es denn eine *Reise*tasche und nicht etwa ein zu einem Ballkleid passendes Abendtäschchen, das doch viel eher in eine erotische Sphäre hineingespielt hätte? Was hat denn das Reisen, das dieses Traumding unmissverständlich ankündigt, mit dem weiblichen Genitale an und für sich zu tun? Gewiss nicht das geringste. Wohl aber kann das Reisen Menschen zueinander und auseinander bringen. Wäre nicht schliesslich zudem eine so grosse Tasche eben noch dadurch ausgezeichnet gewesen, dass zu ihrem Inhalt viel mehr als nur auf die Genitalien bezogene Sachen gehört hätten: Gegenstände des täglichen Gebrauchs sicher auch, zudem vielleicht Bücher, gar kostbarer Schmuck und das eine oder andere liebe Andenken von Angehörigen. Diese Dinge jedoch stünden alle in engster Beziehung nicht zum Genitale der Freundin, sondern zu deren ganzem persönlichem, lebensgeschichtlich gefügtem Handeln, Denken und Fühlen.

---

[1] S. Freud: „Traumdeutung", S. 262.

Doch diese Vermutungen müssen bei der uns unbekannten und bei weitem nicht zureichend befragten Träumerin nur als Möglichkeiten und als blosse Fragen in der Schwebe bleiben. Weil uns aber die FREUDsche Symboldeutung schon immer fragwürdig erschien, haben wir bereits vor mehr als zwanzig Jahren eigene, den SCHRÖTTERschen Experimenten ähnliche Versuche angestellt, die uns in diese Verhältnisse etwas Licht bringen sollten. Wir versetzten unter anderem fünf sehr verschiedengeartete Frauen, über deren psychische Verfassungen wir uns zuvor durch vielstündige Untersuchungen sehr gründlich aufgeklärt hatten, in tiefe Hypnose. In der Hypnose erteilten wir allen fünf Frauen den genau gleichen Auftrag. Er lautete, sie sollten von einem bestimmten ihnen persönlich wohlbekannten Mann träumen, der sie liebe und mit deutlich sexueller Absicht und ohne Bekleidung geradewegs auf sie zukomme. Die Ungefährlichkeit eines solchen Experimentes für unsere Versuchspersonen schien uns deshalb gesichert zu sein, weil diese Frauen alle schon mehrfach ganz spontan Träume sexuellen Gehaltes geträumt hatten, die ziemlich genau dem erteilten hypnotischen Auftrag oder dessen zu erwartender „symbolischer Verhüllung" entsprachen. Die drei nicht neurotisch gehemmten, psychisch und physisch reifen Frauen unter unseren Versuchspersonen berichteten unmittelbar nach dem Erwachen aus der Hypnose von einem Traumerleben, das dem suggerierten Ereignis in allen Einzelheiten gefolgt war. Da Träume solcher Art für diese Frauen nichts Neues waren und das erforderliche Vertrauensverhältnis zwischen ihnen und dem Untersucher schon lange bestand, berichteten sie sie nach dem Erwachen ohne jedes Schockiertsein, fanden sie nur lustig, betonten noch, dass sie sich recht glücklich dabei gefühlt hätten. Sie wussten aber, bevor wir sie darüber aufklärten, nichts von dem hypnotischen Auftrag. Ganz anders dagegen träumten die zwei restlichen Versuchspersonen, beides schwer neurotisch verzwängte, überprüde ältliche Fräulein von vierundvierzig und siebenundvierzig Jahren. Unter sich entsprachen jedoch diese beiden Träume einander so weitgehend, dass wir uns auf die Darstellung des einen Beispiels beschränken dürfen. Das ältere der beiden Fräuleins hatte nach der genau gleichen Suggestion in tiefer Hypnose geträumt, es stehe ein ihr völlig unbekannter Mann in Soldatenuniform vor ihr und mache mit einer Pistole Schiessübungen. Dabei habe er sie einmal beinahe getroffen. Das jagte ihr einen solchen Schreck ein, dass sie erwachte. Bezeichnenderweise hatte dasselbe Fräulein erst vier Nächte zuvor spontan geträumt, es sei militärische Einquartierung in ihrem Dorfe. Nachts, als sie von der Probe des Kirchenchores nach Hause ging, lauerten ihr drei Soldaten auf und bedrohten sie mit überdimensioniert grossen Schiessgewehren. In panischer Angst floh sie vor ihnen und konnte noch rechtzeitig die elterliche Wohnung erreichen. Ein Beweis dafür, dass wir auch dieser Versuchsperson mit unserer Traumsuggestion durchaus keinen ungewöhnlichen Traumschrecken einjagten. Um einen psychischen Schaden bei dieser Frau zu vermeiden, brauchten wir uns deshalb nur zu hüten, ihr ohne Rücksicht auf das Niveau und die Tragfähigkeit ihrer wachen Persönlichkeitsstruktur eine grob sexuelle Deutung dieses Traumes ins Gesicht zu schleudern.

Der Mann aus dem suggerierten Traume nun blieb dieser Träumerin auch nach dem Erwachen selbst auf eindringliches Fragen hin unbekannt. Weder ein Mann ihrer aktuellen Mitwelt, noch jemand aus ihrer Vorgeschichte wollte ihr einfallen, der sich mit dieser Traumerscheinung hätte vergleichen lassen. Ihr Traummann hätte recht grob und wild ausgesehen, mit einem grossen schwarzen Schnurrbart, so wie eben die Soldaten aussähen, die „gfürchtigen" (furchterregenden); und mit solchen Leuten verkehre sie sowieso nicht. Früher, als sie noch jung gewesen sei, hätten ihr hin und wieder Soldaten nachstellen wollen, wenn in ihrem Dorfe Einquartierung war. Sie habe aber „vor den Mannen gruusig Angst gehabt" und sei dann jeweilen nicht von ihrer Mutter Seite gewichen. Vor einer Pistole, fiel ihr zu dem Traume schliesslich noch ein, habe sie sich auch immer schrecklich geängstigt. Sie fürchte solche Männersachen schon von weitem. Es könnte ja einmal ein derartiges Schiesswerkzeug losgehen. Darum mache sie stets einen grossen Bogen um sie herum.

Auf Grund dieser Einfälle der Träumerin und seiner eigenen Symboldeutungen hätte nun FREUD die Einkleidung des nackt suggerierten Mannes in eine Soldatenuniform und das Pistolenschiessen ohne Zögern als das Verhüllungs- und Entstellungswerk eines Traumzensors gewertet. Denn durch diese symbolische Verkleidung hätte die anstössige Männlichkeit und Nacktheit vor dem ängstlichen Bewusstsein der Träumerin verborgen werden können. Auf der einen Seite hätte sich das anstössig Triebhafte dank dieser Entstellung dennoch Ausdruck zu verschaffen gewusst; zum andern sei diese Entstellung aber auch zugleich ein Versuch — wenn diesmal auch ein erfolgloser Versuch — die Gewissensruhe und den Schlaf der Träumerin zu hüten. Schon etwas schwieriger wäre FREUD wohl die Erklärung gefallen, warum sich der suggerierte, der Träumerin gut bekannte Mann in einen völlig unbekannten Soldaten habe verwandeln müssen. Vielleicht hätte FREUD auch in dem Unbekanntmachen des Mannes noch eine Abschwächung der moralischen Anstössigkeit gesehen. Möglicherweise auch hätte er es für das Werk der sekundären Bearbeitung des Traumes gehalten. Worüber FREUD jedoch mit Sicherheit keine Diskussion zugelassen hätte, wäre die Pistole gewesen. Dieses Ding galt ihm als eines der gesichertsten Symbole für das männliche Glied.

Was aber ist ohne vorgängige, theoretische Annahme aus den unmittelbaren Erscheinungen unserer hypnotischen Versuche selbst abzulesen? Die seelische Verfassung der drei neurotisch nicht verkümmerten Frauen war durch die Hypnose auf ein liebendes und sexuell betontes Verhalten gegenüber dem bekannten Mann gestimmt worden. Ihr so bestimmtes Verhältnis zu ihm trug sich träumend in der Form aus, dass sie beglückt in eine sinnliche Beziehung zu diesem Mann traten, ihn sich nackt und begehrend begegnen liessen. Ganz anders jedoch wurde der Mann von dem neurotischen, ältlichen Fräulein verstanden:

Statt einer persönlichen, scharf umrissenen, sexuell betonten Liebesbeziehung zu einem Freund ereignete sich in ihrem traumhaften Existieren nur ein angstvoller Bezug zu einem gefährlichen, anonymen, uniformierten Mann. Offensichtlich war dieses ältliche Fräulein noch nicht auf ein alle Lebensmöglichkeiten umfassendes, reifes Liebenkönnen stimmbar. Der Einschränkung ihrer Liebesfähigkeit entsprechend hatte sich ihr auch das männliche Wesen noch nicht voll erschliessen können. Vor allem waren ihr die Beziehungsmöglichkeiten zur männlichen Leib- und Triebsphäre gänzlich verdeckt geblieben. Die Näherung alles Unverstehbaren und Unvertrauten stimmt aber stets auf Angst. Grosse Angst lässt alle Dinge anonym werden, lässt alles Begegnende in uniformer Weise fürchten. Darum zeigt sich der suggerierte Freund im Traume des prüden Fräuleins nur mehr als uniformierter, anonymer Mann. Die Soldatenuniform ist nicht nur ein exquisit der Männerwelt zugehöriges Ding, es macht die Männer auch alle unkenntlich gleich und deckt zugleich als eine recht robuste Kleiderhülle ihre naturhafte Nacktheit massiv zu. Dennoch ist die Uniform in unserem Traume so wenig eine „symbolische Verhüllung", dass sie im Gegenteil in ganz vorzüglicher Art die noch kindlich eingeengte, verdeckte und durch Angst nivellierte Welt der Träumerin *ent-*hüllt. Wenn zudem der „gfürchig"-wilde Traummann gar noch mit einer Pistole schiesst, so camoufliert auch dieses Ding noch einmal nichts „symbolisch". Die Träumerin fürchtet jede Pistole schon von weitem. Dieses Ding verweist sofort und ausschliesslich auf den Bedeutungsgehalt des lebensbedrohlichen Getroffenwerdenkönnens. Wenn sie deshalb einen befreundeten Mann nur Pistole schiessend in ihre Traumwelt hineinlassen kann, eröffnet sie uns dadurch mit aller Deutlichkeit, dass ihr vom ganzen Wesen der mann-weiblichen Liebesbeziehungen bloss das Getroffenwerden und dessen Gefährlichkeit aufzugehen vermag. Nur eine in solcher Furcht sich konkretisierende übermächtige Angststimmung lässt von allen männlichen Dingen nur gerade eine Pistole aufleuchten.

b) Das Traumphänomen und die Symbol-Theorie von C. G. Jung

C. G. Jung hatte Freud schon sehr frühzeitig das Recht bestritten, seine Traumübersetzungen überhaupt symbolische Deutungen im eigentlichen Sinne zu heissen. Es werde von ihm ja nur einem Traumding die Bedeutung einer anderen, ebenso bekannten Sache zugelegt. Die Traumpistole werde zu einem blossen Zeichen für den ebenfalls völlig durchschaubaren Gegenstand: männliches Genitale. Genau so sei aber auch das Flügelrad auf der Mütze des Eisenbahnbeamten kein echtes Symbol der Eisenbahn, sondern lediglich ein Zeichen, das die Zugehörigkeit zum Eisenbahnbetrieb anzeige. Jung wirft daher Freud eine bloss „*semiotische*" Auffassung der Symbolik vor. Ein wirkliches und legitimes Symbol sei ein Traumding jedoch ausschliesslich dann, wenn in ihm der betreffende Mensch etwas, eine Bedeutung oder einen Sinn zu ahnen vermöge, der über die „*reine Tatsächlichkeit*" des wahrgenommenen Gegenstandes hinausgehe. Lebendig bleibe ein Symbol überhaupt nur so lange, als dieser, die reine Tatsächlichkeit überragende Sinn begrifflich noch gar nicht klar erkannt werden könne, so dass das geträumte Ding den zurzeit bestmöglichen Ausdruck für den eigentlich gemeinten, rational noch völlig oder relativ unbekannten psychischen Tatbestand darstelle[1].

Damit hat Jung zwar die bereits zehn Jahre zuvor von H. Silberer geäusserte Symbolbeschreibung wieder aufgenommen, der das Symbol entstehen sah, „wenn der Mensch geistig nach etwas greift, was seiner Fassungskraft noch zu ferne ist"[2]. Haben jedoch H. Silberer und C. G. Jung mit dieser Differenzierung etwas Entscheidendes zur Rettung der Symbolvorstellung überhaupt oder auch nur des Symbolbegriffes in der Traumlehre geleistet? Wie wenig ihnen dieser Versuch gelingen konnte, lässt sich wohl am eindrucksvollsten an dem Beispiel

---

[1] C. G. Jung: „Psychologische Typen", S. 675 f. und auch: „Aion", Zürich 1951, S. 107.

[2] H. Silberer: „Über die Symbolbildung". Jahrbuch für psychoanalytische und psychopathologische Forschung, Bd. III, S. 675. Leipzig und Wien 1912.

zeigen, von dem C. G. JUNG selbst sagt, sein sinnbildlicher Charakter offenbare sich deshalb völlig unabhängig vom betrachtenden Bewusstsein, von sich aus, in einer besonders deutlichen symbolischen Wirkung, weil der Gegenstand in seiner „reinen Tatsächlichkeit allzu sinnlos" sei [1]. Er meint damit das Gott darstellende Auge in einem Dreieck, dem wir vor allem auf den Bildern der byzantinischen Kirche begegnen. Einmal aber bezeichnet das Auge im Dreieck gar nicht etwas noch Ungewusstes, sondern bekundet gerade das *Wissen* der Unbekanntheit Gottes als des schlechthin und letztlich Unerkennbaren. Es gründet somit im Gegenteil in einer besonders tiefen Erkenntnis. Was also bedeutet es eigentlich, wenn C. G. JUNG hier und im Zusammenhang seiner Symbolbestimmungen immer wieder von der „reinen Tatsächlichkeit" der Dinge spricht, über die dann freilich der Symbolgehalt als psychisches Produkt gerade hinausreiche? Diese Rede verrät nichts mehr und nichts weniger, als dass im Grunde auch für C. G. JUNG noch genau so wie für FREUD die positivistische Weltanschauung die massgebliche Denkgrundlage war. Der Positivismus aber kann sich alles, was faktisch ist, alle „Tatsächlichkeiten" lediglich als rational-kausal erklärbar Vorhandenes vorstellen. Nur weil JUNGS Vorstellung von der Wirklichkeit der Dinge den Charakter dieser durchgängigen, rational-kausalen Erklärbarkeit beibehielt, kann er überhaupt an ihnen vom „psychologischen Produkt" der Symbolbedeutung eine „reine Tatsächlichkeit" abheben. Stets ist demnach für JUNG wie für FREUD das Sinnlose oder das nur Berechenbare und zweckmässig Brauchbare der primäre Maßstab, mit dem man die „Wirklichkeit" oder die „Tatsächlichkeit" zu bestimmen hat. Sie gehen damit, wie es zum Wesen jedes Positivismus gehört, schon immer von einer ungemein reduzierten Wirklichkeitsauffassung aus. Nur weil diese vorgängige gedankliche Reduktion der Dinge im Positivismus ein so ungeheuerliches Ausmass annahm, konnte JUNG als die „reine Tatsächlichkeit" des bildlichen Hinweises auf Gott die „sinnlose" Darstellung eines Auges in einem Dreieck bezeichnen. Nie jedoch hat faktisch in einer Kirche oder auf einem Heiligenbilde zunächst nur ein Dreieck mit einem Auge darin vorgelegen, zu dem dann der gedachte oder geahnte Bezug zum Geheimnis Gottes einmal noch dazugekommen wäre. Vielmehr ist es gerade hier mit der reinen und vollen Tatsächlichkeit von allem Anfang an so bestellt, dass das Dreieck mit dem Auge Gottes als ein Zeichen seiner Unermesslichkeit aus der ganzen Glaubensbeziehung zum verborgenen Gott hervortritt, zugleich aber auch

---

[1] C. G. JUNG: „Psychologische Typen", S. 677.

ständig in ihr verweilt. Indem aber C. G. Jung aus seiner Verhaftung im Positivismus heraus diesen vollen Tatbestand auf die „reine Tatsächlichkeit" einer dreieckig begrenzten Augenzeichnung skelettierte, machte er das Ganze dieser Erscheinung gleichsam zu einem nackten Nagel. Nur verharrte Jung nicht in dieser positivistischen Reduktion, sondern hängte dann diesem nackten Nagel der „reinen Tatsächlichkeit" den ganzen übrigen, dem Ding ursprünglich schon zugehörigen Wesenstatbestand nachträglich wieder als „symbolischen Sinngehalt" um.

Denn dies ist freilich die unschätzbare Leistung Freuds und Jungs, dass sie zeitig bei der beginnenden Sprengung des engen positivistischen Weltbildes mit dabei waren. In ausschlaggebender Weise förderten sie beide, jeder auf seine Weise, die Entdeckung, dass die Wirklichkeit über die Kellermauern des Positivismus hinausreicht und sich nicht in ihnen erschöpft. Sie erschlossen sich der Einsicht, dass das bisher für allein wirklich Gehaltene nur das Fundament für ein viel Wesentlicheres, für ein ganzes, unabsehbar grosses Haus ist. Da ihnen als Denkinstrument aber lediglich die alte positivistische Grundposition zur Verfügung stand, mussten beiden Forschern freilich die über dem Fundament gesichteten Wirklichkeiten unverzüglich wieder zu ebenfalls nur positivistischen Tatbeständen einschrumpfen: Das „mystische" Triebwesen wurde bei Freud zu einer Art von Abkömmling der inneren Sekretion und aus Drüsenfunktionen ableitbar gedacht. Bei Jung reduzierte sich das „Irrationale" zu psychischen „Produkten" aus individuellen oder kollektiven Seelenräumen. Damit musste jedoch zwangsläufig die ursprüngliche Einheit der vollen Wirklichkeit eines Dinges sogleich wieder verlorengehen, kaum dass sie geahnt worden war. Sie zersplitterte sich im Denken Freuds und Jungs in die zwei Kategorien positiver Fakten: in die alten, sinnlich greifbaren, sogenannten „reinen Tatsächlichkeiten" und in die neuen psychischen „Symbol-Tatbestände". Das Verhältnis zwischen diesen beiden Reihen von Gegenständen konnte folgerichtigerweise von Freud und Jung nur als der eines blossen Verweisens jener auf diese vorgestellt werden. Nur zeigt bei Freud und Jung, ihrer unterschiedlichen Reduktion der rational-kausal nicht fassbaren Wirklichkeit entsprechend, ein „symbolisch wirkender" Gegenstand nicht ganz dasselbe an. Bei Freud deutet er über seine „reine Tatsächlichkeit" hinaus fast immer nur auf eine Sexualbedeutung hin. Bei C. G. Jung dagegen ist der angezeigte andere positivistische Tatbestand irgendein noch nicht zureichend rational begriffenes psychisches Gebilde.

Dieser Unterschied gibt C. G. JUNG im Grunde allerdings ganz und gar kein Recht, FREUDS Symboldeutung seiner eigenen gegenüber als eine bloss „semiotische" abzuwerten. Denn auch JUNGS Traumdeutung beruht, wie wir eben sahen, auf reiner Semiotik, insofern seine „reinen Tatsächlichkeiten" ebenfalls nur Zeichen für andere Dinge, für psychische Produkte im Sinne von symbolischen Tatbeständen nämlich sind. Ob dabei die andere Seite, das „symbolisch" Angezeigte rational schon durchschaubar und erkannt ist oder erst unscharf geahnt wird, kann keinen grundsätzlichen Unterschied ausmachen. Zudem ist jeweilen ja der „symbolische Sexualgehalt" der Dinge in FREUDS Auffassung dem Träumer selbst als ein *verdrängter* psychischer Inhalt ebenfalls nicht bekannt.

Ist mithin C. G. JUNGS Symbolauffassung auch nicht grundsätzlich neuer Art, so ist sein Verdienst, dem möglichen symbolischen Sinn eines Dinges einen viel weiteren Spielraum gelassen zu haben, bedeutsam genug. Viel entscheidender jedoch als die durch diese Begriffserweiterung bedingte Differenz zwischen FREUD und JUNG ist die bleibende Übereinstimmung der beiden Forscher in ihrer Meinung, dass die „symbolische" Anreicherung der Dinge immer nur von Gnaden einer menschlichen Psyche geschehe. Denn ganz eindeutig ist es bei FREUD stets „das Unbewusste" eines wachen oder träumenden Menschen, das den „psychologischen Symbolgehalt" in den Gegenstand hineinprojiziert, ihn dessen „reiner Tatsächlichkeit" gleichsam überwirft. Genau so wird aber auch bei JUNG ein Gegenstand nur dadurch zu einem „Symbolträger", dass „ich etwas aus meinem Unbewussten auf ein Aussenweltsobjekt projiziere"[1]. Deshalb entspricht in seiner Vorstellung auch der Symbolwert eines Objektes dem auf dieses projizierten, unbewussten Inhalt des Subjektes[2]. In noch jüngerer Formulierung wieder bezeichnet JUNG den Symbolcharakter eines Dinges eindeutig als „menschliches Geistesprodukt", als unmittelbaren Ausdruck seelischer Wirklichkeiten oder der unveränderlichen Strukturverhältnisse des Unbewussten[3]. Es wird in ihm ferner das Unbewusste, welches in hohem Masse die jeweilige geistige Vergangenheit der Menschen darstellt, formuliert[4].

---

[1] C. G. JUNG: „Über die psychische Energie und das Wesen der Träume", S. 197. Zürich 1948.

[2] ebenda, S. 199.

[3] C. G. JUNG: „Zur Symbolik des Geistes", S. 153, 417 und 429. Zürich 1948. Vgl. hiezu die Kritik von Martin BUBER in: „Religion und modernes Denken", Merkur, VI. Jahrg. 1952, Nr. 48, 2. Heft, S. 119.

[4] C. G. JUNG: „Aion", S. 254. Zürich 1951.

Auch wenn schliesslich bei ihm der Symbolgehalt eines Dinges nicht nur dem Unbewussten, sondern „ebensoviel dem Bewusstsein wie dem Unbewussten entstammt" [1], bleibt sein Symbolwert eine Zutat der menschlichen Psyche. Ja mehr als nur das; diese selbst projiziert sich auch in Jungs Auffassung in die Dinge hinein, um sich darin symbolisch zu „versinnbildlichen". An diesem psychologistischen oder anthropologistischen Charakter der Symbolvorstellungen Freuds und Jungs ändert sich auch dadurch nicht das geringste, wenn C. G. Jung die Symbole als psychische Produkte nicht nur einem individuellen Unbewussten, sondern vor allem der Vorstellung eines „objektiv" genannten, „kollektiven Unbewussten" entspringen lässt.

Innerhalb dieser Denkungsart Freuds und Jungs kann es nun im einzelnen auch einer konkreten Brücke oder einer Schale zum Beispiel, den Dingen also, die in unserem Ausgangstraume eine so wichtige und sonderbare Rolle spielten, nicht anders ergehen, als dass sie ebenfalls der positivistischen Weltreduktion gemäss zunächst einmal radikal aus ihrem vollen Dingwesen und aus dem in ihnen versammelten Reichtum an Verweisungszusammenhängen herausgerissen werden. Dann stehen sie freilich dem Menschen nur mehr als „reine Tatsächlichkeiten" oder als nackte Gegenstände gegenüber. Es wird in ihnen bloss noch das aus gewissen Materialien und zu bestimmten Zwecken verfertigte, mit einer Reihe nützlicher Eigenschaften behaftete Objekt gesehen. Zufolge einer solch reduzierten, logisch-grammatischen Dingauffassung besteht die „reine Tatsächlichkeit" der Brücke etwa noch darin, dass sie ein mit der zweckdienlichen Eigenschaft versehenes Substrat ist, zwei Flussufer miteinander zu verbinden. Eine Schale anderseits kann „eigentlich", in ihrer „reinen Tatsächlichkeit" nur noch als ein Gegenstand gedacht werden, der, aus geeigneten Stoffen hergestellt, dem Zwecke dient, gewisse andere Gegenstände durch ihre Porzellan- oder Metallwand beisammenzuhalten.

Dann aber glaubte Freud zu entdecken, dass mancher Brücke und mancher Schale, gar wenn diese Dinge in Träumen vorkamen, ausser ihrer gegenständlichen, rational durchschaubaren Tatsächlichkeit noch ganz andere, irrationale Gehalte zugehören, ja ihren wesentlichen Aspekt bestimmen. Der zur „reinen Tatsächlichkeit" einer Brücke hinzugesehene Sinn, der ihren symbolischen Bedeutungsgehalt ausmacht, ist der psychologische Tatbestand des Sichverbindens und eines Kommunizieren-Könnens. Einer Schale dagegen wurde der

---

[1] C. G. Jung: „Aion", S. 261. Zürich 1951

symbolische Ausdruckswert des In-sich-Aufnehmens, des Empfangens zugeschrieben. Da sich FREUD als Ursprung und Vorbild alles menschlichen Lebens die Triebhaftigkeit dachte, musste für ihn auch der symbolische Gehalt der Brücke und der Schale in einer libidinösen Bedeutung gründen. Der gegenständlichen Eignung der Dinge zum Menschengebrauch entsprechend bekam diese dort einen männlichen, hier einen weiblichen Sexualcharakter. JUNG, auf der anderen Seite, wollte den ursprünglichen Symbolgehalt dieser beiden Dinge gerade umgekehrt in den allgemeinen Bedeutungen des Überganges und der Aufnahmebereitschaft sehen. Erst sekundär könnten sich diese dann je nach der psychischen Verfassung des Einzelfalles zu den verschiedensten einzelnen Objektbeziehungen konkretieren; unter Umständen auch, jedoch bei weitem nicht ausschliesslich, im Sinne eines sexuellen Empfangens und Sichverbindens.

Wie aber zeigen sich uns Dinge, eine Brücke und eine Schale etwa, unmittelbar von ihnen selbst her, ob sie uns nun in unserer Wachwelt oder in unseren Träumen erscheinen, falls wir sie nicht vorerst zu blossen Gegenständen skelettieren?

„Die Brücke schwingt sich ‚leicht und kräftig‘ über den Strom. Sie verbindet nicht nur schon vorhandene Ufer. Im Übergang der Brücke treten die Ufer erst als Ufer hervor. Die Brücke lässt sie eigens einander gegenüberliegen. Die andere Seite ist durch die Brücke gegen die eine abgesetzt. Die Ufer ziehen auch nicht als gleichgültige Grenzstreifen des festen Landes den Strom entlang. Die Brücke bringt mit den Ufern jeweils die eine und die andere Weite der rückwärtigen Uferlandschaft an den Strom. Sie bringt Strom *und Ufer* und Land in die wechselseitige Nachbarschaft. Die Brücke *versammelt* die Erde als Landschaft um den Strom. So geleitet sie ihn durch die Auen. Die Brückenpfeiler tragen, aufruhend im Strombett, den Schwung der Bogen, die den Wassern des Stromes ihre Bahn lassen. Mögen die Wasser ruhig und munter fortwandern, mögen die Fluten des Himmels beim Gewittersturm oder der Schneeschmelze in reissenden Wogen um die Pfeilerbogen schiessen, die Brücke ist bereit für die Wetter des Himmels und deren wendisches Wesen. Auch dort, wo die Brücke den Strom überdeckt, hält sie sein Strömen dadurch dem Himmel zu, dass sie es für Augenblicke in das Bogentor aufnimmt und daraus wieder freigibt.

Die Brücke lässt dem Strom seine Bahn und gewährt zugleich den Sterblichen ihren Weg, dass sie von Land zu Land gehen und fahren. Brücken geleiten auf mannigfache Weise. Die Stadtbrücke führt vom Schlossbezirk zum Domplatz, die Flussbrücke vor der

Landstadt bringt Wagen und Gespann zu den umliegenden Dörfern. Der unscheinbare Bachübergang der alten Steinbrücke gibt dem Erntewagen seinen Weg von der Flur in das Dorf, trägt die Holzfuhre vom Feldweg zur Landstrasse. Die Autobahnbrücke ist eingespannt in das Liniennetz des rechnenden und möglichst schnellen Fernverkehrs. Immer und je anders geleitet die Brücke hin und her die zögernden und hastigen Wege der Menschen, dass sie zu anderen Ufern und zuletzt als die Sterblichen auf die andere Seite kommen. Die Brücke überschwingt bald in hohen, bald in flachen Bogen Fluss und Schlucht; ob die Sterblichen das Überschwingende der Brückenbahn in der Acht behalten oder vergessen, dass sie immer schon unterwegs zur letzten Brücke, im Grunde danach trachten, ihr Gewöhnliches und Unheiles zu übersteigen, um sich vor das Heile des Göttlichen zu bringen. Die Brücke *sammelt* als der überschwingende Übergang vor die Göttlichen. Mag deren Anwesen eigens bedacht und sichtbarlich *bedankt* sein wie in der Figur des Brückenheiligen, mag es verstellt oder gar weggeschoben bleiben[1]."

Und wie verhält es sich in Wirklichkeit mit der reinen, vollen und ursprünglichen Tatsächlichkeit des Dinges, das wir eine goldene Schale heissen? In ihrem Golde allein schon leuchtet nach dem alten Zeugnis PINDARS[2] im Herrlichsten und Mächtigsten der irdischen Schätze Theia, die Gottheit selbst, auf. Als Schale steht sie weithin sichtbar dem Himmel offen. Die Leere ihrer Rundung ist bereit, das, was Himmel und Erde haben wachsen und aus sich entspringen lassen, zu empfangen. Doch hält sie das Empfangene nur, um es als göttliches Geschenk den Menschen oder als Gabe der Sterblichen den Göttlichen zu spenden. Jenem Schenken dient sie, wenn sie das tägliche Brot hält, dieses aber vollbringt sie als kultische Opferschale.

Schale wie Brücke entbergen alle diese ihre Verweisungszusammenhänge dem unverstellten menschlichen Sehen als ihre je eigenen Wesenszüge unmittelbar aus sich heraus. Nur weil die Dinge selbst und ganz ursprünglich alle diese Bezüge in sich vereinigen und weil damit Brücke wie Schale ihrem eigenen Wesen nach recht eigentlich die Versammlungsstätte von Erde und Himmel, von Göttlichem und Menschlichem sind, kann die Sprache von ihnen überhaupt als von *Dingen* sprechen. Denn noch heute heisst „Thing" in nordischen Ländern Versammlung, und als altes Wort meinte es gar im besonderen

---

[1] M. HEIDEGGER: „Bauen, Wohnen, Denken", in: Darmstädter Gespräch: „Mensch und Raum". Herausgegeben von O. BARTING, Darmstadt 1952, S. 77 ff.

[2] PINDAR: „Die fünfte isthmische Ode", Verse 1—3 in: Die Dichtungen und Fragmente, S. 182. Verdeutscht und erläutert von L. WOLDE. Leipzig 1942.

die Gerichtsstätte, aus welcher Versammlung das Rechte und die Wahrheit zum Vorschein kam.

Deshalb kann das übliche abschätzige positivistische Urteil, das von dem so erfassten Dingwesen als von „blosser romantischer Zutat" seitens unexakter und unwissenschaftlicher Köpfe redet, dessen Wirklichkeit überhaupt nicht berühren. Viel eher vermöchte die Unmittelbarkeit der vollen Dingerfahrung die Reduktion des positivistischen Gesichtsfeldes in ihrem erschreckenden Ausmass erkennen zu lassen.

* * *

Eine Brücke und eine Schale boten sich uns als die konkreten Zeugen für die Berechtigung unserer Aussage von der illegitimen Herkunft des so geläufigen Symbolbegriffes an. Willig zeigten sie uns von sich aus, dass sich alle heute noch gültigen Psychologien nur dadurch in die Not bringen, von Symbolen überhaupt reden zu müssen, weil sie das Wesen der Dinge viel zu dürftig denken. Nur weil die Psychologen des unmittelbaren Sehenkönnens der weltumspannenden Verweisungszusammenhänge, die wir eben das ursprüngliche Eigenwesen der Brücke und der Schale ausmachen sahen, verlustig gingen, müssen sie die am Dinge selbst übersehenen Wesenszüge dann von aussen her erst mühsam wieder zusammensuchen. Sie sammeln sie mit Hilfe „freier Assoziationen" aus den der früheren, individuellen Lebensgeschichte des Träumers angehörigen Wahrnehmungen oder finden sie durch die sogenannte Amplifikation, auf dem Umwege also über die in alten Mythologemen z. B. noch gewussten und ausgelegten Bedeutungszusammenhänge der betreffenden Dinge. Aus solch indirekter Sicht verkürzen sie sich dann allerdings zu den aus einem menschlichen Unbewussten herbeigeschafften und von ihm erst nachträglich in die Dinge hineingelegten psychischen Symbolwerten oder sinnbildlichen Ausdrucksgehalten der Gegenstände.

Ist dem aber so, dann stellt sich die Rede „von Symbolen" nicht nur als völlig überflüssig, sondern auch als irreführend heraus. Denn jede Hervorhebung gewisser Dinge als „Symbole" oder „Bedeutungsträger" macht sich bereits der stillschweigenden Annahme schuldig, es gebe daneben auch noch isolierte, ganz für sich vorhandene, abgelöste Gegenstände ausserhalb aller Verweisungszusammenhänge, die ausschliesslich aus einem unbekannten, obwohl mit wahrnehmbaren Eigenschaften behafteten X bestünden. In einer gedanklich nicht vorgängig destruierten Welt begegnen uns jedoch faktisch sämtliche Dinge inmitten eines je besonderen, tausendfältigen, geschichtlichen Bewandtniszusammenhanges. Was aber schon von Anbeginn an beisammen ist, was — wie die sogenannten reinen Tatsächlichkeiten und die „Symbolwerte" — zusammen und unablösbar voneinander schon immer das versammelnde Wesen eines Dinges ausmacht, ist gar nicht mehr eines „symballein", eines Zusammenfallens oder eines Aneinandergefügtwerdens bedürftig.

Darum lässt sich auch das traumtheoretische Unterfangen durch nichts rechtfertigen, das die Dinge des Traumes zuerst zu blossen Abbildungen von „realen" Gegenständen abwertet, nur um sie gleich darauf wieder mit um so mannigfaltigeren psychisch-symbolischen Projektionen aus des Traumsubjektes eigenem Unbewussten auszustatten. Wir müssen vielmehr die Traumdinge ebenfalls als Dinge eigenen und vollen Dinggehaltes, die sie sind, und wie sie als unmittelbare Traumgegebenheiten erfahren werden, bestehen lassen.

Wird dann aber nicht der Theorie von der psychischen Projektion und von dem subjektiven Sinnbildcharakter der Traumdinge jeder Boden entzogen? Muss nicht damit auch die Differenzierung in eine Traumdeutung auf der Objektstufe und in eine solche auf der Subjektstufe hinfällig werden? Wie aber kommen, falls diese Hinfälligkeit der beiden Deutungsarten offenkundig würde, überhaupt noch Dinge in die Traumwelten der Menschen hinein?

4. Die Überwindung der Traumdeutungen auf der „Objekt- und Subjektstufe" in der phänomenologischen Auslegung des Traumes

Das einfachste und kürzeste der vielen Beispiele, an denen uns FREUD seine Theorie zu erläutern trachtete, ist ein Traum, in dem weiter nichts geschah, als dass der Träumer seinen Bruder in einem Kasten stecken sah. Der erste Einfall des Träumers habe den Kasten durch Schrank ersetzt. Der zweite habe daraus sogleich den Sinn dieses Traumbildes ergeben: der Bruder schränkt sich ein. Diesen latenten Gedanken stelle also das Traumbild in einer plastisch konkreten aber zugleich damit auch entstellenden Verbildlichung dar. Beides jedoch, latenter Traumgedanke und manifestes Traumbild, müssten in FREUDS Auffassung ihre eigentliche Verursachung in dem geheimen Wunsche besitzen, der Bruder sollte sich in seiner Lebensführung einschränken[1].

---

[1] S. FREUD: Ges. Schr. Bd. VII, S. 119.

In einem zweiten Traumbeispiel FREUDS, das von einem Mediziner aus München stammt, fuhr der Träumer in Tübingen mit dem Rad eine Strasse hinunter. Da raste plötzlich ein brauner Dachshund hinter ihm drein und fasste ihn an der Ferse. Ein Stück weiter stieg der Träumer ab, setzte sich auf eine Staffel und fing an, auf das Tier loszutrommeln, das sich fest verbissen hatte. Gegenüber sassen dann noch ein paar ältere Damen, die ihm grinsend zusahen. Ausdrücklich hatte der Träumer hinzugefügt, dass er das Beissen des Hundes nicht als unangenehm oder gar als schmerzhaft empfunden hätte.

Des weiteren konnte der Träumer zu dieser Traumgeschichte noch angeben, dass er sich in der letzten Zeit in ein Mädchen verliebt habe, nur so vom Sehen auf der Strasse, aber keinerlei Anknüpfungspunkte fand. Dieser Anknüpfungspunkt hätte für ihn am angenehmsten der Dachshund sein können, den diese junge Dame stets mit sich geführt habe.

Um auch diesen Traum wie das erste Beispiel auf der „Objektstufe“, als eine bilderrätselhafte, versinnbildlichte Darstellung einer triebhaften Beziehung des Träumers zu einem faktischen Aussenweltobjekt deuten zu können, musste FREUD eine ganze Reihe von gedanklichen Konstruktionen zu Hilfe nehmen. Einmal sei es dem Traumzensor durch die Einwirkung der entstellenden Traumarbeit gelungen, das eigentlich Gemeinte, das geliebte Mädchen nämlich, im manifesten Trauminhalt ganz ausfallen zu lassen oder es durch sein Gegenteil, die grinsenden älteren Damen oder durch das ganz unwichtige, periphere Attribut des Mädchens, durch den Dachshund zu ersetzen und damit zu verhüllen. Um die Entstellung noch wirkungsvoller zu gestalten, habe die Traumarbeit auch gleich noch die Technik der Gefühlsverschiebung angewandt, habe den gesamten Affekt vom Mädchen auf diesen Dachshund transferiert und damit den ganzen Traumsinn umzentriert[1].

Freilich ist schwer einzusehen, weshalb hier ein Traumzensor das Mädchen eigentlich ausradieren oder entstellen musste, wo sich der Mann seine Verliebtheit im Wachen doch voll eingestand. Ausserdem bleibt bei dieser Deutung auf der Objektstufe die Frage übrig, warum der Hund den Träumer überhaupt biss, und warum sich dieser so heftig gegen ihn wehrte, wo doch weder das angeblich mit dem Hund Gemeinte, das Mädchen, im geringsten daran dachte, den Träumer zu beissen, noch er, auf dieses Mädchen loszutrommeln. Schliesslich weiss auch noch niemand, warum der Träumer die Strasse in Tübingen gerade hinunter und nicht etwa eine Strasse steil bergauf radelte.

[1] S. FREUD: Ges. Schr. Bd. VII, S. 190.

Allein, wir wollen der Versuchung widerstehen, an diesen Träumen uns im übrigen völlig unbekannter Menschen weiter herumzudeuten. Vor der Gefahr eines solchen Unterfangens hatte schon FREUD selbst eindringlich gewarnt. Später hat auch C. G. JUNG diese gleiche Mahnung mit der nämlichen Begründung ausdrücklich wiederholt. Die Gefahr, sagten sie beide, sich dabei in unhaltbare Spekulationen zu verlieren, sei viel zu gross. Wir wissen jedoch diesen beiden Traumbeispielen FREUDS sehr ähnlich strukturierte Träume zweier eigener Patienten zur Seite zu stellen, deren Persönlichkeitsverfassungen uns dank langjähriger Beobachtung des genauesten bekannt sind.

Der eine unserer Träumer zog einmal die Schublade einer alten Kommode heraus. Darin steckte, wie in FREUDS Beispiel, ebenfalls ein Bruder. Ob dieser Entdeckung erschrak der Träumer so heftig, dass ihm beinahe „das Herz in die Hosen fiel". Der Träumer nahm sogar den in der Kommode geradezu „mumienhaft" eingepferchten Bruder so deutlich wahr, dass er bald dessen unangenehme Enge unmittelbar physisch, am eigenen Leibe mitempfand.

Der Bruder unseres Träumers war in Wirklichkeit ein reichlich lebenslustiger Mann, zugleich auch ein begabter Künstler. Der Träumer selbst dagegen verkümmerte in seiner wachen Existenz als ein pedantischer Junggeselle im Leben eines untergeordneten Beamten. Ärgerliche Gedanken darüber, wie man denn seinen „überspannten" Bruder zur Vernunft bringen und ihn zu grösseren Einschränkungen zwingen könnte, waren unserem Träumer vor zehn, zwanzig Jahren nicht fremd gewesen. Seit einem halben Menschenalter hatten jedoch diese beiden Brüder jeden Kontakt miteinander verloren, lebten in ganz verschiedenen Erdteilen. Deshalb kam es unserem Patienten selbst höchst wunderlich vor, dass er überhaupt noch von seinem Bruder träumte. Trotzdem bleibt es natürlich jedermann unbenommen, diesen Traum, FREUDS Vorbild entsprechend, objektivisch oder konkretivisch zu deuten. Dann würde man aus diesem Traumereignis ebenfalls auf einen verdrängten Triebwunsch schliessen, der sich auf das ganz konkrete, immer noch mit fixierter libidinöser, oder destruktiv-aggressiver Energie besetzte Aussenweltsobjekt „Bruder" richte und wie bei FREUDS Deutung zum Inhalt haben sollte: wenn sich der Bruder nur ordentlich einschränken würde. Von solcher Schlussfolgerung aus erschiene wiederum das Traumphänomen als die symbolische oder versinnbildlichte Darstellung eben dieses Triebwunsches. Der so deutende Traumpsychologe müsste sich lediglich stets dessen bewusst bleiben, dass es sich dabei bloss um Erschlossenes und Erdachtes handelt, dem durchaus keine Wirklichkeit zu entsprechen braucht. Man müsste also immerzu wissen, dass man mit derartigen „Übersetzungen" dem Traumereignis etwas ihm selbst völlig Fremdes, einen „latenten Traumgedanken" und eine „unbewusste" Kraft unterschiebt, ohne die Möglichkeit zu besitzen, diese Einschiebung von der Wirklichkeit des unmittelbaren Traumphänomens her je legitimieren zu können.

Der dem zweiten FREUDschen Traumbeispiel entsprechende Traum unserer eigenen Erfahrung stammt von einem dreissigjährigen Mann, der wegen einer leicht behebbaren sexuellen Störung zur Behandlung gekommen war. Dieser Patient fuhr in einem seiner Träume ebenfalls auf dem Rad eine steile Strasse bergab. Ihm nach jagte nicht nur ein Dackel, sondern ein grosser schwarzer Wolfshund, erwischte ihn auch und biss sich in seiner Wade fest, ohne dass der Träumer sonderlich Schmerzen dabei verspürt hätte. Wie FREUDS Gewährsmann schlug unser Träumer auf das Tier ein, um es loszuwerden. Dabei sah er zwei Nachbarinnen vorbeispazieren. Statt ihm jedoch zu Hilfe zu eilen, schüttelten beide Frauen nur spöttisch lächelnd die Köpfe.

Auch unser Träumer war in seinem Tagesleben frisch verliebt. Er hatte sein Mädchen sogar schon ein paar Male geküsst, war aber in seiner Schüchternheit jedesmal selber über seine Tat erschrocken. Seine Auserwählte kam jedoch der Traumdeutung nicht wie das Mädchen des FREUDschen Träumers so weit entgegen, auch in ihrer wachen Wirklichkeit einen Hund zu besitzen. Ferner zeichneten sich die vorbeispazierenden Nachbarinnen weder durch eine Ähnlichkeit mit der Geliebten noch durch das Gegenteil aus. Beides waren vielmehr lebenslustige, reife, glücklich verheiratete Frauen. Der Träumer vermochte überhaupt keinen Einfall zu produzieren, der seine konkrete Beziehung zu diesen beiden Damen hätte bedeutungsvoll erscheinen lassen können. Noch weniger war er je in seinem Leben mit einem wirklichen Wolfshund in so nahe und unangenehme Berührung gekommen wie in seinem Traume.

Damit stehen aber einer Deutung dieses Traumes auf der Objektstufe noch viel grössere Hindernisse im Wege, als sie Freud bei seinem eigenen Beispiel zu bewältigen hatte. Sie wollen uns sogar recht eigentlich unüberwindbar erscheinen. Eine Deutung auf der Subjektstufe dagegen vermag allen Traumgestalten mit Leichtigkeit und ohne die Zuhilfenahme eines hypothetischen Traumzensors oder der Vorstellung einer Traumarbeit einen einleuchtenden Sinn zu geben: Der Traumhund wäre als die Versinnbildlichung von des Träumers eigener, dunkler, triebhafter Animalität zu betrachten, jener Wesensseite seiner eigenen Psyche also, die er noch fürchtet und abwehrt.

118

Immerhin erscheinen auf der andern Seite doch schon lebenslustige, reife Nachbarinnen. Sie könnten als die Verkörperungen seines bereits erwachsenen Seelenbereiches gedeutet werden. Von diesem aus würde der Träumer in seiner Sexualität schon nichts mehr Bedrohliches sehen, das abzuwehren und totzuschlagen sei, sondern vermöchte bereits seine neurotische Angst vor der Sinnlichkeit überlegen zu belächeln.

In der ganz gleichen Weise würde die Deutung auf der Subjektstufe den Traumbruder des ersten Beispieles als die symbolische oder sinnbildliche Darstellung und Verkörperung der diesem Bruder entsprechenden Wesensseite des träumenden Subjektes selbst sehen. Der dieser subjektiven Interpretationsart der Zürcher Schule zugehörigen finalen und prospektiven Betrachtungsweise käme es ferner so vor, als würde das Unbewusste dem Träumer durch die besondere Lage des Bruders in der Kommode ausserdem bedeuten wollen: Siehe, ebenso hältst du deinen eigenen lebenslustigen Wesensteil verschlossen, befreie ihn doch endlich!

Die Deutungen dieser beiden Traumbeispiele auf der Objektstufe wollten das eine Mal völlig versagen; im anderen Falle waren sie als gänzlich unbeweisbare, phänomenfremde gedankliche Schlussfolgerungen aus dem wachen Leben zu kennzeichnen. Entsprechen nun aber etwa die Deutungen auf der Subjektstufe der Traumwirklichkeit um so besser?

Die Traumdeutung auf der Subjektstufe denkt sich alle Traumdinge, auch alle geträumten Lebewesen und Menschen als die Versinnbildlichungen von Triebregungen oder anderen Strebungen, von Seelenteilen oder Wesensseiten, von irgendwelchen seelischen Funktionen des träumenden Subjektes selbst. Das Traumsubjekt, sagt man, projiziere seine psychischen Inhalte im Traume in dessen anschauliche Bilder hinein, vergegenständliche oder personifiziere sich damit in ihnen symbolisch.

Ist jedoch nicht auch diese Aussage blosse Theorie; eine Theorie sogar, die jener der Traumdeutung auf der Objektstufe zugrundeliegenden Konzeption so nahekommt, dass sich die nomenklatorische Sonderung in Traumdeutungen auf der Objektstufe und in solche auf der Subjektstufe kaum rechtfertigt? Wird denn nicht im neuzeitlichen Denken alles Objektive als das von einem Subjekt Vorgestellte begriffen und als ein solches zum Subjektivsten gemacht, das es überhaupt gibt? Wird im besonderen nicht zudem von FREUD selbst das „Traumbild" ausdrücklich als die „plastische, konkrete Darstellung" eines Triebwunsches beschrieben, eines offenkundig subjektiven psychischen Anteils des Träumers also? Der Unterschied beider Traumdeutungsarten läuft mithin lediglich noch darauf hinaus, dass sich die eine die Traumbilder als die Darstellungen ganz bestimmter, an konkrete Objekte gebundener Funktionen des Traumsubjektes denkt, die andere als sinnbildliche Personifikationen psychischer Möglichkeiten des Träumers noch ohne konkrete Zielgebundenheit.

Bedeutet deshalb nicht diese zweite Auffassung eine ebenso schwerwiegende gedankliche Vergewaltigung der Traumwirklichkeit wie die Traumdeutung auf der Objektstufe? Ist nicht auch sie alles andere als eine adäquate Beschreibung der faktischen Erscheinungen? Muss sie nicht deshalb an deren wirklichem, phänomenalen Bestande zwangsläufig und immer vorbeigehen, weil dieser selbst gerade umgekehrt liegt, als ihn eine jede Deutung auf der Subjektstufe schon voraussetzt? Alles Reden von einer subjektiven Bedeutung der Traumgestalten und einer Projektion psychischer Inhalte des Traumsubjektes in diese hinein nimmt tatsächlich das Traumphänomen wiederum nicht als solches. Denn es legt ihm zum vorneherein die rein theoretische Annahme zugrunde, der Traum laufe in der Psyche oder gar im Gehirn eines Subjektes ab. Deshalb könne dann auch ein solcher psychischer Ablauf aus diesem Subjekt in ein Traumbild hineingeworfen, auf es übertragen, in es hineinprojiziert werden.

Zur Stützung der Hypothese von den subjektiven Traumbedeutungen werden gerne Traumdetails gerade von der Art herangezogen, wie sie etwa der körperlichen Mitempfindung unseres ersten Träumers mit des eingepferchten Bruders unangenehmer Enge entsprechen. In diesen Traumphänomenen, die zudem noch mit so grosser Häufigkeit anzutreffen seien, lasse sich doch, heisst es, die Identifizierung des Traumsubjektes mit einer geträumten Gestalt geradezu mit den Händen greifen. Unbestreitbar ist jedoch nur die Feststellung, dass derartige Traumerlebnisse keine Seltenheit sind. Recht oft nimmt sogar das physische Mitempfinden im Traume höchst aufdringliche Formen an. Das geschah zum Beispiel auch einer jungen Frau, die eines Nachts träumend Zuschauerin einer sexuellen Vergewaltigungsszene wurde. Sie sah zwei junge, verwahrloste Gesellen mit einem jungen blonden Mädchen in die Bahnhofwartehalle hereinkommen, in der sie schon geraume Zeit gesessen hatte. Nun wird das Mädchen im weiteren Traumverlauf etwa zehn Meter von der Träumerin entfernt auf eine Bank gelegt, entkleidet und gleich darauf verkehrt einer der Burschen vor den Augen der Träumerin geschlechtlich mit ihm. Das Mädchen scheint sich das alles ohne innere Beteiligung gefallen zu lassen. Die Träumerin findet in ihrem Traume die ganze Situation eher grotesk, weiss nicht, was sie davon halten soll. Wie es nun bei dem blonden Mädchen zur Immissio penis von seiten des einen Burschen kommt, verspürt die Träumerin selbst, obschon sie blosse Zuschauerin bleibt, sehr deutlich und ganz leibhaftig den von der Immissio herrührenden Schmerz am eigenen Genitale. Gleichzeitig tritt bei der Träumerin am ganzen Leib ein heftiger Juckreiz auf. Der eigenleibliche Vaginalschmerz und das Jucken überdauern sogar noch um einige Sekunden das Erwachen dieser Frau.

Derartige physische Mitempfindungen der Träumer mit ihren Traumpartnern sind jedoch in Wirklichkeit alles andere als Rechtfertigungen der psychischen Projektionstheorie und der Deutungen auf der Subjektstufe. Sie sind im Gegenteil wie wenige andere Traumphänomene geeignet, deren Unhaltbarkeit zu offenbaren.

Noch einmal wird zunächst durch das intensive eigenleibliche Erleben unserer Träumer deutlich gemacht, dass sie die Traumerscheinungen in ihrer unmittelbaren Gegebenheit weder als Bilder noch als Sinnbilder wahrnehmen. Sie erfahren sie vielmehr träumend als wirkliche, physische Gegebenheiten: ein Ding als ein wirkliches Ding, ein Tier als ein wirkliches Tier, einen Menschen als einen wirklichen Menschen, ein Gespenst als ein wirkliches Gespenst. Wir sind in unseren Träumen in einer ebenso echten, handgreiflichen Welt wie in unserem Wachen und tragen dort wie hier unser Dasein in unseren Beziehungen und in unserem Verhalten zu den Dingen und Mitmenschen aus.

Wenn des weiteren unsere Träumer so sehr mit ihren Mitmenschen mitempfinden können, dass sie das an diesen beobachtete Eingepferchtsein und das Vergewaltigtwerden am Ende eigenleiblich erleben, dann können sie doch gar nicht zuerst als bloss isolierte Traumsubjekte vorhanden gewesen sein und erst nachträglich psychische Inhalte aus sich heraus, aus einer primären eigenen Subjektivität in einen anderen Menschen des Traumes hineingeworfen haben. Vielmehr sind beide Träumer zum vorneherein und ursprünglich so sehr mit ihren Traumpartnern in der nämlichen Verhaltensweise des Eingepferchtseins und des Vergewaltigtwerdens da und mit darin, dass sie sich gerade umgekehrt aus den geträumten Anderen herausnehmen mussten, sich nur von ihnen und draussen her verstehen und schliesslich die entsprechende Verhaltensweise bis in die eigenleibliche Sphäre hinein holen konnten.

Unser Träumer ist jedoch im Wahrnehmen des Traumbruders nicht nur schon mit darin in dessen faktischer Verhaltensweise des Eingepferchtseins. Vielmehr erscheint ihm gerade sein Bruder und nicht irgendein anderer Mensch in der Schublade, weil er auch schon teilhat an dessen lebenslustigem, freiem Wesen. Freilich ist der Träumer erst potentiell und noch nicht tatsächlich ungehemmt und gelöst in seinem Leben wie der Bruder. Darum begegnet ihm dieser auch noch mumienhaft schlafend. Aber nur weil sich der Träumer doch wenigstens der Möglichkeit nach in des Bruders gelockerter Art des In-der-Welt-sein-Könnens bewegt, kann ihm dieser überhaupt in seinem Traum begegnen. Wieder ist es dabei jedoch nicht die mögliche Verhaltensweise des Träumers, die dieser in ein Bild des Traumbruders hineinprojiziert. Vielmehr holt jene diesen Bruder herbei und in die Traumwelt herein als einen sich der eigenen Möglichkeit entsprechend verhaltenden Menschen.

Schon im anfänglichen blossen Wahrnehmen ihrer Partner also waren unsere Träumer mit darin in deren Verhaltensweise, in deren Weltbezug; hatten Teil daran, bewegten sich in der nämlichen Weise des-In-der-Welt-Seins. Solange sie aber nur beobachteten, vollzogen sie diese Verhaltensweise freilich noch nicht selbst. Aber dieses ursprüngliche schon immer Mitsein mit einem begegnenden Menschen ist die Voraussetzung dafür, dass ein Mensch auch ein bloss an einem anderen gesehenes Verhalten selber übernehmen und selbst vollziehen kann. Darum trifft man sich selber immer besser im andern an, versteht sich viel eher vom andern her. Im blossen Beobachten eines andern Menschen konzentriert sich das an ihm wahrgenommene Dasein- und Verhaltenkönnen zwar noch weitgehend in jenem, ist noch zur Hauptsache im anderen versammelt. Es könnte aber gar nicht, und erst recht nicht in so massiver Weise wie in diesen beiden Beispielen des leiblichen Mitempfindens, von den beobachtenden Träumern ins eigenleibliche Erleben übernommen werden, wenn sie nicht schon im blossen Sehen der Mitmenschen mit dabei und darin gewesen wären.

Die Gewohnheit rein subjektivistischen Denkens macht es freilich dem neuzeitlichen Menschen ausserordentlich schwer, diesen für alle Trauminterpretation entscheidenden phänomenalen Tatbestand des menschlichen Daseins zu beachten. Und doch tritt er auch noch in ganz anderen Träumen in einer Anschaulichkeit zutage, die an Plastizität nichts zu wünschen übriglässt.

Sie wird höchstens noch von der Deutlichkeit mancher schizophrener Erscheinungen und Erfahrungen erreicht. Dort freilich ist diese Grundverfassung des Menschen in ähnlich expliziter Weise wahrzunehmen. Deshalb wird wohl eine wesentliche Einsicht in beide Phänomene, in die Erscheinungen des Traumes wie in die der Schizophrenie auch nur auf dem rechten Verstehen dieses so beschaffenen In-der-Welt-Seins des Menschen erwachsen können.

Ein durchaus nicht psychotischer, sehr intelligenter, aber durch keinerlei psychologische und philosophische Lektüre voreingenommener Mann gab zum Beispiel den folgenden spontanen und durch keine einzige Frage von seiten des Untersuchers unterbrochenen oder beeinflussten Traumbericht zu Protokoll: „Es wurde an der Mauer eines Hauses gearbeitet. Bei genauerem Zusehen waren immer drei Männer damit beschäftigt. Erstens ein Lehrling. Er war aber in seiner Arbeit verdammt widerspenstig, schimpfte, rebellierte offen und pfuschte nur. Dann einer, eine Art Vorarbeiter, der so dozierte, furchtbar geschäftig und eifrig tat. Er machte dem Lehrling Vorwürfe, gab ihm Anweisungen, aber der Lehrling pfuschte weiter. Der Vorarbeiter selber brachte aber auch nichts zustande. Er tat im Grunde nur so, als wäre er eifrig auf den Fortgang der Arbeit bedacht. Aber hinter der Fassade seines Übereifers spürte man deutlich ebenfalls eine Sabotage-Einstellung. Nur wenn der dritte Mann kam, der Architekt, der wusste sofort, wie anzupacken sei. Wenn dieser einmal intervenierte, wurde es immer gleich richtig. Das Tun und Treiben dieser drei Männer sah ich, aber ich war nicht etwa als ein vierter Mensch da, der nur zugeschaut hätte. Es gab ausser diesen dreien gar niemanden mehr. Ich war nicht neben ihnen als ein körperliches Ich und schaute auch nicht mit körperlichen Augen und sah doch alles. Ich war irgendwie innerhalb dieser drei Männer selbst, war immer alle drei zugleich, fühlte mich ganz einbezogen in die drei und in alle ihre Verrichtungen. Erst als ich langsam aus diesem Traum erwachte, fühlte ich, wie ich mich aus den dreien herauslöste und mich zu meinem eigenen Ich zusammenzog und dann noch kurze Zeit unbeteiligter Zuschauer war, der den dreien aus einer gewissen Distanz zusah."

Als erstes also und als den primären Tatbestand gibt dieser Träumer den menschlichen Weltbezug des Arbeitens an einer Mauer an. Diese Verhaltensmöglichkeit sieht er hierauf sich austragen und entfalten in und durch die Handlungen dreier Personen. Er selbst ist aber zum vornherein so sehr mit darin in der Besorgung dieses Maurergeschäftes, dass er gleichsam aufgelöst in allen drei wahrnehmbaren Männern und in deren so unterschiedlichen Verhaltensweisen zugleich da ist. Erst beim Erwachen versammelt er diese allmählich zu einem Selbst, das als ein leibbehaftetes zugleich auch wieder ein isoliertes Ich wird.

So durchsichtig erscheint in diesem Traum die primäre und alltägliche Verfassung des menschlichen Daseins in seiner Verfallenheit an die ihm begegnenden Dinge und Mitmenschen, dass sich der Träumer nach dem Erwachen in seinem ganzen mehr als zwiespältigen Weltverhältnis auch unmittelbar und ohne Hilfe von den drei Arbeitern her verstand.

Im Traume also gibt es so wenig wie im wachen Leben je zunächst ein Subjekt oder eine Person, oder gar ein mehr oder weniger individuiertes Selbst, der oder dem dann ausserdem auch noch irgendwelche Verhaltensweisen als Eigenschaften zugeschrieben werden könnten. Ursprünglich und primär ist vielmehr umgekehrt schon immer ein menschliches Verhaltenkönnen, ein Weltbezug oder eine Vielheit von Weisen des In-der-Welt-Seins da, in die hinein sich eine Person erst entfaltet. Person als Person ist darum gar nichts anderes als ein Sichentfalten menschlicher Verhaltensweisen. Sie ist dies so sehr und ausschliesslich, dass dieses Entfalten denn auch nur darum Person heisst, weil in ihm und durch es hindurch die Weisen des menschlichen In-der-Welt-sein-Könnens überhaupt erst aus ihrem verborgenen Wesensgrund des Seins heraus zum Tönen, zum per-sonare gelangen.

Träumend sowohl wie wachend bin ich also in dem Verhalten des mir begegnenden Mitmenschen schon immer mit darin und dabei und habe daran teil, ob ich es nun bloss sehe, indifferent beobachte und mich nicht im Sinne des Selbstvollzuges oder eines Beurteilens hineinziehen lasse, oder ob ich es gar abwehre und mich davon distanzieren will. Dann aber kann ich unter keinen Umständen mehr von einem Hineinprojizieren eines Subjektgehaltes oder einer sinnbildlichen Personifikation eines Personanteiles des Träumers in den andern sprechen. Der phänomenale Tatbestand selbst macht die Vorstellung einer psychischen Projektion und Versinnbildlichung subjektiver Inhalte unmöglich und zugleich völlig überflüssig. Denn diese Projektions- und Versinnbildlichungstheorien stellen sich bei genauerem Zusehen als zwei durch das Übersehen des wesentlichen Tatbestandes notwendig gewordene gedankliche Konstruktionen heraus: des Faktums nämlich, dass ich in dem primären Mitsein mit den mir begegnenden Menschen in deren Verhalten schon immer mit darin bin.

Die Behauptung nun gar, das Traumbild des eingepferchten Bruders werde unserem Träumer von einer prospektiven Instanz seines Unbewussten in erzieherischer Absicht vorgehalten, hat eine so hochgradige theoretische Hypostasierung der Vorstellung eines Unbewussten zu einer Art von Erziehungsperson zur Voraussetzung, dass sie mit dem Traumphänomen selbst schon gar nichts mehr zu tun haben kann.

Von einem Sichverhaltenkönnen spricht man nun nicht nur beim Menschen, sondern auch beim Tier. Der übliche Sprachgebrauch

124

redet sogar meist völlig unterschiedslos vom menschlichen und tierischen Verhalten. Die Frage nach dem abgründigen Wesensunterschied von menschlichem Weltverhältnis und tierischem Umgebungsbezug ist noch kaum zureichend gestellt, geschweige denn schon beantwortet. Bei aller Fragwürdigkeit der Wesensabgrenzung von Mensch und Tier steht jedoch fest, dass ein Tier immer nur ist, insofern es sich in einer für es irgendwie offenen Umgebung bewegt und von ihr her gelenkt bleibt. Der tierische Bezug zu dieser Umgebung zeigt, obschon sie vom Tier nicht wie die Weltdinge des Menschen sprachlich angesprochen werden kann, doch eine gewisse Entsprechung zum menschlichen Verhalten zu den Dingen und Mitmenschen. Deshalb kann der Mensch in seinem existierenden Dasein in einer gewissen Weise unmittelbar in und mit dem tierischen Umgebungsbezug mit-leben. Ja, ein Tier nehmen wir überhaupt nur als Tier und nicht etwa als einen Stein wahr, insofern wir Menschen uns zum vorneherein auf den dem Tiere eigenen Umgebungsbezug eingelassen- und an ihm teilhaben.

Das dem Wahrnehmen-können eines Tieres zugrundeliegende Mit-dabei-sein und Mit-leben im tierischen Umgebungsbezug kommt etwa in Träumen der folgenden Art besonders deutlich zum Vorschein: Ein Mann mittleren Alters träumte, er sollte ein Pferd in eine Schlucht hinunterführen. Er hält es an einer Leine, die aber gar keine eigentliche Leine ist. Es ist vielmehr eine Art von Nabelschnur, die vom Pferd ausgeht und an seiner eigenen Brust angewachsen ist. Bald führt aber nicht er das Pferd, sondern das Pferd reisst ihn mit sich und zerrt ihn so an sich heran, dass er unversehens ganz in das Pferd hineingerissen wird und nun auch schon das Pferd selbst ist. Dann wieder kann er sich als Mensch mit eigenem menschlichem Körper vom Pferde sondern und steht dann wieder neben dem Tier, kann es von aussen beobachten.

In einem andern Traume sieht ein Träumer drei Hunde auf einer Wiese herumrennen, sich namentlich aber in einem Wasser tummeln. Er sieht sie jedoch genau so, wie jener Träumer seine drei Bauarbeiter wahrnahm, zunächst nicht als aussenstehender menschlicher Beobachter. Er weiss sich vielmehr selbst als einer oder als alle drei Hunde zugleich in ihrem Herumtollen drin. Aber dann löst er sich auf einmal aus den Tieren heraus und steht nun plötzlich in menschlicher Eigengestalt am Ufer des Teiches und schaut den Hunden, die weiterrasen, mit grossem Vergnügen zu. Dann wieder geht er so sehr in dem Tummeln der Hunde mit, dass es ihn von neuem ganz an sie heranreisst. Er gibt diesem Sog nach und ist schon wieder selbst einer der Hunde oder in allen dreien zugleich. Dieses Hineingerissenwerden in das Tierwesen und das tierische Verhalten und das Sich-wieder-aus-ihm-Herauslösen und sich zu einer isolierten, nur mehr beobachtenden menschlichen Gestalt Versammeln wechseln noch mehrere Male miteinander ab, bevor der Träumer schliesslich erwacht.

Darum geht auch da die Deutung auf der Subjektstufe so vollkommen am phänomenalen Tatbestand aller jener Träume vorbei, in denen sie sich eine Wesensseite des Traumsubjektes in das Traumbild eines Tieres hineinprojiziert denkt. Auch der Wolfshund unseres früheren Träumers zeigte sich in diesem Traume selbst weder als ein Abbild noch als ein Sinnbild, sondern ist von allem Anfang an als ein wirklicher und höchst lebendiger Hund in einer ganz bestimmten Weise in der Begegnung mit dem Träumer da. Er kann als dieses Tier nur wahrgenommen werden, weil sich der Träumer selbst schon zum vorneherein auf eine dem animal-gebundenen Umgebungsbezug irgendwie entsprechende Verhaltungsweise eingelassen hatte. In einer solchen Daseinsweise jedoch hielt sich der Träumer faktisch deshalb auf, weil ihn seine Verliebtheit auf ein derart intensiv sinnlich-triebhaftes Hingezogensein zu seinem Mädchen gestimmt hatte, dass sein Zustand einer erotischen Faszination gleichkam. Seine ganze Existenz ging in so hohem Masse in dieser tierähnlichen, unfreien Verhaltensweise auf, dass er fast nur noch in die Sphäre triebhafter Sinnlichkeit hinein offen war, so wie wir früher schon von einem Verhungernden sagten, dass er nur noch der Wahrnehmung essbarer Dinge erschlossen sei. Hätte es sich bei unserem Träumer nicht um einen neurotisch gehemmten Menschen gehandelt, wäre er vermutlich aus dieser Verfassung heraus von einem erotisch reizvollen weiblichen Wesen in eine sexuelle Traumorgie hinein gerissen worden. Weil er aber seiner lebensgeschichtlichen Prägung zufolge die sinnlich-triebhaften Lebensbezüge nicht als zu sich gehörig frei zu übernehmen gewillt war, sie vielmehr als ein hündisches Benehmen verurteilte und sich vom Leibe halten zu müssen glaubte, konnte denn auch kaum etwas anderes als ein böser Hund Einlass in seine Traumwelt finden.

Freilich, wäre dieser Träumer nicht doch auch schon einer reiferen Verhaltensweise fähig gewesen, hätten ihm im Traum die beiden lebenslustigen Nachbarinnen nicht einmal von weitem begegnen können. Vom Selbstvollzug dieses reifen Verhaltens zur Sinnlichkeit ist er allerdings noch weit entfernt, hält es sich doch noch ganz in den beiden Frauen auf, die ihm nicht beistehen wollen. Trotzdem ist ihm diese Lebensmöglichkeit schon nahe genug, dass der Schmerz des unfreiwilligen Aufrisses seiner angstbeengten Struktur beim Einbruch des im Hunde versammelten sinnlich-triebhaften Verhaltens bereits durch dessen lustvoll reifes und gewolltes Übernehmen in der auffälligen Empfindungslosigkeit beim Hundebiss neutralisiert werden konnte. In ganz gleicher Weise heben sich ja auch bei den vielen jungen Frauen, die sich auf der Flucht vor einem Verfolger träumen, die Angst, das Fliehenwollen vor der Sinnlichkeit und Sexualität und das zugleich doch auch Übernehmenwollen dieser menschlichen Verhaltensweise in dem merkwürdigen Festgenageltsein, in einem Nicht-vom-Fleck-kommen-können gegenseitig auf.

Unseren Träumern begegneten jedoch nicht nur Mitmenschen und ein Tier, sie nahmen auch Dinge wahr. Der eine Träumer zum Beispiel fand sich auf einer abschüssigen Strasse bergab radeln, der andere hatte es in seinem Traume mit einer Kommode zu tun. Wie kamen diese Dinge in die Welt ihrer Träume herein, wenn wir bei ihnen die irrtümliche Auffassung eines subjektiven Projizierens und einer symbolischen Personifizierung ihrer psychischen Inhalte nun schon gar nicht noch einmal zur Diskussion zu stellen brauchen?

Kann ein Mensch, dessen ganze Existenz wie die des ersten unserer beiden Träumer in dem einzigen Weltbezug des Eingepferchtseins aufging, überhaupt noch Augen und Ohren für andere Dinge besitzen als für solche, die ihrem eigenen Dingwesen nach dem Verschlossensein entsprechen? Wenn das Weltverhältnis, in dem ein Mensch sich bewegt, derart durch den Zug der Verschlossenheit bestimmt ist, so ist er gar nicht mehr für etwas anderes als für die Wahrnehmung eines entsprechenden Dinges offen. Nur eine solche Kommode konnte ihm noch begegnen, die mit besonders dicken, massiven Wänden und vielen schweren Schlössern den ganzen Weltcharakter des Verschlossenseins besonders deutlich aufleuchten liess.

Der andere Träumer war in seiner neurotischen Abwehr- und Verschliessungsarbeit gegen alle sinnlich-erotischen Beziehungsmöglichkeiten nur um so angestrengter und unablässiger mit ihnen beschäftigt. Um so mehr war er aber auch dauernd vom unfreiwilligen, drang- und zwangshaften Verfall an sie bedroht. Jede sexuelle Regung versetzte ihn deshalb in Angst, liess ihn fürchten, auf die schiefe Ebene zu geraten und aus den lichten Höhen menschlicher Willensfreiheit in die untermenschlichen Tiefen tierischer Sinnlichkeit abzustürzen. Aus solch ängstlicher Verstimmung heraus konnten ihm von allen möglichen Wegen nur mehr abschüssige Bahnen in seinem Traume erscheinen, waren ihm nur noch Strassenstücke wahrnehmbar, die steil abfielen.

Jetzt brauchen wir aber auch die märchenhaften Dinge, von denen wir ausgingen, die regenbogenfarbenen Brücken und die schwebende, goldschimmernde Schale unseres „merkwürdigen Schalentraumes" nicht mehr zu Sinnbildern zu machen, indem wir sie erst zu psychischen Abbildern von Gegenständen umdenken und dann die Träumerin ihre subjektiven Inhalte in sie hinein legen lassen. Vielmehr erkennen wir nun, dass *solche* wirklichen Dinge das so reich gestimmte Existieren eines liebenden Menschen in seinem Träumen beschenken, die aus ihrem eigenen vollen Wesensgehalt heraus die der ekstatischen Offenheit der Träumerin entsprechende, Erde und Himmel, Menschliches und Göttliches umspannende Glückswelt in vollkommener Weise zu gebärden vermögen.

Je besser es aber gelingt, von den Traumgestalten die alten psychologistischen und anthropologistischen Vorstellungen fernzuhalten und sie in ihrem eigenen Wesen zu belassen, um so befremdlicher will zunächst erscheinen, dass die Träumer so oft nur einen einzigen Partner oder nur ganz wenige Menschen und bloss eine sehr geringe Zahl von Dingen gewahr werden. Ganz im Gegensatz dazu wird ja die wache Alltagswelt stets als eine Ansammlung von tausend verschiedenerlei Dingen vorgestellt. Diese Eigentümlichkeiten einer Grosszahl von Träumen stellen uns vor die Entscheidung, entweder von einer unerhörten Weltverarmung des Traumlebens zu sprechen, oder aber die Möglichkeit zu bedenken, dass es sich dabei auch gerade umgekehrt um eine ausserordentliche Weltkonzentration handeln könnte. Faktisch ist der Mensch in seiner alltäglichen Wachheit jedenfalls zumeist so flau und gleichgültig gestimmt und auf ein bloss zweckdienliches Benützen möglichst vieler Dinge eingestellt, dass ihm dementsprechend auch die Dinge gar nicht anders als in ihrer abgeschliffenen Form blosser Nutzung erscheinen. In der Zerstreuung dieser Gleichgültigkeit und „Objektivität" begegnen deshalb dem Menschen in seiner Alltagswelt oft tausend Dinge auf einmal. Aber alle zeigen sich ihm mit einem um so ärmeren Dinggehalt, in einer um so grösseren Armut von Verweisungszusammenhängen, tragen eine um so entleertere Weltgebärde zur Schau. Das Wesen des träumenden Menschen dagegen ist besonders oft und intensiv auf eine einzige, ganz bestimmte Grundstimmung versammelt. Der versammelten, geschlossenen Grundstimmung entsprechend wird nichts anderes als jene Dinge und Menschen in die jeweiligen Traumwelten eingelassen, deren Wesen und Seinsart, deren Verhaltensweisen genau derjenigen entsprechen, in der sich der Träumer aus seiner Stimmung heraus gerade bewegt. Denn nur in die Bereiche dieser Dingstrukturen und Gebärden, dieser Verhaltungsweisen hinein ist seine Welt offen, der Träumer selbst zur Wahrnehmung erschlossen. Dafür kann dann ein

Träumer in diese der konzentrierten Traumstimmung entsprechenden Bereiche von Seinsarten und Verhaltungsweisen hinein um so hellsichtiger werden. Um so näher rücken ihm deshalb die diesen Bereichen zugehörigen Dinge und Mitmenschen. Sie können sich alle in der Erschlossenheit einer einzigen, augenblicklichen Traumwelt versammeln, mögen sie der gegenwärtigen Situation eines wachen Menschen weltzeitlich und welträumlich noch so entfernt liegen. So sehr in einer einzigen Verhaltensweise versammelt, gelingt es dieser oft spielend, Dinge und Menschen, an die man nie mehr gedacht hatte, deren seelische und leibliche Gestalt man im Wachen nicht im entferntesten mehr zu beschreiben wüsste, in ihrer vollen Leibhaftigkeit in die Traumwelt hereinzuholen, sie wieder unverdeckt anwesen zu lassen, als wäre alles erst gestern gewesen.

Der Appell aller möglichen Dinge und Menschen zu einem neuerlichen expliziten Anwesen in einer und derselben augenblicklichen Traumwelt, dieses Wiederholen alles dessen, was je schon in der bisherigen Lebensgeschichte eines Menschen sich ereignete, wäre jedoch auch im Traume nicht möglich, wenn selbst das geringste Ereignis in einer wirklichen Vergangenheit untergehen würde. Keine Tat, kein Erlebnis, kein Widerfahrnis vergeht aber jemals. Stets west alles Geschehene als Geschichte an, wenn auch seine Anwesenheit unter Umständen nur den Modus der Verdeckung und der Vergessenheit aufweist. Gelegentlich begegnen einem Träumer auch Dinge und Menschen, die die verschiedenartigsten Züge und Eigentümlichkeiten in sich vereinigen, die „Mischfiguren" darstellen. FREUD deutete diese Phänomene in ein Produkt der entstellenden und verhüllenden Traumarbeit um. Er sprach von der Entstellungstechnik der „Verdichtung". In Wirklichkeit dagegen ist eine solche Verdichtung alles andere als Entstellung und Verhüllung. Diese Mischgestalten des Träumers versammeln in sich nur ganz besonders intensiv jene Seins- und Verhaltensweise, in der sich das Wesen des Träumers in entsprechender Konzentration aufhält und bewegt.

5. Die Aufhebung des isolierend-abstrakten Archetypus-Begriffes in der ihm zugrunde liegenden konkreten Ganzheit eines menschlichen Phänomens

Das eindrücklichste Anschauungsmaterial für die ursprüngliche und untrennbare Zugehörigkeit aller begegnenden Traumdinge, Traumtiere und Traummenschen zum gesamten Weltbezug, in dem ein Mensch sich gerade bewegt, der er vielmehr jeweilen recht eigentlich ist, glauben wir in einer Traumserie von 823 Träumen zu besitzen. Sie stammen alle aus einer drei Jahre lang dauernden Psychoanalyse eines im vierten Lebensjahrzehnt stehenden Ingenieurs, der sich wegen schweren depressiven Verstimmungen und völliger sexueller Impotenz einer Psychotherapie hatte unterziehen müssen. In seinen Träumen herrschten während der verschiedenen Behandlungsepochen zwar nicht ausschliesslich, aber doch ganz vorwiegend immer wieder andere Traumgestalten vor. Wenn immer diese Ausschliesslichkeit gelegentlich durchbrochen wurde, so stets nur in der Weise, dass die die früheren Traumwelten dieses Menschen bestimmenden Dinge oder Lebewesen wieder mitauftauchten. Nie aber waren die Menschengestalten, die die Träume der Abschlussperiode kennzeichneten, auch nur andeutungsweise in den Träumen der früheren Perioden aufgetreten. Vor Beginn der Behandlung, so behauptete der Patient, habe er überhaupt nie geträumt, auch als Kind nicht, mit einer einzigen Ausnahme. Diese Ausnahme ereignete sich zwei Tage vor der ersten Konsultation beim Psychoanalytiker. In diesem ersten erinnerlichen Traume seines Lebens befand sich der Träumer in einem Kellerverlies, das nur durch ein kleines und für ihn unerrreichbar hoch oben gelegenes, vergittertes Fensterchen spärlich erhellt wurde. Sogleich erregte das Gitter des Fensters die besondere Aufmerksamkeit des Träumers. Es bestand aus schmiedeisernen Verzierungen, die in ihrer kunstvollen Differenziertheit in besonders krassem Gegensatze zu der Dürftigkeit und der Armseligkeit des ganzen Verlieses standen. Bei näherem Zusehen gewahrte der Träumer, dass die Figuren, die von den Gitterstäben gebildet wurden, lauter Zahlen und andere mathematische Zeichen darstellten; dass Quadratwurzelzeichen, Gleichungsstriche, Integralzeichen, ja ganze mathematische Formeln aus dem Gitter herauszulesen waren. Bald nach Behandlungsbeginn konnte er fast zu jeder Konsultation neue Träume mitbringen. Während der ersten sechseinhalb Monate der Kur erschienen ihm in seinen Träumen ausschliesslich Turbinen, Zyklotrone, Automobile und Flugmaschinen. Innerhalb der letzten drei Wochen dieser ersten Traumperiode geschah es zu drei verschiedenen Malen, dass er auf einer dieser technischen Maschinen über eine Brücke fahren wollte, die einen Grenzfluss überspannte. Jedesmal aber war die Brücke geborsten, und nur noch ein kleiner Brückenstummel ragte vom Ufer aus in die Luft hinein und brach ab. Dann ereignete sich in seinen Träumen erstmals die Anwesenheit eines Lebewesens, einer Topfpflanze. Noch in derselben Woche konnte er von grünen Traumbäumen und roten Traumrosen erzählen. Die Rosen allerdings schienen in ihrem Wurzelwerk Würmer zu haben. Ihre Blüten kränkelten offensichtlich, und auch die Blätter waren welk. Ein nächster Traum geschah hierauf nicht eher als nach einer Pause von vier Monaten. Jetzt begegnete ihm aber das Tierwesen nicht mehr in Gestalt bloss vermuteter unterirdischer Würmer. Immer noch waren es freilich nur schädliche, gefährliche Insekten. Insektenträume wiederholten sich von da an im Verlaufe von etwas über einem halben Jahre hundertundfünfmal; natürlich nicht, ohne von Zeit zu Zeit durch alte Maschinen- und Pflanzenträume unterbrochen zu werden. Hierauf folgte eine halbjährige Zeitspanne mit Träumen, in denen es von Kröten, Fröschen und Schlangen wimmelte. Zuerst war dieses Getier, wie es auch die Maschinen stets gewesen waren, von unbestimmter gräulicher Farbe. Doch dann erschreckte ihn eines Nachts eine grellrote Schlange von ungeheurer Dicke und Länge. Das erste Warmblütlertier, das ihm im weiteren Verlaufe der Behandlung in seinen Träumen begegnete, war eine Maus. Er sah sie jedoch nur noch im letzten Augenblick in einem Mäuseloch verschwinden. Es folgte ein wenig später ein Kaninchen, das von einem Wildschwein verschlungen wurde. Von da an spielten Schweine überhaupt eine grosse Rolle in seinen Träumen, und zwar während Wochen, so dass der Patient schliesslich ärgerlich fragte, ob denn die Schweinerei kein Ende nehmen wolle. Mit der Zeit wurden die Schweine doch zur Hauptsache von Löwen und Pferden abgelöst. Der erste Mensch, der ihn im Traume unmittelbar etwas anging, begegnete ihm erst zwei ganze Jahre nach Beginn der Psychoanalyse. Das war eine bewusstlose, überlebensgrosse Frau in einem langen roten Gewande, die im Wasser eines grossen Teiches tief unter einer glasartig durchsichtigen Eisdecke schwamm. Er erschrak heftig über diese Entdeckung, rannte herum, um Hilfe zu holen. Ein halbes Jahr später aber tanzte er im Traum mit einer ähnlich blutrot gekleideten, jetzt aber hell wachen und temperamentvollen Frau bei einem Bauernfeste und verliebte sich dabei sterblich in sie. In seinem Wachleben hatte das Gefühl der völligen Sinnlosigkeit seines Lebens schon zu schwinden begonnen, als er träumend pflanzliches Leben in seine Traumwelten einlassen konnte. Die sexuelle Impotenz besserte sich von der Zeit an zusehends und machte schliesslich einer vollen Liebesfähigkeit Platz, als er träumend Löwen und Pferden zu begegnen wagte.

Wie sehr dieser Mensch aber vor Beginn der Behandlung recht eigentlich der Gefangene seines lebensvernichtenden mathematischtechnischen Denkens gewesen war, wie vollständig er in dieser einen intellektuellen Beziehungsmöglichkeit zur Welt aufging, nur sie entfaltet und differenziert hatte, wurde er träumend in seinem Traume vom kunstvollen, mathematisch vergitterten Kellerverlies inne. Da gewahrte er sein Gefangensein mit einer Hellsichtigkeit, wie sie ihm wachend noch nie auch nur annähernd vergönnt war. Noch während der Zeit der folgenden Träume voll toter, grauer Maschinen lebte er auch wachend in einer Welt, in der alle Dinge zu bloss nutzbaren Gegenständen destruiert waren. Er selbst war seinem ganzen Wesen nach zu einem nur noch nützlichen, von technischen Mächten getriebenen Zahnrad im Maschinensaal eines grossen Industrieunternehmens geworden. Dieses freilich vermochte dank des hochentwickelten Verstandes unseres Träumers seine Leistungsfähigkeit zur Herstellung irgendwelcher Massenartikel von Jahr zu Jahr rapid zu steigern. Der Träumer dagegen hatte als eigentlicher Mensch zu existieren aufgehört. Die berauschende Betäubung durch ein Übermass an Arbeit sollte eine gähnende Langeweile übertönen. Darum musste stets etwas um ihn herum „laufen", darum wurde er zu einem gehetzten „Betriebsmeier", weil in ihm selbst nichts mehr lief, weil seine eigentliche Lebensgeschichte zum Stillstand gekommen war. Diesem seinem schwer verstümmelten In-der-Welt-Sein entsprechend konnte ihm in seinen Träumen auch keine heile Brücke mehr begegnen. Alle seine Traumbrücken brachen ab wollten ihn nicht weiter zu seinem Ziele geleiten. In seiner ganzen Existenz zu einem nützlichen Automaten abgesunken, in seiner menschlichen Entfaltung und Weiterentwicklung gebrochen, erschlossen sich ihm träumend nur noch tote Maschinen und geborstene Brücken.

Strafte aber sein waches Erleben seine armseligen Träume nicht immer wieder Lügen? Trug ihn nicht täglich vier- bis fünfmal die unzerstörte Kornhausbrücke von einem Ufer zum andern, wenn er zwischen seinem Geschäft und seiner Privatvilla hin und her fuhr? Konnte er nicht als ein Wacher die allerverschiedensten Pflanzen und Tiere sehen? Begegneten ihm nicht Tag für Tag Dutzende von Menschen in der Fabrik, und wartete nicht zu Hause jeden Abend seine Frau auf ihn? Oder war sein Traum doch wahrer als sein Wachen, weil er träumend wacher war als am Tage? Faktisch zeigte es sich bei genauer Prüfung, dass er am Tage so verschlafen, so befangen im abstrakt unwirklichen, technischen Denken war, dass er weder die Dinge noch die Pflanzen, noch die Tiere, noch die Menschen auf der Strasse und im Geschäft, noch seine Frau zu Hause in ihrer vollen Wirklichkeit wahrnahm. Eigentlich, musste er erkennen und dessen im Verlauf der Behandlung immer deutlicher gewahr werden, erschien ihm schon lange die ganze Welt grau, als wären alles lauter Mario-netten und Gespenster. In Wirklichkeit war auch die Kornhausbrücke seiner wachen Welt schon lange nicht mehr so festgefügt und heil, wie er es sich selbst und anderen vortäuschte. Eine Ahnung vom wah-ren Charakter seiner Tages-Wirklichkeit, davon, wie eigentlich auch seine wache Welt aussähe, wenn er nicht dauernd die Augen halb-wegs vor ihr verschliessen würde, hatte ihn in der letzten Zeit des öfteren angefallen. Wenn er über die Brücke fuhr, begann er deutlich an der Störung zu leiden, die die Kliniker eine Agaraphobie nennen. Immer öfter beschlich ihn auf der Brücke eine unerklärliche, panische Angst, jetzt werde sie im nächsten Augenblick einstürzen. Nur ein Kunstgriff hielt ihn davor zurück, seinen Chauffeur vor dem Flusse anhalten zu lassen: er kniff die Augen ganz fest zu, solange sie auf der Brücke waren.

Mit der Zeit gewann er aber in der psychoanalytischen Behandlung sein volles Mensch-sein-können, seine reich stimmbare Weltoffenheit zurück. Zunächst konnte er in seinem traumhaften Verhältnis zu Pflanzen und niederen Tieren wenigstens das Instinktwesen dieser Kreaturen wieder mitleben. Schliesslich vermochte er, als er sich zu einem reifen männlichen Menschen entfaltet hatte, einer Traumge-liebten zu begegnen und in einem liebenden Miteinandersein mit ihr eine der höchsten dem Menschen erreichbaren Daseinsfülle zum Austrag zu bringen.

Auf derartige „phylogenetische Entwicklungen" der Traumge-stalten, die serienhaft im Verlaufe einer besonders intensiven Rei-fungsperiode eines und desselben Menschen geträumt werden, machte uns zuerst C. G. Jung aufmerksam. Jedoch deutete er diese Phäno-mene sogleich zu Produkten von Archetypen um. Diese aber stellte er sich, wie wir bereits in der Grundlagenkritik der Traumtheorie der Zürcher Schule hörten, als autonome Wesen, Organismen gleich und mit eigener Schöpferkraft begabt, vor. Wenn jeweilen ein be-stimmter Archetypus „konstelliert" werde, dann erscheine er, so dachte sich C. G. Jung den weiteren Vorgang, je nach der Bewusst-seinslage des Träumers, in einer dieser Traumgestalten als seiner symbolischen Verkleidung. So wären Jungs Auffassung nach alle die unzähligen Tierfiguren der Anfangsträume dieses Patienten als symbolische Konkretierungen des einen Tier-Archetypus zu denken. Die rotgekleideten Frauen müssten als Erscheinungen aufgefasst werden, die durch die Konstellation des Anima-Archetypus des Träumers hervorgerufen worden wären. Vor allem hätte sich C. G. Jung die besondere Vielfalt und die grosse Zahl von ausgesprochen mütterlichen Frauen, die in den Träumen zwischen den durch die beiden blutrot gekleideten Frauen gekennzeichneten Ereignisse auftraten, als Emanationen des Mutter-Archetypus vorgestellt. Faktisch variierten diese mütterlichen Gestalten bei unserem Träumer von Erscheinungen unbekannter Alltagsmütter, die ganz banal mit ihren Kinderwagen in Stadtgärten spazieren gingen, bis zu Szenen, in denen ihm seine leibliche Grossmutter die Milchflasche gab und ihn nachher am Hinterteil puderte. Dann wieder erlebte der Träumer einen höchst naturalistischen Trauminzest mit seiner leiblichen Mutter, um bald darauf auch von Engelmüttern zu träumen, die ein Christuskind betreuten. Einmal gar begegnete er im Traume in einer tiefen Waldschlucht einer riesengrossen gütigen Fee mit wallendem, blondem Haar und mächtigen Brüsten, aus denen Wasserfälle von Milch strömten. Sich selbst erlebte er in diesem Traum etwa von der Grösse einer Zehe dieser Fee.

In bezeichnender Weise hatte sich nun aber zur Zeit dieser Mutterträume auch sein waches Benehmen in höchst auffälliger Art verändert. Der früher so nüchterne und sachlich rechnende, menschlich beziehungslose, schwer „schizoide" Mann trug jetzt ein geradezu kindisches Wesen zur Schau. Er erwartete von seiner Frau, gegen deren Fürsorge er sich früher immer aufs heftigste zur Wehr gesetzt hatte, in ganz übertriebenem Masse Zärtlichkeiten; wollte von ihr eine Zeitlang sogar regelrecht zu Bett gebracht werden. Seiner Sekretärin gegenüber, die er zuvor kaum eines Grusses gewürdigt hatte, wurde er geschwätzig, weinte sich schliesslich einmal bei ihr aus und beklagte sich ihr gegenüber, dass die Menschen so kalt zu ihm seien. Bei seinen Vorgesetzten zeigte er eine wahre Gier nach Komplimenten, wünschte sich als Weihnachtsgeschenk nichts anderes, als des öfteren von ihnen zu Tisch geladen zu werden. Seine Untergebenen lachten ihn hinter seinem Rücken aus, weil er in läppischer Manier zu lispeln begann. In den analytischen Sitzungen überfiel ihn ein Einfall, er möchte vom Analytiker auf den Armen getragen werden. Einmal meinte er sogar, der Analytiker erscheine ihm jetzt viel weiblicher als früher, er würde fast schwören, er hätte starke Ansätze zu weiblicher Brustbildung.

Aus diesen „Übertragungsphänomenen" auf den Analytiker wie aus seinem wachen Benehmen den Mitmenschen gegenüber war nicht mehr zu verkennen, dass er jetzt in seinem ganzen Verhalten jenes Kindlichsein austrug, das zur Geltung zu bringen ihm in seinen jungen Jahren aus äusseren Gründen verwehrt worden war. Diese Weise eines kleinkindlichen Weltbezuges, die mit so grosser Verspätung durchbrach, riss seine gesamte Existenz in derart hohem Masse an sich und bemächtigte sich seiner in einem Umfange, dass die Leute ernstlich an seiner psychischen Gesundheit zu zweifeln begannen. Dieses selbe restlose Aufgehen seines Daseins in einem kindlichen Weltverhältnis auch zu Zeiten, da er schlafend träumte, war es, das ihn in seinen Träumen ebenfalls nur noch für mütterliche Wesen sowohl der irdischen wie der himmlischen Sphäre offen sein, das ihm nur noch mütterliche Menschen, mütterliche Feen und Engel erscheinen und begegnen liess.

Im Wachen wie im Träumen ruft aber darum jede Art von kindlicher Lebensweise *aus sich* selbst heraus stets und ausschliesslich mütterliche Gestalten herbei, weil kindliches Dasein *in sich* überhaupt nur als ein Bezughaben zu mütterlichen Wesen ist oder gar nicht ist. Deshalb gehören Müttererscheinungen allen kindlichen Lebensbezügen unabdingbar und wesensmässig zu. Die ungewöhnliche Vielfalt der Strukturen, in denen sich bei unserem Analysanden zu Zeiten der in Frage stehenden Behandlungsphase die kindliche Weise des menschlichen Existierenkönnens austrug, lässt uns nun auch die Entstehung und wahre Natur des Archetypus-Begriffes besonders deutlich erkennen: Um vom konkreten und vollen Phänomen zur Vorstellung des Mutter-Archetypus zu gelangen, müssen zunächst aus der ursprünglichen Einheit des kindlichen Lebensbezuges die diesem wesensmässig zugehörigen „intentionalen Gegenstände" herausgelöst und abgetrennt werden. Das sind die verschiedenen wachend oder träumend wahrgenommenen Mutterfiguren. Aus der Vielzahl derart isolierter Objekte wird hierauf in einer nächsten Denkoperation ein nur mehr theoretisch zu denkender, nicht mehr faktisch wahrzunehmender allgemein gültiger Gattungsbegriff herausgezogen. Schliesslich wird in einem dritten Denkschritt diese Abstraktion zu einem ursächlich wirkenden Ding personifiziert und für ein „autonomes Wesen mit eigener Schöpfungskraft" gehalten. Erst jetzt, als eine hypostasierte Abstraktion aus den gedanklich isolierten, ursprünglich der vollen Einheit des unmittelbar erfahrbaren Phänomens eines einzelnen Lebensbezuges zugehörigen intentionalen Gegenständen steht der Mutter-Archetypus in seiner heute geläufigsten Fassung vor uns.

Von genau gleichem Wesen und analoger Herkunft sind aber auch alle andern „Archetypen". Ist die Vorstellung des Mutter-Archetypus ein gedankliches Isolations- und hypostasiertes Abstraktionsprodukt aus dem ganzen kindlichen Lebensbezug eines Menschen, so erweist sich der Begriff des Vater-Archetypus als die entsprechende Ableitung aus dem Gesamtphänomen eines sohnhaften Weltverhältnisses. Die

„Tier-Dominante" und der „Schatten-Archetypus" stellen Vergegenständlichungen dar, die aus unseren animalen, triebhaften, untermenschlichen Bezugsmöglichkeiten erdacht wurden. „Anima" und „Animus" auf der andern Seite sind künstlich beseelte, gedankliche Extrakte aus allen jenen Gestalten, die sich einer weiblich-seelischen und einer geistig-männlichen Existenzweise erschliessen können. Der archetypische Begriff des „alten Weisen" dagegen ist die hypostasierte Abstraktion aus der dem jeweiligen Träumer höchstmöglichen, reifsten, jedoch noch nicht in eigenen Vollzug übernommenen Lebensmöglichkeit[1].

Wie selbst der magische Zug und der numinose Charakter gewisser Traumgestalten, die bereits in der grossen Milchfee unseres Träumers anklingen, in ebenso bestimmt gearteten Weisen des In-der-Welt-Seins gründen und der Hypothese eines Archetypus ebenfalls nicht die geringste Stütze bieten, soll an späteren Träumen noch eingehender gezeigt werden. Denn dort drängt sich das magische Moment und die numinose Wirkung, die mit Vorliebe als wesentliche Eigenschaften der Archetypen bezeichnet werden, in noch viel stärkerer Ausprägung vor als in diesem Feentraum.

Mit einer recht stattlichen Zahl derart erschlossener Archetypen glaubt man, die Frage nach der eigentlichen und ersten Ursache aller faktisch wahrnehmbaren Erscheinungen beschwichtigt zu haben. Nur wird dabei die äusserste Fragwürdigkeit dieser Frage selbst nie bedacht. Es wird auch nie nach der Herkunft des Dranges geforscht, der das neuzeitliche Denken ganz allgemein so gebieterisch auf die Suche nach solch primären Ursachen schickt und die Psychologie im besonderen zu gedanklichen Konstruktionen von der Art des Archetypusbegriffes zwingt. Entstammt indessen all dieses unstillbare Fragen nach letzten Ursachen am Ende nicht lediglich einer bedenkenlosen Selbstverständlichkeit, in der der moderne Mensch befangen ist? Denn bedeutet ihm das Sein überhaupt nicht fraglos immer nur soviel wie *Wirk*lichkeit; setzt er es nicht stets und zum vorneherein einem Gesamt von wirkend bewirkten Gegenständen gleich? Solche Voraus-Setzung kann dann freilich gar nicht mehr des Denkens und Konstruierens unabreissbarer Kausalketten entraten.

---

[1] Über die wahre Natur dieses Archetypus belehren uns vor allem Träume, in denen der darin immer wiederkehrende alte Weise oder die alte Weise am Ende des Reifens eines Menschenlebens als der oder die Träumerin selbst erkannt werden. Siehe z. B. Traum Seite 194.

6. Exkurs über die praktische Nutzanwendung der phänomenologischen Traumauslegung

Ausgehend von zwei alten Beispielen Sigmund FREUDS versuchten wir, das mit Symbolvorstellungen und Archetypusbegriffen arbeitende Traum-*Deuten* in ein phänomenologisches *Auslegen* von Träumen überzuführen. Eine Besinnung auf das eigentliche Wesen dieser beiden Interpretationsarten liess uns erkennen, dass jede Traumdeutung, ob sie auf der Objektstufe oder auf der Subjektstufe vorgenommen wird, von den zu blossen rational durchschaubaren Gegenständen destruierten, anschaulichen Traumerscheinungen ausgeht und ihnen dann einen nicht-anschaulichen Sinn supponiert. Das Auslegen der Träume dagegen betrachtet deren Phänomene nicht mehr als blosse Sinnbilder, von deren sinnenhaften Bildlichkeit man nach Art des metaphysischen Denkens zu einem übersinnlichen Sinn, von Anschaulichem zu Unanschaulichem zu transzendieren braucht. Das phänomenologische Auslegen will vielmehr das anschaulich in einem Traum Gegebene in seinem eigenen, vollen Gehalt sehen und sich aneignen.

Unsere Zeit jedoch hält wenig von blosser Besinnung und vom „zwecklosen" Suchen nach einer Wahrheit, die „nur" das Wesen der Phänomene erhellen will. Ein Zeitgeist, der die Welt nur mehr als wirkend bewirkte Wirklichkeit versteht, ist immer schon in die Blickrichtung auf eine möglichst wirkungsvolle Nutzanwendung aller Dinge gebannt. Selbst den absichtslosesten wissenschaftlichen Untersuchungen wird kein Raum mehr ausserhalb dieses Interessenbereiches gegönnt. So konnte es denn gar nicht ausbleiben, dass sich die neuzeitliche Wirkungs- und Leistungsmonomanie auch gleich der Daseinsanalytik bemächtigte, kaum dass das junge Gebilde die ersten Laute von sich gab. Mit dem schlagwortartigen Schlachtruf: hie Psychoanalyse, hie Daseinsanalyse! versuchte man diese Hals über Kopf in die Arena des Kampfes gegen die neurotischen Leiden der Menschheit zu zwingen, damit sie hier ihre Leistungsfähigkeit mit der Wirksamkeit jener messe. Begünstigt durch eine selbst dem hastigsten und oberflächlichsten Denken leicht zugängliche Wortassoziation, greift nun in den letzten Jahren der Unfug einer solchen Zumutung an die beiden „Analysen" rapid um sich.

Dabei liegen doch die Bedenklichkeiten für jeden, der auch nur ein Weniges von der Psychoanalyse oder von der Daseinsanalyse weiss, offen zutage: Zu bedenken wäre als erstes, dass das Wort Psychoanalyse nach der ausdrücklichen Weisung seines Schöpfers zwei ganz verschiedene Sachverhalte meint. Psychoanalyse heisst einerseits und eigentlich eine ganz bestimmte psychotherapeutische Praxis und Technik. Zum andern bedeutet Psychoanalyse aber auch eine Psychologie im Sinne eines theoretischen Menschenverständnisses. Psychoanalyse in dieser zweiten Bedeutung als psychoanalytische Theorie hat FREUD selbst stets als einen sekundären und wandelbaren Überbau betrachtet.

Nur mit Psychoanalyse in diesem sekundären Sinne als einer bestimmten Ansicht über das Wesen des Menschen kann jedoch die Daseinsanalytik überhaupt in eine Auseinandersetzung geraten. Denn die Daseinsanalytik an sich hat nun ihrerseits wieder mit therapeutischer Praxis, hat mit praktischen Absichten und Zwecken nicht das geringste zu tun. Als Fundamentalontologie Martin HEIDEGGERS frägt sie „nur" nach dem Sein alles Seienden, unter anderem und zeitlich an erster Stelle, nach der Seinsart des Menschen und dessen Zugehörigkeit zum Sein. Auch dort noch, wo sich die Daseinsanalytik zur Daseinsanalyse Ludwig BINSWANGERS als einer rein anthropologischen Forschungsmethode modifiziert und einschränkt, will sie nichts anderes als phänomenologische Untersuchung und Wesenserhellung des gesunden und kranken menschlichen Daseins betreiben. Dabei darf die für diese Modifikation selbst zwar entscheidende Frage nach der Möglichkeit und der Zulässigkeit solch „anthropologischer" Beschränkung in unserem Zusammenhange füglich unerörtert bleiben.

Warum aber fühlen sich denn so viele tiefenpsychologisch orientierte Therapeuten aller Richtungen trotzdem durch die Daseinsanalytik in so hohem Masse beunruhigt? Wohl deshalb, weil es überhaupt keine Psychotherapie ohne eine Normvorstellung vom Wesen des Menschen gibt, ob nun ein Psychotherapeut um das für ihn gültige Menschenbild weiss oder nicht. Denn jede Psychotherapie, die diesen Namen verdient, strebt nichts anderes als eine normgemässe Austragung des Wesens der Kranken an, hat mithin irgendeine Vorstellung dieses Wesens recht eigentlich zu ihrer Voraussetzung. Dies gilt gerade für die Psychoanalyse als einem psychotherapeutischen Verfahren so sehr, dass FREUD schon sehr frühzeitig und nachdrücklich auf die nur diesem und keiner somatischen Behandlungsart zukommenden Eigentümlichkeit des Zusammenfallens von des Patienten wissendem Verstehen seiner selbst und seiner Heilung hinwies. Deshalb hängt allerdings viel von dem Bilde ab, das sich ein Psychotherapeut vom Menschsein macht. Versteht nämlich einer den Menschen zum Beispiel dem eigentlichen Wesen nach im Sinne der orthodoxen psychoanalytischen Theorie als einen zu lustvoller Entladung neigenden Trieb- oder Libidoapparat, so wird er schon mit

138

einer Heilung zufrieden sein, die seinen Kranken eine Angepasstheit, eine Leistungs- und Genussfähigkeit innerhalb der gewohnten Umwelt verbürgt. Erfährt jedoch ein Psychotherapeut das Wesen des Menschen als Existenz im Sinne Martin HEIDEGGERS, dann wird er von einer vollen Heilung erst reden, wenn sich ein bisher kranker Mensch gleichsam als ein Licht aus der Verborgenheit des Seins zu begreifen vermag, in dessen Schein sich alle Dinge und Mitmenschen ihrem eigenen Wesen nach entfalten dürfen.

Doch braucht nun wiederum diese allerdings ganz andere Zielsetzung einen den Menschen als so ek-sistierendes Wesen wissenden Psychotherapeuten durchaus nicht daran zu hindern, sich möglicherweise streng an die rein praktischen Vorschriften FREUDS zu halten, so wie sie uns dieser in seinen Schriften „Zur Technik" überlieferte. Seine technische Strenge mag sogar leicht die eines Psychoanalytikers übertreffen, der noch ganz an das Menschenbild der orthodoxen, psychoanalytischen Theorie glaubt. Zum mindesten leiht er eher noch bereitwilliger als ein solcher der Erfahrung sein Ohr, die wohl immer wieder in der Grosszahl der Fälle die Überlegenheit der technischen Grundregeln FREUDS erkennen lässt, wenn immer man es anders und besser zu machen versuchte.

Diese scheinbare Paradoxie hat offenbar ihren Grund darin, dass sich der tiefe Sinn und die eigentliche, existentielle Bedeutung der technischen „Grundregeln" FREUDS erst der daseinsanalytischen Sicht, noch nicht aber der psychoanalytischen Theorie enthüllt. Wie käme es sonst, dass FREUD selbst alle seine „Grundregeln" der psychoanalytischen Praxis zwar intuitiv erfinden, gedanklich jedoch nur mit erstaunlich oberflächlichen und unstichhaltigen Argumenten begründen konnte? Das gilt ganz gleicherweise von seiner Methode des sogenannten freien Assoziierens und seinem Rat an den Analytiker, unsichtbar hinter dem liegenden Patienten zu sitzen, wie von seiner Mahnung an den Arzt zu schweigsamer Verhaltenheit und zu „frei flottierender Aufmerksamkeit", wie endlich von der Aufforderung, die von FREUD Übertragungs- und Widerstandssymptome genannten mitmenschlichen Beziehungsphänomene zwischen Arzt und Patient in erster Linie anzupacken [1].

Wenn nun aber schon das phänomenologische Denken im ganzen dem neuzeitlich-abendländischen Verhängnis so wenig entrinnen konnte, dass es Hals über Kopf von allen Seiten in eine Leistungskonkurrenz hineingerissen wurde, so wird vermutlich auch der Wert

---

[1] Vgl. hiezu: E. Blum: Grundsätzliches zur psychotherapeutischen Situation, „Psyche", Jahrg. VI, H. 9, (1952) S. 536. ff.

einer phänomenologischen Auslegung von Träumen zur Hauptsache an ihrer therapeutischen Wirksamkeit geprüft werden. Jedenfalls wird gegen ihre eigene „Richtigkeit" wie gegen ihre Kritik an den Deutungen auf der Objektstufe und auf der Subjektstufe das Argument ins Feld geführt werden, dass doch auch diese bisherigen Traumdeutungsarten therapeutisch erfolgreich waren.

Die Erfahrungen der psychotherapeutischen Praxis zeigen in der Tat, dass daran gar nicht zu zweifeln ist. Sie zeigen im besondern noch darüber hinaus, dass die Traumdeutungen auf der Objektstufe therapeutisch immer bei jenen Menschen besser als die Deutungen auf der Subjektstufe wirken, die sich in dem Verstehenshorizont bewegen, der die Voraussetzung für das Denken von objektstufigen Trauminterpretationen ist. Mit Traumdeutungen auf der Subjektstufe dagegen erzielt man dort die besseren therapeutischen Erfolge, wo auch auf seiten des Patienten ein „autosymbolisches" Verstehen zu Hause ist, und infolgedessen diese Deutungsart vom Patienten eher begriffen wird. Ist indessen damit auch nur das geringste gegen den Wahrheitsgehalt der phänomenologischen Traumauslegung ausgesagt? Es konnte und kann sich ja in der konkreten psychotherapeutischen Situation nie darum handeln, irgendeine technische Methode an einem toten Material auszuprobieren, das sich die eine so gut wie die andere gefallen lässt. Das hiesse ja, die vorgegebene Situation des Arzt-Patienten-Verhältnisses völlig übersehen. Denn auch in dieser mitmenschlichen Beziehung bringt der Patient dem Arzte stets einen bestimmten Verstehenshorizont entgegen, innerhalb dessen er sich aufhält. Voraussetzung eines jeden psychotherapeutischen Eingreifens ist darum, dass sich der Arzt zunächst immer auf das dem Patienten mögliche Verstehen einlässt, um ihm überhaupt erst einmal in einer gemeinsamen Welt begegnen zu können. Darum wird kein Psychotherapeut, und wäre er noch so gut im daseinsanalytischen Denken bewandert, seine Patienten je mit dem in diesen Untersuchungen entfalteten Traumverstehen überfallen. Keiner wird vielmehr darum herumkommen, in Anpassung an das heute übliche Denken der Menschen überhaupt, und mithin auch seiner Kranken, je nachdem zunächst nur mit Deutungen auf der Objektstufe oder mit Erklärungen auf der Subjektstufe oder gar mit ganz oberflächlichen, voranalytischen Hinweisen zu operieren, wenn er überhaupt verstanden werden und wirken will.

Als ein Kriterium für eine damit erreichte Wesenserhellung des Traumphänomens selbst darf jedoch die therapeutische Wirksamkeit einer Traumdeutung keineswegs gelten. Auch die ausserordentlich

140

wirkungsvollen Errungenschaften der Technik können ja nicht im geringsten beweisen, dass das technische Denken die wesentlichen Einsichten in die wahre Natur der Dinge zu erlangen vermochte. Viel eher legt die völlige Bedeutungslosigkeit des ganzen ungeheuren technischen Wissens und Könnens als ein Fundament für ein erfülltes, glückliches und menschliches Leben den Verdacht nahe, dass die Natur den technischen Untersuchungsmethoden nicht mehr als nur gerade ihren äussersten und unwesentlichsten Aspekt preisgeben will.

Hingegen ist freilich, wenn schon den den Träumen nicht adäquaten Deutungen auf der Objekt- und auf der Subjektstufe therapeutische Wirkungen nicht abzusprechen sind, von einer Auslegung der Traumwelten, die deren vollen Gehalt offenbar werden liesse, eine Heilung in einem noch viel tieferen Sinne zu erwarten. Denn hat ein Mensch erst wieder durch alle rationalistischen Abwertungen des wachen Denkens hindurch die gebührende Ehrfurcht auch vor den Traumerscheinungen als eigenständiger Offenbarungen des Wesensgrundes aller Dinge zurückerlangt, vermag er von der vollen Wirklichkeit seiner Traumwelten her die Offenheit oder Verschlossenheit seiner Existenz in einer ungleich grösseren und verpflichtenderen Unmittelbarkeit und Ernsthaftigkeit zu erleben, als wenn er in den Traumphänomenen nur Abbilder, Sinnbilder, Projektionen oder andere „psychische Realitäten" bloss eines menschlichen Subjektes oder einer, wenn auch noch so individuierten Psyche, erblicken kann. Voraussetzung solcher Gesundung wäre allerdings wiederum, dass des Analysanden Verstehen für die Traumauslegung bereits offen ist oder sich nach und nach dafür erschliessen lässt; so jedoch, dass für ihn das daseinsanalytische Denken nicht lediglich intellektuelle Spielerei bleibt, sondern dass er von ihm bis in sein Zentrum hinein erhellt, durchdrungen und verwandelt wird. Nur dann nämlich hätte ein Leidender die Grundwurzel seines Leidens ausgetilgt: er wäre faktisch über eine bloss psychologistische oder anthropologistische Einstellung gegenüber den Dingen, den Mitmenschen und seiner selbst hinaus zur heilenden Erfahrung der ursprünglichen, subjektlosen Seinszugehörigkeit des Menschen und zu einem neuen und echteren Verhältnis zum Wesen aller Dinge geführt worden.

7. Zusammenfassung

Unsere Bemühungen, die Träume nach Möglichkeit in ihrem vollen phänomenalen Bestand auslegend zu wahren und sichtbar werden zu lassen, zeitigten als bisher wesentlichste Frucht die Erkenntnis, dass Träume nicht als irgendwelche Gegenstände von einem Menschen losgelöst und mit anderen von ihm hergestellten Objekten verglichen werden können. Vielmehr erfuhren wir den Menschen auch träumend nicht minder, als wenn er wacht, stets dergestalt in einer offenen Welt sich befindend, dass er völlig im Bezughaben zu den Dingen und Menschen aufgeht, als ein Bezogensein auf sie recht eigentlich ist. Diese seine Weltbezogenheit aber sahen wir dem Verhältnis eines Lichtes zu dem in seinem Scheinen Stehenden gleichen, insofern auch im Dasein des träumenden Menschen je nach seiner Helligkeit und Tönung das Wesen der Dinge zum Vorschein kommen kann. Auch darüber wurden wir bereits belehrt, dass der Mensch träumend ebenso wie wachend in sehr verschiedenen Arten von Verhaltensweisen und Weltbezügen seine Existenz austragen kann.

Ist aber vielleicht die Zahl der träumend möglichen Weltbezüge geringer als im Wachen? Oder gibt es Formen menschlichen Verhaltens zur Welt, die der Mensch nur träumend zu vollziehen vermag? Wäre also, mit andern Worten, etwa in der Zahl der möglichen Beziehungsweisen der wesentliche und noch nie zureichend gefasste Unterschied zwischen dem wachen und dem traumhaften In-der-Welt-Sein zu erblicken? Oder liessen sich die beiden Existenzformen durch den Nachweis einzelner spezifischer, nur dem Wachen oder ausschliesslich dem Träumen möglichen Modalitäten des Weltbezuges gegeneinander abheben?

Die Antwort auf diese Frage erwarten wir von einer Sichtung aller uns zugänglich gewordenen Träume, in denen sich jeweilen eine bestimmte Art des In-der-Welt-Seins eines träumenden Menschen mit besonderer Deutlichkeit offenbart.

III. Teil

DIE DASEINSMÖGLICHKEITEN
DES TRÄUMENDEN MENSCHEN

1. Das Entsetzt-sein in den Schock-Träumen

Schon im „merkwürdigen Schalentraume" hatte sich uns das Dasein eines träumenden Menschen in den Erscheinungsformen recht variabler Beziehungen zu den Dingen und Menschen der Traumwelt gezeigt. Zunächst war die Träumerin ihrem ganzen Wesen nach nichts anderes als der so wohlig gestimmte Bezug zu ihrem schönen Speisezimmer. Dann war sie „mit Leib und Seele" im handelnd-essenden Umgang mit ihrem Beefsteak. Schliesslich konnte aber ihr Dasein auch als träumendes in einem sich erinnernden, sich vorstellend vergegenwärtigenden, entschliessend in den Ablauf des Ereignisses eingreifenden und zukünftig planenden Verhalten zu den Dingen ihrer Welt aufgehen. Und alle diese Weisen des In-der-Welt-Seins, die sie träumend war, pflegte sie in ganz ähnlicher Art auch wachend sein zu können.

Nun gibt es sogar eine Kategorie von Träumen, die sich gerade da-durch auszeichnen, dass in ihnen nichts als eine exakte Wiederholung eines wach erlebten Ereignisses geschieht. Das sind die traumatischen Träume oder die Schockträume.

Die Schockträume, die nichts anderes als eine ganz exakte Wieder-holung von Tagesereignissen und zudem noch sehr unerfreulicher und unerwünschter Tagesereignisse sind, mussten FREUD vor eine besonders schwierige Aufgabe stellen, wenn er auch sie in seiner Wunscherfüllungstheorie unterbringen wollte. Sie zwingen ihn gar zum Eingeständnis, dass eine solche Repetition unangenehmer Ereig-nisse nach seiner Annahme über die Funktion des Traumes nicht der Fall sein sollte. „Welche Wunschregung", fragt FREUD selbst, „könnte durch dieses Rückgreifen auf das höchst peinliche trauma-tische Erlebnis befriedigt werden?" Resigniert antwortet er, das sei schwer zu erraten. Er weiss sich nicht anders zu helfen, als dass er die Schuld am Versagen seiner Traumtheorie auf das widerspenstige Objekt verschiebt. Der Traum genüge hier seiner Aufgabe nicht, sagt er, die Traumarbeit sei es, die hier bei ihrem Versuche versage, eine peinliche Erinnerung in eine Wunscherfüllung umzuwandeln[1].

Was aber zeigen uns die Schockträume von sich aus? Ein junger Akademiker zum Beispiel stürzte auf einer Bergtour über ein kleines Felsband ab. Er trug eine schwere Hirnerschütterung und eine ernsthafte Wirbelsäulenverletzung und Rückenmarksquetschung davon. An das Aufschlagen nach dem Absturz vermochte er sich nie mehr zu besinnen. Aber in den Träumen der ersten Nächte nach dem Unfall war er immer wieder leibhaftig so weit mitten drin in dem Ereignis, als er es sich wachend noch vergegenwärtigen konnte. Träumend rutschte er immer wieder, genau so, wie er es am Unglückstage hatte erleben müssen, über das Felsbändchen ab, nahm dabei sogar stets das kleine Pflänzchen wahr, das auch seiner wachen Erinnerung nach einsam aus dem Felsen herausgewachsen war. Mit Beginn des traumhaften Abrutschens setzte ebenso gewiss der nämliche Schrecken ein, der ihn in dieser Phase des Unglücks in der wachen Wirklichkeit gepackt hatte.

Wir waren ferner während des letzten Weltkrieges Augenzeugen eines Unglückes gewesen, bei dem 23 Soldaten auf einer Alpenpassfahrt in einem Lastwagen acht Meter tief in eine Schlucht abstürzten. Wunderbarerweise blieben die meisten Soldaten unverletzt und wiesen auch später keinerlei körperliche oder psychische Störungen auf. Ein Unteroffizier jedoch war sofort tot, weil er im letzten Augenblick, bevor der Wagen über den Strassenrand sauste, noch abspringen wollte und dabei an eine Mauer geschleudert wurde. Der Tote lag mit zerschmettertem Schädel am Strassenrand. Zwei der abgestürzten Soldaten machten nach dem Unfall jede Nacht die Katastrophe träumend noch einmal durch. Beide wiederholten sie dabei genau so, wie sie sie wachend erlebt hatten. Ja, sie nahmen darüber hinaus beim traumhaften Hergang des Ereignisses Einzelheiten wahr, auf die sich im Wachen, wie sie selbst des bestimmtesten behaupteten, niemals hätten besinnen können. Bei beiden setzte das Traumerleben damit ein, dass sie wieder auf dem Lastwagen fuhren, der sie zur Talstation hätte bringen sollen, um sie dort für einen Wochenendurlaub freizugeben. Immer war es ihnen in diesen Träumen gleich von Anfang an unbehaglich, weil der Wagen so ungewohnt rasch fuhr. Sie ahnten, dass etwas nicht stimmen konnte. Schon dieses unbehagliche Gefühl ganz zu Beginn des Traumes entsprach haargenau

---

[1] S. Freud: „Neue Folge der Vorlesungen zur Einführung in die Psychoanalyse", S. 39. Wien.

dem wachen Erlebnis. Dann, immer weiter, minutiös den Kata-strophenhergang des wachen Lebens wiederholend, wurden sie im Traume zusammen mit ihren mitfahrenden Kameraden inne, dass der Wagenführer Bremsschwierigkeiten hatte. Die Angst stieg, Gedanken an die Möglichkeit eines Abspringens während der Fahrt und hem-mende Ängste wegen der Gefährlichkeit eines solchen Unterfangens jagten einander. Schon sehen sie denn auch in ihrem Traum wieder eine scharfe Kurve nahen und den Wagen über die Kurve hinaus, zwischen einer kleinen Kapelle und einem Transformatorenhäuschen, die beide eben die Wagenbreite weit voneinander entfernt an der Kurve standen, über den Strassenrand hinausjagen. Sie hören auch noch im Traume das Gebüsch am Strassenbord krachend auseinander-brechen. In höchster Angst erleben sie den Absturz in die Tiefe der Schlucht. Im nämlichen Augenblick des Traumgeschehens schreckten jeweilen beide Soldaten regelmässig mit einem Schrei aus dem Schlafe auf. Unmittelbar vor dem Absturz sah der eine Soldat im Traume immer noch, was wohl der Tageswirklichkeit entsprach, aber von ihm wachend nicht bewusst wahrgenommen wurde, den Unter-offizier abspringen und leblos hingestreckt auf der Strasse oben neben dem vorbeirasenden Auto liegen bleiben. Dem andern Soldaten erschienen im Traume stets mit besonderer Deutlichkeit und Schärfe in krasser Gegenüberstellung auf der einen Seite die kleine Kapelle mit ihrer Bogenöffnung und dem verschliessenden Gitter; auf der andern Seite das Transformatorenhäuschen mit übereinander ange-brachten grossen Isolatoren. Auch diese Traumeinzelheiten ent-sprachen genau den beiden Dingen der Wachwelt, zwischen denen der Wagen in die Tiefe abgestürzt war. Von ihrer Vorhandenheit hätte aber der Mann ohne traumatischen Traum nie etwas gewusst. Wohl kam also in beiden Schockträumen etwas mehr vor, als sich die Träumer wachend von der Wirklichkeit hatten merken können. Nicht das geringste jedoch ereignete sich, das über die faktisch nach-prüfbaren Begebenheiten der Tageswirklichkeit hinausgegangen oder was diese abgeändert hätte.

Mit solcher Genauigkeit und Ausschliesslichkeit wie bei unseren Beispielen wiederholen zwar nicht alle, aber doch manche Träumer nach Schockerlebnissen den Katastrophenhergang. Wie ist diese Möglichkeit einer absoluten Kongruenz zwischen dem Traumge-schehen und dem, das sich im wachen Erleben der Träumer ereignete, zu verstehen? Vielleicht bringt uns der Lösung dieser Frage der Umstand etwas näher, dass von 23 Soldaten, die alle auf demsel-ben Lastwagen auf die genau gleiche Weise abgestürzt waren,

21 Mann nicht an Schockträumen zu leiden hatten. Offenbar standen diese „so fest auf dem Boden der Wirklichkeit", dass sie auch bei einem solchen Sturze gleich wieder auf ihre Füsse zu stehen kamen. Fest auf dem Boden der Wirklichkeit stehen, heisst aber üblicherweise „sich alle dummen Gedanken und Ängste über eine Gefährdung und die Möglichkeit des Sterbenmüssens aus dem Kopfe schlagen, wenn schon, Gott sei Dank, nichts passiert sei". So wenigstens lauteten die eigenen Worte der Soldaten. Sie versuchten dies alle in der nämlichen Weise zu bewerkstelligen: alle rannten besinnungslos in ihrem Alltagsbetriebe weiter. Es bot sich uns dabei unmittelbar nach der Katastrophe das geradezu groteske Bild, dass sämtliche Soldaten, die nicht durch eine ernsthafte Verletzung daran verhindert waren, nichts Eiligeres zu tun wussten, als aufgeregten Ameisen gleich aus der Schlucht emporzukrabbeln. Völlig unbekümmert um alles, was eben geschah, trachteten sie bloss darnach, sich auf den Zug zu stürzen, der sie an ihre Urlaubsziele bringen sollte. Der Truppenarzt hatte deshalb die grösste Mühe, auch nur einen Teil von ihnen zu einer Kontrolle zurückhalten zu können. Dabei war keine Rede davon, dass diese Eile des Weiterrennens etwa einer angstvollen Fluchttendenz zurück zu einer schützenden Mütterlichkeit entsprungen wäre. Die Urlaubsziele der meisten, die weiterhetzten, waren Zerstreuungen ganz anderer Art.

Nur zwei Ausnahmen der 21 abgestürzten und nicht nachträglich an Schockträumen erkrankten Soldaten kamen uns zu Gesicht, die ihr tödliches Erschrecken nicht in der üblichen Flucht in die Betriebsamkeit des Alltags zu überdecken suchten. Der eine dieser Ausnahmen war ein zutiefst religiöser Mensch. Er hatte es nicht nötig, das menschliche Wissen um die Sicherheit des Sterbenmüssens zu verscheuchen, weil seine Angst vor dem Tode in seiner Gläubigkeit aufgehoben war. Der andere hatte sich die Probleme des menschlichen Lebens und Sterbens in jahrelangen Bemühungen denkerischphilosophisch so oft und so angelegentlich nahekommen lassen, dass er diese Angst bewusst auszuhalten gelernt hatte. Die beiden dagegen, die nachher an Schockträumen erkrankten, waren Menschen, die gleichsam zwischen diesen beiden Ausnahmen und den anderen, den „gesunden" Alltagsmenschen mittendrin standen. Ihnen wollte das Fliehen und Ausweichen vor der Todesangst durch ein blosses Untertauchen im Alltagsbetriebe nicht mehr recht gelingen. Sie hatten sich aber auch noch nicht zureichend zu der Entschlossenheit durchgerungen, die Gewissheit des Sterbens als die ihrem Leben unentrinnbar zugehörige Möglichkeit ernstlich zu bedenken und das Sterben als eine einmal zu leistende Aufgabe eigens zu übernehmen. Deshalb jagte ihnen der Absturz, der nun mit überwältigender Plötzlichkeit alle Verschleierungen zerriss und ihnen das Wissen um die Endlichkeit ihres Daseins mit nackter Brutalität aufdrängte, einen um so grösseren Schrecken ein. Ihr Schrecken war so entsetzlich, dass er sie, und dies im wörtlichen Sinne, ihrer eigenen Selbstheit *ent*setzte, sie aus ihrem Selbstseinkönnen heraus und völlig in eine panische Angst hinein *ver*-setzte. So sich selber entrissen und in eine äusserste Angststimmung *ver*setzt, boten ihnen die am Tage begegnenden Dinge und Mitmenschen nur notdürftigsten Halt, solange sie sich wachhalten konnten. Ihre Träume aber verrieten, dass sie in Wirklichkeit noch durchaus nicht bei sich, sondern nach wie vor „ausser sich" vor Angst waren. Noch immer derselben Angst ausgeliefert, mussten sie auch immer wieder der Zeitigung desselben Daseinsmomentes preisgegeben sein; konnte sich ihnen aus dieser Stimmung heraus nur stets von neuem der gleiche Weltaspekt der bedrohlichen, alles verschlingenden Schlucht zeigen.

Während diese beiden Soldaten der fremden Hilfe bedurften, um sich aus ihrem Ausgeliefertsein wieder herauszufinden, sehen wir den in den Bergen abgestürzten jungen Akademiker sich selbst und schon in seinen Träumen gegen das Fortgerissenwerden durch die Ereignisse, wie es ihm im Wachen geschehen war, zur Wehr setzen. Bereits in den ersten Schockträumen unternahm er eigene Anstrengungen zu neuer Selbstfindung und Selbstbestimmung. Wenn immer er nämlich in seinen Schockträumen über das Felsband mit der kleinen grünen Pflanze abzustürzen und sich zu ängstigen begann, sagte er sich auch schon, das Unglück sei ja noch nicht ganz geschehen, dieses Abstürzenmüssen könne er noch auslöschen. Zu diesem Zwecke versuchte er jeweilen in seinen Schockträumen mit grösster Willensanstrengung die Zeit bis vor den Augenblick, an dem er zu dieser Bergtour aufgebrochen war, zurückzustellen, um dann krampfhaft etwas anderes unternehmen zu wollen, das nicht zu dem Ereignis des Absturzes führen konnte. Dabei war dieses geträumte Zurücknehmen der Zeit stets sehr deutlich mit der Vorstellung verbunden, einen Uhrzeiger rückwärts zu stellen. Seine Traumanstrengungen, die so eindrücklich darauf gerichtet waren, sich aus dem Hineingerissenwerden in das unglückliche Geschehnis zurückzunehmen und zu neuerlichem Selbstvollzug seines Daseins zu gelangen, waren denn auch bald von einigem Erfolg gekrönt. Schon nach verhältnismässig kurzer Zeit hörte diese schwere Art von Schockträumen spontan auf, freilich nur, um noch für Jahrzehnte und bis auf den heutigen Tag gelegent-

147

lichen Schockträumen wesentlich leichterer Art Platz zu machen. Diese Schockträume wiederholten nur mehr ein kleines Ausrutschen auf einer Orangenschale, auf die dieser Mann im Wachen bei seinem ersten Ausgange aus dem Spital versehentlich getreten war. Dieses Ausrutschen hatte ihn immerhin in seinem Wachleben deshalb beträchtlich erschreckt, weil er damals noch ein starres Gipskorsett zu tragen hatte und ein wirkliches Fallen aus diesem Grunde leicht üble Folgen hätte haben können. Die traumhafte Wiederholung des kleinen Missgeschickes erfolgte mit der genau gleichen Präzision, wie ihn die grossen Schockträume den Beginn des schweren Unfallereignisses regelmässig hatten wiederholen lassen. Zeigen uns diese Ausrutsch-Schockträume immer noch ein recht unfreiwilliges und angstgestimmtes Ausgeliefertsein eines Menschen an die Möglichkeit des Gefälltwerdenkönnens an, so weist uns auf der anderen Seite die jeweilige Schlussphase seiner ursprünglichen Schockträume auf eine ganz gegensätzliche Verhaltensweise eines träumenden Menschen hin. Denn dort ist der Träumer eines sehr energischen Wollens von etwas fähig.

2. Das willensmässig entschlossene Verhalten träumender Menschen

Wie der willensmässige Akt im weiteren Verlauf der traumatischen Träume des abgestürzten jungen Akademikers, bedeutete schon der ebenso eindeutige Willensakt der Träumerin unseres „merkwürdigen Schalentraumes" eine grosse Überraschung für die übliche Traumauffassung. Denn noch decken sich die Urteile der meisten Traumpsychologen mit den Bestimmungen, wie wir sie bereits aus einer frühen Arbeit von L. BINSWANGER hörten. Dort aber hiess Träumen noch, sich passiv einem Bilderstrom hingeben, Spielball des Lebens zu sein, nicht zu wissen, wie einem geschieht, blosse Lebensfunktion ohne Geist und geistesgestaltete Geschichte zu sein[1]. Auch E. FROMM noch behauptet mit BERGSON, Träumen sei der Zustand, in dem man falle, wenn man aufgehört habe, etwas zu wollen, wie umgekehrt das Wachen und das Wollen eines und dasselbe seien[2]. Selbst die Sprache des Volkes spricht von einem Träumer schlechthin als einem, der das Leben in flüchtigen Bildern dahingleiten lässt. Einer unvor-

---

[1] Vgl. L. BINSWANGER: „Traum und Existenz", S. 96 f.
[2] E. FROMM: „The forgotten Language", S. 146.

eingenommenen Betrachtung der Träume erweisen sich jedoch diese Bestimmungen als die Verabsolutierung einer einzigen unter unzähligen andern Existenzweisen des träumenden Menschen. Immer wieder entschliessen sich Träumer zum Eingreifen in den Ablauf der Dinge und führen ihre Entschlüsse träumend mit grosser Konsequenz durch.

Ein fünfundzwanzigjähriger Student zum Beispiel träumte: „Ich bin mit meinem Kinderfräulein, das bei mir die Mutterstelle versah, in unserem ehemaligen Hause. Ich sehe einen Wasserstrom rings um unseren Garten in sich selber herumkreisen. Mit Anspannung aller meiner Willenskräfte bringe ich es zustande, ohne körperlich etwas dazu tun zu müssen, dass ich den Strom aus seinem alten Bette weg und in einer scharfen Kurve rechts aus dem Garten herauslenken kann, dass er dann in die Weite fliesst. Aber ich muss dazu dauernd meinen Willen aufs äusserste anspannen. Sobald ich mit Wollen nachlasse, will der Strom wieder in sein altes Bett zurückfliessen."

Dies träumte ein junger Mann, der sich seit Jahren mit einem stets sich verschlimmernden neurasthenischen Zustande herumquälen musste. Wohl bot er äusserlich das Bild eines physisch sehr kräftig gebauten und psychisch überaus energisch veranlagten Menschen. Aber schon die kleinste körperliche Leistung oder die geringste geistige Anstrengung steigerte seinen allgemeinen Erschöpfungszustand in so hohem Masse, dass immer gleich völlige Schlaflosigkeit, schwere Colitisattacken und hochgradige Kraftlosigkeit auftraten. Trotz seiner überdurchschnittlichen Intelligenz musste er deshalb die Vorbereitungen auf ein schon längst fälliges akademisches Examen immer wieder aufgeben. Das brachte den äusserst strebsamen, ehrgeizigen Patienten der Verzweiflung und dem Selbstmord nahe. Nicht lange jedoch, nachdem er seine menschliche Wirklichkeit von diesem Traume her verstanden hatte, bestand er sein Examen ausgezeichnet und ohne alle Zeichen von Überanstrengung. Denn aus dieser Traumsituation heraus widerfuhr ihm zu seinem Entsetzen und traf ihn wie ein Blitz aus heiterem Himmel die Einsicht, dass er im Grund ja noch fast vollständig in seiner Kleinkinderwelt verhaftet geblieben war und sich darin ständig im Kreise drehte. Seine gesamte Kraft sah er nun allein schon in der unablässigen Willensanstrengung, sich dem Sog dieses infantilen Lebensbezuges entgegenzustemmen, aufgezehrt werden. Darum blieb ihm kaum mehr ein Rest für sein Handeln und Denken in die grosse Welt hinaus.

Zweifellos stellt auch dieses Traumphänomen das psychologische Denken von neuem vor die dreifache Gefahr, vor der nun schon so oft zu warnen war. Es sei hier jedoch noch ein weiteres Mal ausdrücklich auf sie hingewiesen. Wir dürfen uns dann wohl die Mühe sparen, in diesem Untersuchungsteil, dem es ohnehin nur um den Nachweis der verschiedenen Daseinsmöglichkeiten des träumenden Menschen geht, bei jedem folgenden einzelnen Traumbeispiel unsere phänomenologische Traumauslegung immer wieder expressis verbis von den bisherigen psychologischen Traumdeutungen abzuheben.

Einmal hätte dieses Traumereignis das gewohnte Denken in eine Deutung auf der Objektstufe abirren lassen können, so dass ihm etwa der den Träumer einschliessende, ringförmige Strom zu einem „Symbol" des Mutterleibes geworden wäre. Mindestens ebenso nahe wäre ihm wohl auch die einer Deutung auf der Subjektstufe angehörige Behauptung gelegen, es sei die innere psychische Stagnation des Traumsubjektes in das „Sinnbild" des auswegslos rund um den von der Kinderfrau behüteten elterlichen Garten herumfliessenden Wassers hineinprojiziert worden. Und als dritte irrtümliche Deutung endlich wäre die „daseinsanalytische" Aussage im Sinne von L. BINSWANGER möglich, der Ringfluss sei der Ausdruck oder die Spiegelung der zirkelhaften Bedeutungsrichtung, in der sich diese leerläufige Existenz verfangen habe.

In Wirklichkeit jedoch bietet uns das Traumphänomen an und für sich weder für die Annahme irgendeiner Symbolisierung eines Aussenweltobjektes, noch einer Projektion subjektiver, innerseelischer Zustände, noch eines Ausdruckes oder einer Spiegelung einer Bedeutungsrichtung die geringsten Handhaben. Vielmehr erschliesst es uns „nur", dass des Patienten ganze Existenz selbst, als er träumte, in dem angestrengt willentlichen Herausdrehenwollen des Flusses aus dessen gewohntem Kreislauf aufging. Sein gesamtes Dasein war nichts anderes als gerade diese ganz besondere Weise des Inbezugstehens zu seiner Traumwelt. Diese Welt jedoch konnte sich ihm ihrerseits im Lichte seines infantilen Lebensbezuges nur als eine durch ein solches Flussding, Elternhaus und Kindermädchen geprägte Welt zeigen. Von ihr her verstand er sein kräfteverzehrendes Bemühen um ein Geradeaus- und Weitergehenkönnen auf seiner Lebensbahn. Weil es freilich nur ein willentliches, überkompensatorisch-ehrgeiziges Bemühen war, musste es bei der kindlichen Grundverfassung dieses Menschen zum vornherein zum Scheitern verurteilt sein.

Nicht selten zeigen sich Menschen im Traume von einer erstaunlichen Entschlusskraft, die am Tage recht oft nicht wissen, wie ihnen geschieht, weil sie sich als Wachende treiben lassen und ihren jeweiligen Stimmungen und Verstimmungen anheim zu fallen pflegen.

Eine in ihrem Wachen äusserst entschlussunfähige Frau vermochte sich in einem ihrer Träume im Nu dazu aufzuraffen, von einem Hausdach herunterzuspringen, um ihren Mann, dessen Kleider brannten, sachgerecht mit einer Wolldecke zu löschen. Noch im Traume wunderte sich diese Träumerin über ihren eigenen Mut und ihre ungewöhnliche Entschlusskraft. Während des Traumsprunges selbst besann sie sich darauf, dass sie wohl noch nie in ihrem Leben so tapfer in den Ablauf der Dinge eingegriffen habe.

3. Das reflektierte Verhalten im Traum

Auch die Möglichkeiten der Selbstreflexion im Traume, das denkende und lebensgeschichtlich erinnernde Verhalten zu sich selbst, dem wir in diesem Sprungtraum in einer ersten Andeutung begegnen, widerspricht völlig der üblichen Vorstellung eines blossen Gelebtwerdens, des bloss mehr Funktion-Seins eines träumenden Menschen. Und doch ereignete sich in einem zweiten Traume dieser gleichen Träumerin sogar eine Selbstreflexion im Sinne eines In-Frage-Stellens gerade ihrer Willensfreiheit. Sie träumte: „Es ist mondhelle Nacht. Ich befinde mich in einem Hof, in dessen Mitte sich ein Stallgebäude befindet. Ich bin als Türkin verkleidet, mit reichem Schmuck am Gürtel und an den Schuhen. In der Hand trage ich meine Goldkette und schreite die Stufen vom Stall zum Hof herunter zu irgendeinem Stelldichein mit einem Manne. Ich weiss, es ist ein Mann, der grob, stark und russisch aussieht. Nichts gefällt mir eigentlich an dem Manne, aber es zieht mich unwiderstehlich, magisch zu ihm hin. Während ich die Stufen hinunterschreite und die Goldkette an meinem Arm betrachte, denke ich: vielleicht hat mein Mann doch recht, wenn er sagt, es gibt keine Willensfreiheit, alles ist Schicksal; man ist gezwungen, so zu handeln und nicht anders, selbst gegen sein eigenes Wollen. Oder, denke ich, bin nur ich so, weil mir mein eigener Wille oder meine Entschlusskraft durch meine gewalttätige Mutter schon in frühester Kindheit gebrochen wurde? Unter Anspannung all meiner geistigen Kräfte gebe ich mir einen Ruck und bringe nun auf einmal den Willen auf, umzukehren und den Mann einfach seinem Schicksal zu überlassen." Diesem Traumbericht hatte die Träumerin hinzugefügt: „Denken Sie mal, Herr Doktor, ich, und einem Manne, der mich erotisch fasziniert, nein zu sagen; das habe ich doch in meinem ganzen Leben noch nicht zustande gebracht!"

4. Der vorstellende und der visionäre Bezug zur Traumwelt

Wie die ins Geschehen eingreifenden Willensakte wird dem träumenden Dasein für gewöhnlich auch die Möglichkeit des vorstellenden In-der-Welt-Seins abgesprochen. Alle Gedanken, sagt man, setzten sich im Traume immer gleich in visuelle Bilder um. Auch dieser Behauptung widersprach jedoch schon unser „merkwürdiger Schalentraum" dort, wo die Träumerin sich den Russeneinfall lebhaft vorzustellen vermag. In der Weise des vorstellend bei den Dingen und Menschen sich aufhaltenden Existierens, und zwar des vorstellenden Erinnerns, Vergegenwärtigens und Vorausschauens waren auch die beiden Träumer „da", als sie die folgenden Ereignisse erlebten: Dem einen, einem Mann mittleren Alters, ging es im Wachen angelegentlich um das Weiter- und Höherkommen in seinem Leben, gefährlich weit über das bisher erreichte und gewohnte Niveau hinaus. In seinem Traume bewunderte er von einer Talsohle aus die Aussicht auf Schneeberge. „Wir waren", so fährt der Traumbericht wörtlich fort, „etwa zehn Leute und ein Bergführer. Es handelte sich darum, ob wir eine Tour auf den hinteren Schneeberg, einen schwierigen, matterhornähnlichen Berg, unternehmen sollten. Die Tour auf den vorderen, kleineren Berg, daran erinnerte ich mich im Traume genau, hatte ich schon einmal gemacht. Ich erging mich nun lange Zeit in der Erinnerung an diese Tour. Dabei konnte ich mir den damaligen Aufstieg fast Schritt für Schritt ganz plastisch vorstellen, sah in der Vorstellung wieder alle die Stufen und Engpässe, die zu überwinden gewesen waren. Ich fragte mich dann, ob ich es auf mich nehmen solle, die Tour auf den hinteren, schwierigen Berg mit seinen noch viel grösseren Gefahren zu unternehmen. Ich überlegte hin und her, konnte mich nicht entschliessen. Der Bergführer begann die Tour auf den hinteren Berg voller Begeisterung zu schildern. Nun erlebte ich auch diese Tour in meiner Vorstellung mit Feuer und Flamme, nahm jedes Wort des Führers in mich auf, dachte mich in meiner Vorstellung schon ganz leibhaftig in die Zukunft hinein, wie es sein wird, wenn ich wirklich diesen Berg bezwingen werde."

Der zweite Träumer erhielt im Traume die Nachricht, dass ein als verschollen gegoltener Freund aus Russland zurückgekehrt sei. Der Träumer erinnerte sich bei dieser Nachricht daran, dass er eigentlich jahrelang den Eltern dieses Freundes mit schlechtem Gewissen immer wieder Hoffnung gemacht habe, dass ihr Sohn noch lebe. In Wirklichkeit habe er selbst nicht mehr daran geglaubt. „Jetzt sah ich mich gerechtfertigt", fährt der Traumbericht fort. „Dann dachte ich aber weiter an die Zukunft und stellte mir vor, dass der Freund mich im Studium nun doch noch überholen könnte, wenn er einmal sein Versäumnis aufgeholt haben werde. Ich malte mir im Traume in meiner Vorstellung bereits den stillen aber unerbittlichen Konkurrenzkampf zwischen ihm und mir aus, der wohl bis ans Lebensende dauern werde."

Ein junger Kollege dagegen, dem in seinem wachen Leben noch nie etwas dergleichen widerfahren war, erlebte in einem Traum eine einwandfreie Vision. Das war, als sich ihm im Wachen im Verlaufe einer Lehranalyse neue, bisher noch ganz dunkle und verdeckte, vor allem weibliche Lebensmöglichkeiten und Verhaltensweisen aufzutun begannen. Er war in diesem Traume wieder mit seiner Schwester zusammen, die er in der Wachwirklichkeit schon vor Jahren verloren hatte. Sie war jetzt nicht nur seine Schwester, sie war zugleich seine Geliebte. Wie er so neben ihr dastand, gewahrte er plötzlich in etwa Augenhöhe und in mässiger Distanz vor sich ein grosses schwarzes Loch in der Luft. Dieses Loch war jedoch nicht einfach leer. Seine Schwärze begann sich zu bewegen, zu brodeln und zu rotieren. Hätte man noch lange hingeschaut, ergänzte der Träumer, wäre einem wohl etwas bange geworden. Denn das Loch hatte auch etwas Saugendes an sich. Im Gegensatz zu der Schwester und den übrigen Dingen um ihn herum, die er als völlig leibhaftige und körperhafte Wirklichkeiten wahrnahm, wusste er im Traume selbst von diesem Loch von Anfang bis zu Ende seines Erscheinens, dass es eine Vision oder Illusion sei. Er glaubte es wohl mit leiblichen Augen zu sehen, war sich gleichzeitig aber auch klar darüber, dass er es nicht würde greifen können. Wir dürfen uns um so eher auf diese Differenzierung und diese psychopathologische Klassifizierung des Phänomens verlassen, als es sich bei dem Träumer um einen psychiatrisch ausgezeichnet geschulten Kollegen handelte.

5. Das wissentliche Nachdenken im Traum

Die Überlegungen unserer ersten Träumerin über die Möglichkeit eines Ausbaues ihrer Garage als Versteck vor den Russen, wie die selbstreflektierende, philosophische Problemstellung der Träumerin, die über die Willensfreiheit nachdachte, zeigen uns das träumende Dasein in der Weise des denkend bei den Dingen und Mitmenschen Seins. Selbst an Belegen für die besondere Differenziertheit dieser

Existenzweise im Traume, die die des wachen Denkens gelegentlich noch übertrifft, fehlt es nicht. Vom Philosophen Karl Leonhard REINHOLD wissen wir zum Beispiel, dass er unumwunden zugab, es sei ihm die Hauptidee einer Deduktion, nachdem er über vier Wochen den Begriff eines Urteils mit grosser Anstrengung festgehalten und vielfältig vergebens gedreht und gewendet habe, in aller Klarheit und Bestimmtheit im Traume eingefallen[1].

Herbert SILBERER weiss von einem dreizehnjährigen Schüler zu berichten, der von seinem Lehrer eine schwierige geometrische Hausaufgabe bekommen hatte. Der Junge begab sich nach Hause, zeichnete, konstruierte und überlegte lange Zeit, ohne zu einem Ergebnis zu kommen. Auch nach dem Abendessen und noch im Bette beschäftigte er sich damit, bis ihn endlich der Schlaf übermannte. Dann hatte der Schüler einen Traum und berichtete am folgenden Morgen: „Ich schlief unruhig, weil mich die Materie selbst jetzt noch im Traume beschäftigte, bis ich endlich ganz deutlich vor mir eine Figur konstruierte, indem ich zu jedem Dreieck nach aussen hin die Parallelen der Quadratseiten zog und so drei neue Parallelogramme erhielt, in denen die nach der Aufgabe zu ziehende Verbindungslinie eine Diagonale bildete. Nun zog ich weiter — alles im Traume — noch die andere Diagonale, und der Beweis lag mit Hilfe eines kurz vorher gelernten Kongruenzsatzes klar auf der Hand. Ich weiss, wie ich nun beruhigt schlief. Als ich am andern Morgen geweckt wurde, stand sofort die ganze Zeichnung im Geiste wieder vor mir, ich sprang schnell auf und zeichnete sie noch vor dem Ankleiden in einem Zuge auf...[2]“

Noch bekannter ist das Erlebnis des Chemikers KEKULÉ, der seine Entdeckung der Ringstruktur des Benzols auf seine Traumphantasien zurückführte. Er schildert die Entstehung der Benzolformel in seinem Traumgestalten folgendermassen: „Wieder gaukelten die Atome vor meinen Augen... Mein geistiges Auge, durch wiederholte Gesichte ähnlicher Art geschärft, unterschied jetzt grössere Gebilde von mannigfacher Gestaltung. Lange Reihen, vielfach dichter zusammengefügt: alles in Bewegung schlangenartig sich wendend und drehend, siehe, was war das? Eine der Schlangen erfasste den eigenen Schwanz, und höhnisch wirbelte das Gebilde vor meinem Auge. Wie durch einen Blitzstrahl erwachte ich... “ Darum schloss KEKULÉ dann auch

---

[1] K. L. REINHOLD: „Beiträge zur Berichtigung bisheriger Missverständnisse der Philosophie", Bd. I, S. 360. Jena 1790.

[2] H. SILBERER: „Der Traum", S. 101. Stuttgart 1919.

seinen Selbstbericht an der Benzolfeier (1890) mit den folgenden Worten: „Lernen wir träumen, meine Herren, dann finden wir vielleicht die Wahrheit[1]."

Von einem Gewährsmann, über dessen Zuverlässigkeit man nie die geringsten Zweifel hatte hegen müssen, erfuhren wir, dass er zweimal in seinem Leben im Traume fertig konstruierte, neuartige Zigarettenmaschinen vor sich stehen sah, wie sie ihm zuvor im Wachen noch nie in auch nur annähernd gleicher Bauart begegnet seien. Er nahm sie mit solcher Präzision wahr, dass er sogar die kleinen Öltropfen in den Lagern der Räder bemerkte. Er durchdachte bei der Betrachtung ihren Mechanismus genau, um sich ja alle ihre Einzelheiten einzuprägen. Beide Male hatte er des Morgens nach dem Erwachen nur in sein Ingenieurbureau gehen müssen, um diese Traummaschinen dort aufzuzeichnen und sie dann ausführen zu lassen. Beide Konstruktionen hätten sich als sehr brauchbare Erfindungen erwiesen.

Eine Deutschschweizerin, der die französische Sprache auch im Wachen nicht sehr geläufig war, träumte eines Nachts von einem Zusammenstoss mit einem französischen Motorradfahrer. Er fuhr ihr beim Parkieren rückwärts in das vordere Schutzblech des von ihr gesteuerten Automobils. Über diese Ungeschicklichkeit des Ausländers sehr erbost, stellte sie ihn zur Rede. Es fiel ihr jedoch im Traume ebenso schwer und verursachte ihr genau die gleiche Mühe wie im Wachen, sich auf die passenden französischen Ausdrücke zu besinnen und sie zu einigermassen grammatikalisch richtigen Sätzen zu ordnen. Spontan beklagte sie sich noch während des nachträglichen Traumberichtes über die grosse Denkanstrengung, die sie bei diesem Schimpfen so lebhaft empfunden habe.

Natürlich hat die ärgerliche Verstimmung, aus der heraus dieser Träumerin gerade ein so unbeholfen manövrierender Franzose begegnete, ihren guten und präzisen Grund. Jedoch kann auf dessen Erörterung im Rahmen seines lebensgeschichtlichen Zusammenhanges verzichtet werden, da uns dieses Ereignis hier ja lediglich eine weitere Illustration des wissentlichen Nachdenkenkönnens im Traum sein soll.

Eine dreissigjährige Frau wiederum träumte: „Ein Franziskanermönch, der ein Leben lang die Welt als Wanderprediger bereist und alles kennengelernt hatte, kehrte in sein Kloster zurück, um hier zu sterben, weil seine Zeit um war. In diesem Kloster war ich. Ich pflegte den Mönch. Er lag im Bette und hatte ein sehr durchgeistigtes Ge-

---

[1] R. Anschütz: „A. O. Gust. Kekulé", II, S. 942. Berlin 1929.

sicht. Das Zimmer war freundlich. Ein gelber Schimmer lag darin von der schräg einfallenden Abendsonne. Ich fragte den Mönch, wie denn eigentlich die Beziehung der Menschen zur Wahrheit und zu Gott sei. Ich wisse ja, dass er alles wisse, und darum möchte ich gerade ihn fragen. Er sagte, das, was die Menschen sehen und für Wirklichkeit und wahre Zusammenhänge hielten, sei meistens nur ein Gespinst aus eigenen Wünschen und Trieben, sei nur eine Art Vorkulisse, eine Verzerrung und Verkleinerung der eigentlichen göttlichen Wahrheit, die erst viel weiter hinten sei. Nachdem er das gesagt hatte, starb er." Zur Zeit, als sich dieser Traum ereignete, war diese Frau als wacher Mensch geistig und gefühlsmässig stumpf. Ihr Interesse beschränkte sich auf das praktisch Notwendigste. Träumend dagegen verfügte sie über eine Helligkeit und Fülle des Denkens wie sie eigentlich nur einem vielgereisten, vergeistigten, ganz am Ende seines Lebens stehenden Menschen als der Extrakt seines gesamten lebenslangen Nachdenkens über die Wahrheit zuzutrauen ist. Weil sie träumend teilhatte am Wesen eines weisen Mönches, konnte ihr ein solcher in ihrer Traumwelt erscheinen und sie seine Weisheit vernehmen lassen. Sie nahm sich damit aber im Traume gleichsam die Erfahrung ihres Lebens vorweg. Darum verstand sie denn auch die im Traume vernommene Weisheit nach dem Erwachen in ihre noch viel verschlossenere Existenzform des Tages kaum, ahnte nur, dass es irgendwie den Kern all ihres Sinnens treffe.

Die denkerischen Bemühungen um die Traumdinge führen gelegentlich zu Ergebnissen und Erleuchtungen, deren weltbewegende Wichtigkeit im Traume selbst über jeden Zweifel erhaben ist. Nach dem Erwachen freilich pflegen diese Traumfunde häufig vollständig zu enttäuschen, muten nun oft genug sogar ganz ungewöhnlich trivial, oft geradezu schwachsinnig an. Darin wird von vielen Seiten ein besonders eindrücklicher Beweis für eine Schwächung der Denk- und Urteilskraft des träumenden Ichs gesehen. Es lohnt sich jedoch regelmässig, diese Art von scheinbarem „abaissement du niveau mental" sehr genau unter die Lupe zu nehmen und sich nicht schon vom blossen äusseren Anschein zufriedenstellen zu lassen. Seitdem wir uns eine eingehendere Prüfung solcher Ereignisse zur Regel machten, ist uns keines mehr unter die Augen gekommen, bei dem sich das Traumurteil der Wichtigkeit und Richtigkeit nicht doch als vollauf berechtigt herausgestellt hätte. Freilich muss man die im Traume entdeckten oder geschaffenen Dinge in ihrem vollen Dingwesen zu erfassen versuchen und die im Wachen so unvermerkt einsetzende sofortige Reduktion auf ihre blosse nützliche Brauchbarkeit und Gegenständlichkeit von ihnen fernhalten. Im Traume einer sechsunddreissigjährigen Frau kommt zum Beispiel einmal der Vater eines Wissenschaftlers zu ihr auf Besuch. „Dieser Vater", sagte die Träumerin, „ist ein bekannter Physikprofessor, der aber bereits vollständig versteift ist, ein wirklicher Krüppel. Er ist auch schon sehr alt. Er kann im Traume nur noch hilflos rückwärts trippeln wie ein schwerer Parkinsonist und fällt immer fast um. Er ist immer noch sehr gescheit und kritisch. Bis letztes Jahr hat er immer noch tadellose Vorlesungen gehalten, aber die Studenten sind längst nicht mehr gekommen, da man die Vorlesung schon lange gedruckt kaufen kann, weil er jedes Jahr wörtlich dasselbe doziert; sehr aussergewöhnlich und glänzend sogar, aber immer das gleiche. Er sagt zum Beispiel in der Physikstunde immer den aussergewöhnlichen Satz: Wenn hier eine Türe wäre, ginge ich hinaus ins Freie." Dieser Satz erschien der Träumerin von wahrhaft weltbewegender Bedeutung zu sein. Als sie jedoch nach dem Erwachen über ihn nachdachte, kam er ihr immer belangloser, ja eigentlich blöde und läppisch vor.

Diese Träumerin war wachend eine intellektualistische, blaustrümpfige Akademikerin. Verstandesmässig hatte sie stets alle ihre Kollegen und Kolleginnen weit überragt. Sie war sehr stolz auf ihr Wissen und ihr technisches Können, hatte aber ihr Dasein auf diese eine Möglichkeit des naturwissenschaftlichen Bedenkens der Dinge reduziert. Wachend hatte sie von der ganzen Krüppelhaftigkeit einer solchen Existenz keine Ahnung. Sie hielt diese Art von Bezugsmöglichkeit zur Welt nicht nur für die allein mögliche, sondern auch für die einzig richtige Lebensform. Träumend jedoch erfuhr sie zum mindesten von dem ihr Begegnenden her, wie es darum stand. Im Mitsein mit dem verdorrten Wissenschaftler hielt sie sich zwar immer noch im rein rational-intellektualistischen Denken auf. Aber vom Alten her erschien ihr dieses ihr Verhältnis zur Welt doch schon deutlich als eine dem Untergang geweihte, zukunftslose, eingeengte Weise da zu sein, von der aus es keinen wirklichen, nur einen im Konditionalis gedachten Zugang zu Freiheit gibt. Dass sie immerhin innerhalb dieses Verhaltens wenigstens der Möglichkeit einer Türe innewurde, ist allerdings von lebensentscheidender, weltwichtiger Bedeutung für sie. Von diesem Innewerden hing die Entscheidung über schwerste neurotische Erkrankung oder Gesundung ab. Wird die Traumtür freilich nur als ein isolierter, mit den oder jenen Eigenschaften behafteter Gegenstand gedacht, dann allerdings wird der Ausspruch des Professors unsinnig und bedeutungslos. Das wirkliche Traumding jedoch, die Türe in der Wand des Vorlesungsraumes, auf die der Physikprofessor in einem scheinbar so stumpfsinnigen Satze anspielt, steht mitten in einem sehr reichen Bewandtniszusammenhang. Mit ihrer einen Seite verweist die Türe auf den Vorlesungsraum und damit auf die ganze bisherige, zum Stillstand, ja krebsgängiger Entartung gelangten Lebensgeschichte der Träumerin. Denn in Vorlesungsräumen hat sich bisher fast ihr ganzes Dasein abgespielt, war in dieser Sphäre rein intellektueller Weltbezüge eingeschlossen gewesen. Die Türe kennt aber nicht nur ein Zuschliessen. Sie verheisst auch ein Öffnen. Dann ist sie das „zwischen", ist Schwelle und Übergang zu einer andern Welt. Sie ist auch die Gebärde einer Einladung des Hinaus-auf-die-Strasse-sich-Begebens, auf der die Dinge und Menschen in ganz anderer Weise zu begegnen pflegen als im Hörsaal.

Träumend wurde diese Frau auch viel früher als wachend der besonderen Art ihres Weltverstehens gewahr. Wachend hielt sie sich selbstverständlich für eine durch und durch aufgeklärte Frau. Da träumte sie aber einmal: „Ich lebte im Traume im Zeitalter, da die Sexualität noch nicht entdeckt ist. Erst die obersten Gesellschaftsschichten wussten davon, und es gab auch schon einige Bücher darüber. Die unteren sozialen Schichten spürten erst danz dumpf etwas, ohne eigentlich davon zu wissen. Ich sah einen jungen Mann aus dem Volke, der sexuell erregt war und nicht wusste, wie und was ihm geschah. Er spürte nur dumpf, dass etwas anders als bisher war."

Träumend also verstand sie sich bereits, wenn auch erst von den ihr begegnenden Mitmenschen und Dingen her, als eine Frau, die lediglich in höchst oberflächlicher Weise Kenntnis von der triebhaftsinnlichen Beziehungsmöglichkeit des Menschen besitzt. In der Tiefe dagegen wusste sie nur ganz ahnungsweise, wie ihr geschah, wenn die Sexualität sich regte. Auch dieses blosse Ahnenkönnen hatte sie sich vor kurzem erst in langer analytischer Arbeit erwerben müssen. Ihr verdankte sie das unbestimmte Wissen im Wachen, dass mit ihr doch schon etwas anders geworden war als bisher.

6. Das Lügenkönnen im Traum

Es kann ein Mensch in seinen Träumen aber auch sich selbst oder den anderen die Wahrheit vorenthalten. Dann begeht er träumend Fehlhandlungen oder weiss die ganze Zeit seines Traumes über sehr genau, dass er lügt. Eine junge Frau hatte in einem Traume mit ihrem Ehemann eine Auseinandersetzung, weil er ihr vorwarf, sie sei zu spät nach Hause gekommen. Sie verteidigte sich gegen seine Vorwürfe, indem sie ihm bis in alle Einzelheiten hinein erzählte, was sie gestern abend alles mit ihrer Freundin zusammen unternommen hätte, wie interessant das Kinostück gewesen sei, so dass sie es nachher noch unbedingt miteinander in einem Café hätten besprechen müssen. Diese ganze Geschichte war aber von vorn bis hinten erlogen. Im Traume war ihr völlig bewusst, was nun freilich wieder in keiner Weise der wachen Wirklichkeit entsprach, dass sie nicht mit ihrer Freundin ausgegangen war, sondern ein hübsches Abenteuer mit einem Freund erlebt hatte. Sie log aber so gut im Traume, dass sie sogar einige Tränen hervorbrachte, wodurch sich der Ehemann denn auch überzeugen liess. Als sie, befriedigt über das gelungene Täuschungsmanöver, erwachte, konnte sie sich in ihrer Wachwirklichkeit tatsächlich noch ein paar der geheuchelten Traumtränen von ihren Wangen wischen.

7. Unbewusste Fehlhandlungen im Traum

Ausser bewussten Lügen kann man sich träumend auch unbewusster Fehlhandlungen im Sinne FREUDS schuldig machen. Ein Mann weilte in seiner Traumwelt in den Ferien auf einer Farm, weit weg von zu Hause. Es ging dort wild zu. Menschen und Tiere waren von einer unerhörten Lebendigkeit. Es war zu des Träumers grösster Freude einfach „rassig", dort mit dabei sein zu dürfen. Jetzt aber waren die Ferien vorbei, und schon sass er im Zug, der ihn zurückbringen sollte. Er dachte aber nur sehr ungern an seine Heimkehr. Im Traume hatten sich, was zu jener Zeit auch seiner wachen Wirklichkeit entsprach, die Beziehungen zu seiner Frau völlig abgekühlt. Zu Hause herrschte zwischen den beiden Eheleuten eine langweilige Leere. Wie sich der Eisenbahnzug dem Wohnorte näherte, wurde der Träumer von einer unwiderstehlichen Müdigkeit und Schläfrigkeit überfallen. Das fehlte jetzt gerade noch, sagte er im Traume zu sich selbst, um sich wachzurütteln, dass mir die Fehlhandlung unterläuft und ich einschlafe und dabei die Station W. (die Station seines Wohnortes) verschlafe! Nach einer Weile musste er jedoch zu seinem grossen Ärgernis feststellen, dass er offenbar trotzdem im Zuge eingeschlafen sein musste. Denn jetzt, als er, immer noch träumend, die Augen aufschlug, fuhr der Zug durch eine ihm ganz fremde Gegend, die sich schon weit jenseits seines Wohnortes befinden musste. Es war ihm im Traume noch sofort klar, dass es ihn grosse Mühe kosten werde, von da aus den Rückweg nach Hause zu finden.

8. Das künstlerische Weltverhältnis im Traum

Doch nicht nur in der Weise des intellektuellen Überlegens und des wissenschaftlichen und philosophisch-geistigen Bedenkens der Dinge kann man träumend in der Welt sein. Auch als künstlerisch verstehender und künstlerisch schöpferischer Mensch vermag man träumend dazusein. Als zum Beispiel Ludwig TIECK CORREGGIOS Gemälde kennenlernte, konnte er ihre gepriesene Trefflichkeit nicht einsehen und mühte sich vielfach um ihre Auffassung. Da träumte er, er sei in der Galerie, der Meister selbst träte zu ihm und rede ihn kurzweg mit den Worten an: „Bist du nicht ein dummer Mensch, das Treffliche nicht zu erkennen?" Daraufhin habe er ihn vor die Gemälde geführt und ihm ihre Schönheit eröffnet. TIECK erwachte und voll von diesen Gedanken konnte er die Zeit des Eintritts in die Galerie kaum erwarten. Sogleich eilte er zu CORREGGIOS Gemälden. Wie ein Blitz leuchteten sie ihm entgegen, die Augen waren ihm aufgegangen, und seit dieser Zeit war er ihr grösster Bewunderer[1].

Vom Komponisten Giuseppe TARTINI wissen wir, dass seine Teufelssonate ein schwacher Abglanz einer Melodie ist, die er in seinem Traume dem Belzebub vorspielte.

9. Das moralische Bewerten im Traum

Noch höher als die intellektuellen und künstlerischen Leistungen pflegt man die moralischen Entscheidungen der Menschen einzuschätzen. Auch moralische Probleme sind dem träumenden Menschen durchaus nicht fremd. So träumte etwa eine Frau mittleren Alters: „Ich muss in einem Zimmer sieben riesige Raubtiere bewachen. Tiger, Panther. Sie haben alle herrliche weisse Gebisse. Zunächst fällt mich ein sehr grosser, aber noch junger Panther von hinten an und beisst mich nur spielerisch in die Beine. Gleichzeitig muss ich mich aber auf den grössten Tiger konzentrieren, dem ich fest in die Augen schaue und ihn dadurch bannen kann. Ich habe nicht direkt Angst, aber bin mir bewusst, dass es mir zuviel werden wird, dass meine Willenskraft erlahmen wird, wenn ich die Tiere den ganzen Tag über mit meinem Willen im Zügel halten muss. Denn ich darf sie nicht einen Augenblick aus den Augen lassen, sonst kann ich ihnen

---

[1] I. JEZOWER: „Das Buch der Träume", S. 149. Berlin 1928.

meinen Willen nicht mehr aufzwingen. Ich fühle dabei eine grosse moralische Verantwortung auf mir lasten. Denn wenn ich die Tiere entspringen lasse, werden sie nicht nur mich fressen, sondern auch die Spaziergänger, die draussen im Zoo familienweise herumstehen." Diese Träumerin war eine temperamentvolle Südländerin, deren Triebhaftigkeit wirklich ein bissig-gieriges Raubtier war. Nach ihrer Verheiratung gab sie sich aber alle erdenkliche Mühe, „moralisch" zu sein und eine brave Schweizer Hausfrau zu werden. Sie hatte im Wachen wie im Träumen Angst um den Bestand der Familie, wenn sie ihrer Triebhaftigkeit die Zügel schiessen lassen würde. Sie fühlte aber darüber hinaus eine echte moralische Verpflichtung, sich ihren Angehörigen zuliebe zu beherrschen. Darum war sie so wachend wie träumend in der Weise eines willentlich-moralischen Abwehrens und Bannens des Raubtierwesens in der Welt.

Ein Psychotherapeut träumte einmal: „Ich erfahre eben, dass Stalin seinen Truppen den Marschbefehl zur Invasion von Europa erteilt hat. Stalin ist aber zugleich auch mein Patient und liegt gerade jetzt vor mir auf der Analysencouch. Er sieht nur nicht genau wie Stalin aus. Es ist mehr nur seine Statur, die für Stalin charakteristisch ist. Ich weiss einfach, dass es Stalin ist. Das Gesicht dagegen zeigt, abgesehen vom Stalinschen Schnurrbart, unverkennbar die Züge des gegenwärtigen Papstes und die eher schnarrende Stimme meines Patienten erinnert mich nur allzu deutlich an den brutalen Lehrer, der mir die ersten Schuljahre so verbitterte und verdüsterte. Wie der gefährliche Stalin nun so vor mir daliegt, erkenne ich plötzlich die einzigartige Chance, das ganze unabsehbare Elend, das die Europainvasion mit sich bringen wird, dadurch noch im allerletzten Augenblick verhindern zu können, dass ich mich auf den daliegenden Stalin stürze und ihn ersteche. In dem Schubfach unter meinem Schreibtisch sehe ich auch schon deutlich den dazu passenden starken Dolch. Aber schon regt sich mein Gewissen. Ja, darf ich eigentlich, frage ich mich, ein Unglück und Verbrechen dadurch zu verhindern trachten, dass ich mich selbst eines Verbrechens, eines Mordes schuldig mache und wenn es auch nur der Mord an einem schweren Verbrecher ist? Mit diesem moralischen Problem quäle ich mich die längste Zeit ab. Ich bin mir der ungeheuerlichen Verantwortung in stärkstem Masse bewusst und leide schwerste Gewissensqualen. Ich rege mich innerlich darüber so sehr auf, dass ich schwitzend und mit argem Herzklopfen erwache."

Das Mitsein mit dem Diktator Stalin trägt den Charakter heftigster moralischer Auseinandersetzung. In diesem besonderen Modus des

Mit-dabei- und Mit-darin-Seins in dessen diktatorisch-vergewaltigender Verhaltensweise der Welt gegenüber ist das ganze Wesen des Träumers in höchstem Masse versammelt. Seiner Konzentration entsprechend ruft denn auch der stalinistische Weltbezug eine aus allen grossen Unterdrückern seines bisherigen Lebens verdichtete „Mischfigur" in seine Traumwelt hinein. Dass der Papst mit darin ist, versteht sich leicht aus dem Umstand, dass dieser Träumer in seiner Jugend durch einen krankhaft sadistischen Pfarrer bis aufs Blut gepeinigt worden war. Deshalb wollte er auch im Wachen bis zum Zeitpunkt dieses Traumes keinen Unterschied zwischen dem Katholizismus überhaupt und den kommunistischen Methoden anerkennen.

10. Die Beziehung zum Göttlichen im Traum

Ausser dem handelnden, praktisch überlegenden, wissenschaftlich denkenden, künstlerisch schauenden und moralisch wertenden Sein zu den Dingen und Menschen der Welt gibt es noch die Möglichkeit eines Existierens im Bezug zu einem Seienden, das wir Götter oder Gott nennen. Diese religiöse Bezugsmöglichkeit spielt heute beim träumenden Menschen eine um so grössere Rolle, je mehr sie bei den Wachenden verschüttet ist. Es ist eine überaus häufige Erfahrung unserer analytischen Praxis, in den Träumen von Menschen, die in ihrem bisherigen wachen Leben völlig den irdischen Dingen zugewandt waren, plötzlich einen möglichen Bezug zum Himmel und zu den Himmlischen aufleuchten zu sehen. Solches ereignet sich allein dadurch, dass man diese Menschen einfach sich aussprechen und damit ganz zu sich selbst kommen lässt, ohne dass von seiten des Analytikers auch nur ein Wort über Religion geäussert wird. Eine erste Andeutung einer religiösen Beziehung findet sich zum Beispiel in dem folgenden Traum einer vierunddreissigjährigen Frau: „Ich bin auf einer Garden-Party. Ich habe mich von den andern Gästen etwas entfernt, kehre ihnen den Rücken. Während die andern irgendein Feuerwerk bewundern, stehe ich im Park vor einer kleinen Pagode. In der Pagode ist ein kleines Schwimmbassin. Auf dem Wasser schwimmen zwei grosse Blätter der Lotospflanze. Ein kleiner Steg führt von einem Blatt zum andern, wie eine kleine Brücke. Neben dem Bassin ist ein Tongott, eine Art Gartengott. Er ist aber umgefallen. Ich stelle mit Entsetzen fest, dass es also gar nicht der Gott ist, der das Brücklein hält, sondern dass dieses nur auf den beiden schwankenden Blätterschalen ruht. Es wird mir sofort klar, dass also auch der ganze Garten, auf dem sich die Gesellschaft bewegt, in gleicher Weise auf dem Wasser schwimmt, während doch alle wähnen, der Gartengott sei der Beschützer dieses Festes und sei Träger von allem. Welche Panik entstünde, denke ich rasch, wenn die Gäste bemerkten, dass alles nur auf Wasser, bzw. auf den schwachen, zerreissbaren Blätterschalen schwimmt. Daher richte ich den kleinen Tongott schnell wieder auf, bevor einer der Gäste sieht, dass er umgefallen war."

Diese Träumerin war im Wachen eine Dame der „guten Gesellschaft". Ihr ganzes Dasein ging in Garden-, Cocktail- und andern Parties auf, wenn sie nicht gerade um die ganze Welt herum von einem Grandhotel ins andere raste. Sie war so sehr in diesem irdischen Wirbel verfangen, dass sie keine Minute Zeit fand, über den Sinn ihres Lebens nachzudenken, geschweige denn, sich je über Göttliches Gedanken zu machen. Dass jedoch ein derart schales, oberflächliches Leben nicht ihrem eigentlichen Wesen entsprach, verrieten schwere chronische Darmbeschwerden, die jahrelang den Behandlungen durch die Internisten trotzten. Dieser Beschwerden wegen war sie schliesslich zum Psychotherapeuten gekommen. Entsprechend der Verkümmerung ihrer religiösen Beziehungsmöglichkeiten zeigte sich ihr das Göttliche deshalb in ihrem ersten „religiösen" Traume auch nur in Gestalt eines umgefallenen Götzen, eines tönernen Gartengottes. Schon aber geht sie, nach einem halben Jahr psychotherapeutischer Behandlung, doch nicht mehr ganz in dem Feuerwerk des Gesellschaftsbetriebes auf. Sie hat sich davon etwas abgesondert, kehrt ihm für eine kurze Weile den Rücken. Nur deshalb kann sie jetzt überhaupt eine Pagode wahrnehmen, einen Raum, der zur Besinnung auf Wesentliches aufruft. Was sie dann aber entdeckt, ist erschreckend. Sie wird sich des schwanken Fundamentes, der Bodenlosigkeit ihres Daseins, bewusst. Jeden Augenblick kann alles zusammenstürzen und ertrinken. Nicht einmal die Gestalt eines tönernen Garden-Party-Götzen, zu der das Göttliche in ihren Gesellschaftskreisen verkümmert zu sein pflegt, hält mehr, ist umgefallen. Noch einmal betrügt sie sich und die anderen, weicht der Angst vor der Grundlosigkeit ihres Daseins aus, verdeckt die Wahrheit. Rasch stellt sie den Tongott wieder auf, damit niemand etwas merkt und keine Panik ausbricht, damit sie von neuem unbekümmert in die alte Lebensweise ihrer mondänen Öffentlichkeit zurückkehren kann.

Ein halbes Jahr später ereignet sich jedoch der gleichen Patientin der folgende Traum: „Ich befinde mich an einem sehr mondänen Badeort in einem eleganten Grandhotel. Ich flaniere bei dem Kurbrunnen vorbei. Ich sehe die Trinkgläser der Kurgäste in ihren numerierten Fächern an der Wand stehen und sage zu jemandem, diese Fächer haben doch etwas von Todesurnen an sich. Der Begleiter will davon nichts wissen. Er schwärmt vielmehr von den Vorzügen dieses Brunnens und von seiner architektonischen Schönheit. Ich finde den Brunnen und den Park aber sehr öde und leer. Hingegen bleibe ich plötzlich beim Anblick des Himmels wie gebannt stehen. Die schneeweissen Wolken haben sich so geballt, dass man bei genauem Hinsehen deutlich griechische Tempel und Säulen erkennt, eine ganze Tempelstadt fast. Ganz phantastisch schön ist der Anblick eines aus weissem Marmor gehauenen Reliefs, das eine Jagdszene der Artemis darstellt. Jedenfalls sind es schäumende Rosse und bellende Hunde. Ich mache die herumwandelnden Leute darauf aufmerksam und sage, dass das nun wirklich weitaus bedeutender sei als der Kurbrunnen. Alles staunt nun den Himmel an."

Träumend ist diese Frau ihrem wachen Dasein schon ein gutes Stück voraus. Die Welt des Grandhotels interessiert sie schon kaum mehr, sie erscheint ihr öd und leer. Die alte Einstellung zu ihr, die noch in den rühmenden Worten ihres Begleiters laut wird, verfängt nicht mehr. Ja, der ganze Kurbetrieb zeigt sich ihr durch die todesurnenhafte Anordnung der Trinkgläser schon recht eigentlich in seiner wahren Bedeutung. Denn daseinsmässig gesehen ist er für sie wirklich ein Friedhof, in dem sie bisher immerzu alle ihre wesentlichen menschlichen Möglichkeiten beerdigte. Dagegen beginnt sich ihr nun der Himmel zu erschliessen. Entsprechend der Sinnenfreudigkeit dieser Frau sind es nicht christliche Gestalten. Denn diese hatte sie in ihrer Erziehung nur als die alle irdischen Freuden verdammenden Asketen kennengelernt. Es sind die Himmlischen der griechischen Götterwelt, die ihr zunächst erscheinen. Auch sie sind noch nicht eigentlich Wirklichkeit. Vorerst sind sie ein Wolkengebilde nur. Aber schon überragt die Entdeckung des Himmels den Gesellschaftsbetrieb auf der Erde um vieles an Bedeutung.

Von einer andern Frau, die bereits ein gut Stück in ihre zweite Lebenshälfte vorgerückt war, stammt der folgende Bericht: „Heute nacht träumte ich, es besuche mich ein schöner junger Stier. Der Stier legte sich zu mir ins Bett, um mit mir zu schlafen. Ich spürte sehr deutlich die knöchernen Tierbeine auf meinen Schenkeln. Ich wusste aber zugleich, dass es Gott Zeus war, der in Gestalt des jungen Stieres zu mir gekommen war. Als sollte mir über alle Zweifel deutlich gemacht werden, dass in diesem Tier wirklich ein Gott zu mir gekommen war, formten sich aus seinen Vorder- und Hinterhufen schlanke und doch kräftige Hände und Füsse aus, wie ich sie so schön noch bei keinem Menschen gesehen hatte. Im sicheren Bewusstsein der göttlichen Nähe sank ich nun in eine unendliche Tiefe, in der mich gar keine konkreten Dinge mehr umgaben. Jede Kontur war überflüssig geworden, wäre nur als beengende Begrenzung erschienen. Es war ein Sich-sinken-lassen-Können im restlosen Vertrauen auf die Geborgenheit im göttlichen Zeus. Das war ein Ereignis ganz anderer Art, als es auch das erfüllteste Liebeserlebnis und der beglückendste Orgasmus mit einem Manne je sein könnte. Es trug sich gleichsam auf einem viel höheren, überirdischen Niveau zu. Es war das unmittelbare Erleben der Gottnähe, der Einswerdung mit Gott, ein wahrhaft numinoses Erlebnis!"

So träumte eine im Wachen besonders „wirklichkeitsnahe", gesunde Frau, deren Dasein weitgehend in der handelnden Fürsorge für ihre grosse Familie aufging. Ihre geistigen und künstlerischen Interessen, die einmal während ihrer Gymnasialzeit recht rege gewesen waren, hatten unter der Arbeitslast ihres Alltages in hohem Masse in den Hintergrund treten müssen. Ihrer naturwissenschaftlichen Ausbildung entsprechend war ihr waches Denken streng rational-logisch ausgerichtet. Dem religiösen Erleben war sie fast völlig verschlossen. Sie verspürte sogar gegen christliche Gottesvorstellungen eine deutliche innere Ablehnung, weil ihr ihre Erzieher Christus fast ausschliesslich als den gequälten Leidensmann dargestellt hatten. Diese masochistische Frömmigkeit, pflegte sie zu sagen, sei ihr von jeher ganz intensiv zuwider gewesen.

Ganz anders als der bissige schwarze Wolfshund im Traum unseres Radfahrers erschloss das Tier dieser Träumerin gerade nicht eine Angstwelt, deren Tiefe der Abgrund eines bodenlosen Ausgeliefertseins ist. Der junge Stier beschenkte sie vielmehr mit einer Welt von solcher Weite, dass sich in ihr Erde und Himmel, irdisches Tier und unsterblicher Gott zu Einem zusammenschlossen. Die Tiefe dieser Welt war nicht das grauenhafte Nichts der Angst, sie war das heimatlich bergende, die raum-zeitlichen Dinge aufhebende All der göttlichen Liebe, „das Reich jenseits der Formen".

Ein christlicher Traum ereignete sich einem Geschäftsmanne, der aus protestantischer Familie stammte, aber in seinem eigenen wachen Leben schon lange ein betont zynischer Atheist war. Er war mit einer so starken Triebhaftigkeit ausgestattet, dass ihn seit der Zeit seiner Pubertät eigentlich nur die Frauen interessiert hatten; nicht als menschliche Partnerinnen freilich, lediglich als Sexualobjekte. Ein „Konsum von zwei bis drei Frauen im Tag" durch Jahre hindurch war keine Seltenheit bei ihm gewesen. Wenn er beruflich trotzdem recht erfolgreich war, verdankte er dies nicht seinem Arbeitseinsatz, als vielmehr seiner hervorragenden Intelligenz und seiner natürlichen Redegewandtheit. Dieser Mann war nun ziemlich plötzlich in seinem zweiundvierzigsten Lebensjahr sexuell impotent geworden. Damit hatte für ihn das Leben jeden Sinn verloren. Er verfiel in schwerste Depressionen und musste deswegen den Psychotherapeuten aufsuchen. Im sechsten Monat der Behandlung träumte dieser Mann: „Ich trete in einen klösterlichen Raum eines weit über dem Fluss liegenden Gebäudes. Unten im Tal sehe ich ein Elektrizitätswerk oder eine Fabrik, in der die Arbeiter emsig wie in einem Ameisenhaufen herumwimmeln. Ich unterhalte mich mit einem hohen katholischen Priester, denke daran, das klösterliche Gebäude, in dem ich mich eben aufhalte, dem Priester abzukaufen, um ein Weekendhaus daraus zu machen. Doch sehe ich, dass es zu hoch über dem Flusse liegt. Schliesslich verabschiedet sich der Priester von mir, weil er in die Kirche hinaufsteigen muss, die noch höher oben am Berge liegt, um dort die Messe zu zelebrieren. Während des Abschiedes wird das Gesicht des Priesters mager und runzelig und schrumpft ein. Um so deutlicher sehe ich jetzt seine schönen Messgewänder. Dieser Ornat leuchtet nun in unbeschreiblicher Schönheit auf. Der Priester sagt noch im Weggehen, er werde wiederkommen."

Bevor dieser Mann in eine Behandlung kommen wollte, hatte ihm erst sein Geschick in seinem wachen Leben mit dem Holzpfahl seiner neurotischen Impotenz winken und ihm damit bedeuten müssen, dass er seinem Dasein noch anderes schuldig sei, als lediglich in seinem animalen, sexuellen Betrieb aufzugehen und sich allem „Höheren" gegenüber blind zu stellen. In diesem Traume erschloss sich ihm bereits in aller Deutlichkeit die „höhere" Region. Er ist schon ziemlich hoch oben, über dem Tal, über der Niederung bloss technischen Betriebes. Aber gleich will er doch wieder zurück, will den klösterlichen Raum in ein Weekendhaus verwandeln. Weekendhaus ist aber für ihn gleichbedeutend mit sexuellen Orgien. Doch verzichtet er darauf. Die Lage eignet sich nicht mehr dazu. Er befindet sich bereits zu hoch oben. Wie er träumend auf die Verwandlung des Klosters zurück in ein Weekendhaus verzichten muss, geht es auch im Wachen nicht mehr an, seine durch die Impotenz erzwungene klösterliche Enthaltsamkeit einfach wieder in das alte Ausleben seiner nackten Triebhaftigkeit zurückzubiegen. Dafür erschliessen sich ihm andere Daseinsmöglichkeiten. In die Traumwelt dieses Atheisten wird plötzlich ein hoher katholischer Priester hereingelassen. Mit seiner Erscheinung eröffnet sich dem Träumer die religiöse Sphäre.

Noch kommt der Träumer freilich nicht recht mit, wird vom Priester zurückgelassen, als dieser sich zur Messe in die Kirche hinaufbegibt. Doch geht ihm mit nicht geringem Entsetzen im Welken des leiblichen Gesichtes des Priesters auf, wie vergänglich das rein animale, leibliche Leben des Menschen ist, wie rasch dessen Zeit abläuft. Zugleich bietet sich ihm in den um so strahlenderen Messgewändern die Welt der seelisch-geistigen Bezüge in ihrer höchsten Gestalt an. Bald nach diesem Traume erschloss sich ihm zum erstenmal auch in seinem wachen Leben die Welt der Liebe. Er gewann eine junge Frau von Herzen gern. Darum war dann auch ihr gegenüber, solange er dieser Liebe offen sein konnte, seine sexuelle Impotenz wie weggeblasen.

Einen Traum ähnlicher Art berichtete uns eine Frau mittleren Alters, die vor der psychoanalytischen Behandlung ihre Neigung zu schweren, lebensgefährlichen Depressionen nur durch ein forciertes Bergsteigen mit etwelchem, vorübergehendem Erfolg zu bekämpfen wusste. Von Kind auf war dieser Frau jede religiöse Regung durch ihren Vater ausgetrieben worden. Denn dieser Vater war in seiner eigenen Jugend in einer protestantischen Ordensburg geistig derart vergewaltigt worden, dass er sich aus Protest in seinem erwachsenen Leben ausschliesslich einer materialistisch-rationalen Weltanschauung verschrieb. Nicht einmal den Konfirmandenunterricht hätte seine Tochter besuchen dürfen. Diese Frau nun träumte eines Nachts, nachdem bereits ein langes Stück Analyse vorausgegangen war, ohne dass aber während dieser ganzen Zeit die Worte Gott oder Religion oder Himmel vom Analytiker auch nur ein einziges Mal in den Mund genommen worden wären, das folgende Ereignis: „Ich bespreche mit dem mir gut bekannten Dolomiten-Bergführer Rezaniv die morgige Bergtour. Ich zögere, diese Tour zu unternehmen, finde, sie sei zu anstrengend für mich. Auf Drängen des Bergführers entschliesse ich mich dann doch, mitzumachen. Er sagt, es sei ein Dolomitenturm, der für mich sicher nicht zu schwer sei. Ich zögere noch immer. Da ändert sich plötzlich die Szenerie. Ich befinde mich jetzt in einem wirklichen Turm; zunächst ganz allein. Dann stehe ich plötzlich einem unbekannten Manne gegenüber, in den ich mich schlagartig verliebe, und von dem ich eine Umarmung ersehne. Er zieht mich durch eine schwere, eichene Türe auf eine Art Terrasse, die aus weissem Marmor ist, und will mich dort umarmen. Die Terrasse hat jedoch kein Geländer, es ist auch Vollmond, und ich fürchte, mein Mann könnte uns sehen, und ich will ihm diesen Schmerz nicht antun. So reisse ich mich schweren Herzens los. Ich weiss dann, dass im Turm oben ein hoher kirchlicher Würdenträger wohnt. Ihn will ich jetzt suchen.

Ich steige die Wendeltreppe empor. Im ersten Turmzimmer finde ich einen Teil der Kleider dieses Kirchenfürsten. Es muss ein Messgewand sein, wunderbar aus Gold und Silber gestickt. Ich steige weiter, und in jedem nächsten Stockwerk des Turmes finde ich erneut ein kirchliches Kleidungsstück, alle sehr kostbar. Zuletzt stosse ich auf den alten Herrn selber, den Kirchenfürsten, der nur eine Art weisses Tuch um sich gehüllt hat, so wie man meistens Gandhi abgebildet sah. Von hier an wird der Traum ganz undeutlich. Ich glaube, dass er eine spitze Kopfbedeckung aus Gold trägt, vielleicht wie eine Bischofs- oder eine Papstmütze. Möglich, dass er an zwei Stöcken geht, zwischen zwei Knaben. Nur das weiss ich dann wieder ganz genau, dass er auf mich zutritt und mich anspricht. Seine Erscheinung erfüllt mich mit grosser Ehrfurcht. Ich könne Gott nur dienen, sagt er, wenn ich, wie er, alles hinter mir lasse. Er sagt noch, dass er mich schon immer erwartet habe."

Auf der ersten Stufe ihres Aufstieges wird diese Träumerin von der Macht sinnlich-erotischer Liebe angefallen. Sie vermag ihr jedoch zu widerstehen. Einmal hat die Terrasse kein Geländer: die Träumerin weiss, von welch gefährlichen Tiefen sie bedroht ist, wenn sie solcher Versuchung nachgibt. Vor allem aber entsagt sie ihrer erotischen Sehnsucht aus Rücksicht und Liebe zu ihrem Mann. Hat sie aber erst einmal die rein erotische Form der Liebe in der Caritas-Einstellung zu ihrem Mann überwunden, steigt sie auch schon noch höher empor. Auf jedem der folgenden Stockwerke gelangt sie über Stücke von Messgewändern hinaus, immer neue kirchliche Hüllen hinter sich lassend, bis sie dem heiligen Manne selbst begegnet. Er ist fast hüllenlos, vereinigt auf sich nur noch Spuren indisch-katholischer Attribute. Auch der Kirchenfürst dieses Traumes weist mit seiner gebrechlichen Körpergestalt auf die Hinfälligkeit der leiblichen Existenz hin, die nur die kurze Spanne zwischen dem Knabenalter und dem Greisentum währt. Um so grösser ist aber die Ehrfurcht, die seine geistige Macht der Träumerin gebietet. Von diesem Wesen her vernimmt sie den Aufruf zu rückhaltlosem Gottesdienst; einen Ruf, der schon seit je auf ihr Gehör wartete. Bisher hatte sie ihn jedoch stets durch irdischen Besitz zugedeckt und durch das laute Getöse gesellschaftlichen Betriebes übertönt.

Warum aber ging dieser Kirchturmbesteigung die Planung einer Bergtour auf einen Dolomitenturm voraus? Sehr viele gleiche Verwandlungsfolgen in Traumszenerien lassen uns nicht mehr daran zweifeln, dass der weltliche Sport des Bergsteigens nichts anderes als eine Art von Vorkulisse eines Gottesdienstes ist. Bloss tragen atheistische Bergsteiger von dem Wesen unserer Träumerin ihren Gottesdienst ausschliesslich auf dem nicht ganz zulänglichen Niveau der Körperwelt aus. Sie versuchen lediglich, ihren physischen Leib in die Höhe zu bringen, seine Erdenschwere zu überwinden. Wie hätte sonst bei dieser Träumerin das Bergsteigen ein brauchbares, wenn auch nicht lange vorhaltendes Mittel gegen depressiven Verfall sein können? Und warum verlor auf der anderen Seite ihr Bergsteigen den suchtartigen Charakter, sobald sich ihr auch nur ein kleiner und erst ganz undeutlich wahrnehmbarer Zugang zum Göttlichen im Bereiche seelisch-geistiger Beziehungen erschlossen hatte?

Zahlreiche, ganz entsprechend strukturierte Träume finden sich in unserer Sammlung auch von Menschen, die sich Flugmaschinen kaufen und kühne Sportflieger werden mussten, um ein Gegengewicht gegen den Sog ihrer Depressionen zu besitzen. Ein solcher Mann flog denn auch einmal im Traume mit seiner Maschine direkt in den Himmel hinein und landete vor den Füssen des Petrus. Der Himmelspförtner wies ihn freilich ab, schickte ihn wieder auf die Erde zurück. Diese Flugmaschinen, sagte er dem Träumer, seien kein Gefährt, das sich für himmlische Räume eigne. Ja, sie seien des Teufels, weil es keine unmittelbar aus dem eigenen Herzen gewachsene Flügel wären.

Eine ursprünglich völlig gesunde, besonders lebensfrohe und lebenstüchtige Frau von fünfzig Jahren war in der menschlichen Öde einer dreissigjährigen Ehe mit einem gänzlich herzlosen, rein materialistisch eingestellten Grossindustriellen mehr und mehr in die Erstarrung einer schweren Depression versunken. Zu dieser Zeit träumte sie wiederholt von planlosen und ziellosen Wanderungen durch endlose und ausweglose Sümpfe oder Überschwemmungsgebiete, über denen dichter Nebel lagerte. Immer erwartete sie dabei, im nächsten Augenblick ertrinken zu müssen. So war die Welt, wie sie sich ihr aus ihrer Verstimmung im Traume heraus entbergen konnte. Es war auch die Welt, die die Patientin im Wachen, hinter all den tausend Dingen und Verrichtungen des Alltags durchschimmern sah. Diese zerstreuenden Alltagsdinge, sagte sie selbst, seien ihr im Wachen nur notdürftig vor ihre eigentliche, ihre graue Sumpf- und Nebelwelt hingestellt, seien gleichsam eine mitleidige Notlüge nur. Damit sprach die Patientin lediglich auf ihre Weise aus, dass sich ihr im Traume ihre eigentliche, unverstellte Welt nur noch in grösserer Reinheit und Eindrücklichkeit erschloss, als es im Wachen möglich war. Als sie im Verlaufe einer langen Behandlung endlich den Mut zu sich selbst wieder zu finden begann, änderten sich auch ihre Träume. Nun träumte sie zum Beispiel: „Ich wandle in einem ernsten düsteren Walde auf einem schmalen Pfad, nach einem Regentag. Es tropft noch von allen Blättern der Bäume. Mit mir gehen viele Kinder, und wir entdecken an den Bäumen in Regenbogenfarben schimmernde Wesen, die sich nach und nach von den Bäumen lösen und sich, wie Schmetterlinge entfaltend, um uns schweben. Die Kinder wollen sie haschen. Ich verwehre es ihnen aber zunächst, da diese Wesen bösartig sein könnten. Sie sind aber gutartig und begleiten uns wie Geisterlein. Dann wird der Pfad steil. Am Waldrande blüht goldig leuchtend eine Forsythia. Ich teile ihre Zweige auseinander. Sie verdeckte einen Markstein, auf dem, wie ich nun sehr deutlich sehe, ein Kreuz eingehauen ist. Darunter steht die Inschrift I. N. R. I. Auf einer Anhöhe rechts wird eine Art indischer Tempel sichtbar. Ich erwache und höre mich noch die Worte sprechen: ‚Hier hat der Architekt das Vorbild genommen.‘ “ Das Gestimmtsein dieser Frau beginnt sich aufzuhellen. Entsprechend zeigt sich ihr auch die Natur in ihrem Traume in anderer Stimmung. Wohl bringt noch ein Wald eine Düsterheit mit sich, und der trübe Regen hörte eben erst auf. Aber schon ist junges Leben um sie und schwebende regenbogenfarbene Geistlein tragen, auch wenn ihnen die Träumerin noch kaum zu trauen wagt, eine duftig farbige Note in ihre Welt. Ihre gehobenere Stimmung lässt ferner einen steil aufsteigenden Pfad erkennen. Eine goldgelb leuchtende Forsythia erhellt mit noch kräftigeren Farbakzenten ihre Welt und hilft ihr zur Entdeckung des christlichen Kreuzes und seines Vorbildes, des indischen Tempels.

In der neugewonnenen Hochstimmung hatte sich ihr auch der Zugang zum Himmel wieder gelichtet. Noch heller und wärmer leuchtete ihr diese Sphäre im folgenden Traume auf, der sich nur wenige Wochen später ereignete. Er lautete: „Eine weiche Hügellandschaft im Abendrot. Vor dem warmleuchtenden Himmel hebt sich dunkel ein Kreuz ab. An einem Punkte des Kreuzes entsteht ein starkes Leuchten. Verwundert nähere ich mich dem Leuchtpunkt und erkenne, dass das Kreuz ein Kruzifix ist. Der Nagel in der Fusswunde Christi ist ein riesengrosser Diamant, und er war es, der dieses Leuchten ausstrahlte.“

Mit welch eiserner Konsequenz diese Frau von ihrem Geschick in die Hand genommen, wie gewiss es nicht von ihr ablassen wird, als bis sich ihr trotz allen Widerstrebens und aller Begrenzungen durch die sinnlich-irdischen und weltlichen Formen der Liebe hindurch auch der Zugang zur himmlischen Liebe erschlossen haben wird, verrät uns ein letzter Traum dieser Frau: „Ich erreiche eine Passhöhe. Vor mir stehen, von mir abgewendet, ein Jüngling und eine ‚Poule de luxe'. Ich bemühe mich, ihnen zu folgen, weil es mich mit aller Macht dazu drängt, das Antlitz der Dirne zu sehen. Es beginnt eine endlose Wanderung. Nie gelingt es mir, die weibliche Gestalt von vorne zu sehen, um ihr in die Augen blicken zu können.

Es ist eine ganze, nicht endenwollende Lebensreise. Mit der Zeit verändert sich die Gestalt, der ich folge, in eine französische Rotkreuzschwester. Fast habe ich sie eingeholt, als mich ein Grenzwächter anhält und mir den Zutritt zum Grenzland verwehrt. Er erklärt, der Übertritt in das heilige Land sei nur für Gezeichnete. Ich bedeute ihm, dass ich um jeden Preis der Gestalt nachfolgen muss, weil dies meine Schicksalsbestimmung sei. Da nimmt der Grenzwächter sein Messer und ritzt mir ein Kreuz auf die Stirne. Nun sehe ich die weibliche Gestalt plötzlich auf einem Domplatz aus einer Menschenmenge heraustreten. Sie trägt jetzt eines der zeitlos blauen Gewänder, wie wir es von den Frauen auf den Renaissancebildern her kennen. Sie betritt den Dom. Ich folge ihr nach. Wie ich die Kirche betrete, bin ich in einer absoluten Finsternis und taste mich mühsam weiter vorwärts. Dann dringt aber plötzlich durch die wunderbaren Glasmalereien in der grossen Rosette der Domfassade warmes, überirdisch schönes Licht ein und erhellt den weiten, himmelhohen Dom in allen Farben. Ich bin am Ziel und erwache in glücklicher Ruhe."

Träumend hat diese Frau ihre Lebensreise abgeschlossen. Sie hat sie zu gutem Ende gebracht und hat ihr Geschick erfüllt. Noch unverhüllter als die Bergsteigerin des vorstehenden Traumes kam sie nach dem Durchgang durch Eros und Caritas über die Grenze des Irdischen hinweg ins unmittelbare göttliche Licht zu stehen. Ihr Glück oder Unglück, ihr Krankwerden oder Gesundsein als wacher Mensch wird davon abhängen, ob sie die Fülle ihres Daseins auch wachend mit gleicher Konsequenz einholen wird wie im Traume[1].

Der Inhalt all dieser „religiösen Träume" sowohl, wie auch die Art und Weise, in der sie von ihren Träumern berichtet wurden, lassen gar keinen Zweifel darüber aufkommen, dass es sich um Erfahrungen ausgesprochen numinoser Art handelt. Die Träumerin des Zeus-Stier-Traumes hatte denn auch selbst eigens zu diesem Wort gegriffen, um die ungewöhnliche Note ihres nächtlichen Ereignisses vollkommen zu treffen. In den zusätzlichen Beschreibungen der andern Träumer, denen dieser Begriff nicht vertraut war, vernahmen

---

[1] Vgl. hiezu auch die Traumbeispiele von G. Siegmund in „Der Traum", S. 99 ff. Fulda 1949.

wir an seiner Stelle Aussagen wie: „Ich war zutiefst von der Erscheinung ergriffen", oder: „Ein heiliger Schauer durchströmte mich dabei." Es besteht nun nicht der geringste Anlass, gerade diesen Gehalt des Phänomens um seinen Charakter einer unmittelbaren Gegebenheit zu bringen, oder ihn gar ganz zu übersehen. Gönnen wir ihm jedoch ebenfalls seine volle Wirklichkeit, so spricht uns eine jede dieser Erfahrungen als ein faktisches „Numen", als ein wirklicher Wink des Göttlichen an. Halten wir uns also von allen eigenmächtigen Konstruktionen fern, und bleiben wir der „reinen Tatsächlichkeit" dieser Träume offen, dann werden wir in allen ihren Phänomenen, im Zeus-Stier und im Tongott der Garden-party, in der Artemis des Wolkengebildes, wie im strahlenden Messgewande des katholischen Priesters, im steingehauenen Kreuz mit den Initialen Christi, im indischen Tempel und in dem Gandhi ähnlichen Heiligen, im Kruzifix mit dem diamantenen Fussnagel, wie in dem überirdisch schönen Licht des Domes und in den Engelmüttern eines noch viel früheren Traumes gar nichts anderes als eben diese Gestalten und nur sie sehen. Denn nur dann lassen wir sie so in ihrem eigenen Wesen, in dem sie sich uns von sich aus zeigten, als die unmittelbaren Erscheinungen des Göttlichen sein, wie es sich eben im Lichte der jeweiligen existentiellen Helle der Träumer offenbaren konnte.

Viele moderne Psychologen wollen indessen gerade von dem numinosen Zug derartiger Träume her ein besonderes Recht ableiten, ihre Gebilde zu psychischen oder psychoiden „Archetypen" abzuwerten; in solchen Archetypen zum mindesten deren direkte Verursachungen oder Ermöglichungsgründe zu erblicken. Nicht nur lasse der Schauer, den diese Träume einflössten, noch die grosse Nähe des hintergründigen Archetypus ahnen, es könne zudem gerade hier als Beweis für dessen Vorhandensein das Faktum ins Feld geführt werden, dass solche numinosen Traumgestalten bei den verschiedensten Menschen, zu den unterschiedlichsten Zeiten und in den entferntesten Landstrichen in ganz ähnlichen Ausprägungen zu finden seien. Gegen derartige Suppositionen muss sich allerdings die phänomenologische Auslegung mit grösster Strenge zur Wehr setzen, um so mehr als wir jetzt neben den Gründen, die wir bereits gegen die Stichhaltigkeit dieses Argumentes vorbrachten[1], auch noch zu erkennen vermögen, dass die von Ort-, Zeit- und Rasse unabhängige Übereinstimmung der Gotteserscheinungen, soweit sie überhaupt einer genaueren Nachprüfung standhält, leicht aus der Ähnlichkeit

---

[1] Siehe S. 56.

der Beziehungsmöglichkeiten aller Menschen zu verstehen ist; so aber nur, wie gleichnisweise ähnlich gefärbte Scheinwerfer ein und dasselbe Ding auch bloss in sich gleichenden Farbaspekten aufleuchten lassen.

Aus dem numinosen Phänomen selbst ergibt sich mithin jedenfalls weder eine Berechtigung noch eine Notwendigkeit, Vorstellungen von der Art eines archetypischen Motors als ihres Erzeugers in sie hineinzudenken. Viel eher sind diese Träume eine Mahnung mehr an den modernen Menschen, den geheimnisvollen Hintergrund des Seins aller Dinge nicht immer gleich durch irgendwelche der ihm vertrauteren, der technisch-gegenständlichen Welt entlehnten Begriffe bekannter machen zu wollen, sondern ihn in seiner Unbekanntheit und Unerforschlichkeit zu respektieren und auszuhalten. Doch nicht bloss als überflüssig erweist sich auch hier wiederum die Archetypus-Hypothese. Gerade bei derartigen Träumen lässt sie darüber hinaus den Schaden offenkundig werden, den das heutige psychologische Bestreben überhaupt dadurch anrichtet, dass es die Phänomene immer nur als Folgen oder Anzeichen einer dahinter angenommenen Grösse sehen und jene aus dieser kausal erklären und herleiten will. Denn bringt man nicht diese Träume in dem und nur in dem zum Sprechen, was sie in ihrer Welthaftigkeit bekunden, was sie selber sagen und zeigen, so verstellt man sich da besonders krass jede Möglichkeit, die eigentliche Frag-Würdigkeit ihres Wesens auch nur ahnen zu können.

11. Die Möglichkeit, im Traume träumend zu existieren

Man kann träumend wissen, dass man träumt. Man kann aber auch im Traume träumen und im Traume geträumte Träume erzählen. Man vermag sogar, träumend eben geträumte Träume tiefenpsychologisch zu deuten. Nicht selten bestätigt man sich das Wissen vom Träumen im Traume etwa durch die träumend zu sich selbst gesprochene Beschwichtigung: Gottlob, dass das nur ein Traum ist! Für das Träumen im Traume mag das Beispiel eines Medizinstudenten dienen, das er sich so notiert hatte: „Ich hatte den ganzen Tag für mein Examen gearbeitet. Todmüde legte ich mich um zehn Uhr abends schlafen, doch war mein Kopf von dem vielen Memorieren so gespannt, dass ich trotz der Müdigkeit lange den Schlaf nicht finden konnte. Endlich schlummerte ich doch ein, fuhr aber im Traume gleich weiter, mich mit dem Penicillin zu beschäftigen, über das ich vor dem Zubettgehen noch ein paar Seiten gelesen hatte. Ich träumte, ich sässe in einem chemischen Labor und lasse in grossen Mengen die Schimmelpilze wachsen, aus denen ich dann das Penicillin zu extrahieren hatte. Ich muss bei dieser Arbeit den ganzen Tag in dem Labor herumrennen und werde todmüde davon. Gott sei Dank ist es jetzt Abend geworden. Ich bin jetzt zu Hause, bin so erschöpft, dass ich mich angekleidet ins Bett lege und gleich einschlafe. Ein widriger Traum stört aber gleich von Anfang an meine wohlverdiente Nachtruhe. Die Schimmelpilze sind mir aus dem Labor nachgelaufen, haben sich auf meiner Bettdecke eingenistet, wachsen zu Riesenpilzen aus und drohen, mich zu überwuchern, dass ich kaum mehr atmen kann. So hat es natürlich keinen Sinn, im Bette zu liegen, sage ich mir selbst im Traume. Rasch werfe ich die von den Schimmelpilzen überwucherte Bettdecke zurück, springe aus dem Bett und kehre ins Labor zurück. Dort empfängt mich aber mein Chef und ist sehr ungehalten über mich. ‚Machen Sie, dass Sie sich zum Teufel scheren und endlich ins Bett kommen‘, schreit er mich an, ‚blinder Eifer schadet nur!‘ Über diesen völlig unerwarteten Tadel erschrecke ich so heftig, dass ich nun wirklich erwache. Ich stelle fest, dass seit meinem faktischen Einschlafen genau zwei Stunden vergangen sind, wobei ich im Traume einen ganzen Tag bis tief in die Nacht hinein gearbeitet hatte." Diesen Menschen sehen wir also in der verschiedensten Weise auf immer das nämliche Weltding bezogen sein. Unmittelbar vor dem Zubettgehen, noch wachend, gibt er sich theoretisch, lesend mit dem Penicillin ab. Er ist also denkend-vorstellend bei den Pilzen. Im nachfolgenden Traum geht er in der praktischen Handhabung des Penicillins auf, im Besorgen der entsprechenden Laborarbeiten. Bald jedoch, in dem im Traume geträumten Traum, besorgt das Penicillin es nun ihm, es überwuchert ihn, er ist seiner Übermächtigkeit preisgegeben. Dem bloss rational-logisch rechnenden Denken scheint dabei der Unsinn der Ereignisse vom wachen Lesen an über das Verhalten des Träumers im einfachen Traum bis zum Geschehen in dem im Traume geträumten Traume stetig sich zu vergrössern, um schliesslich in dem Überwuchertwerden des Studenten durch die Schimmelpilze den Gipfel zu erreichen. In Wirklichkeit jedoch erhellt gerade diese scheinbar schlimmste Absurdität des Traumes im Traume die wahre Daseinsverfassung dieses Menschen mit der grössten Klarheit. Denn erst die Übermächtigkeit des Penicillinpilzes im Traume verrät mit aller Klarheit die wirkliche und gesundheitsgefährdende Verfallenheit dieses Menschen an die Dinge seines Studiums, die bereits auch im blossen Lesen seiner wissenschaftlichen Bücher, wie in seinem Herumrennen im einfachen Traume herrschte, dort aber noch durch ein scheinbar freies Entschliessen und ein selbständiges Handelnkönnen verdeckt war. Immerhin war in der Welt unseres Träumers noch ein Rest zum mindesten einer klugen Übersicht geblieben. Sonst hätte er nicht zum Schlusse doch noch seinem ihn zurechtweisenden und zur Vernunft mahnenden Chef begegnen können.

Eine junge Frau benützte einen im Traume als Traum erinnerten Traum als ein diagnostisches Beweismittel. Zugleich freilich wird sie sich in der Traumerinnerung „in Potenz" wie aus doppelt weiter Ferne erstmals ihres wahren Verhältnisses zum geträumten Menschen gewahr. Dieser ganze Traum lautete: „Ich bin auf dem Jungfraujoch. Da kommt mein Vater von der Jagd zurück und sagt, er fühle sich schwindlig. Er ist im Gesicht bläulich verfärbt. Die Tiere, besonders die Kühe, erschrecken panisch. Ich habe Angst und sage ihm eindringlich, dass wir noch heute abend hinunterfahren wollen, ich hätte Angst wegen seines Herzens. Der Vater lacht aber nur über meine Besorgnis und tut grossartig: mit seinem Herzen stehe es nicht schlimm. Nun sage ich ihm ganz offen, dass ich seinen Zustand für sehr ernst halte. Als Beweis für die Richtigkeit meiner Auffassung erzähle ich ihm einen Traum, den ich in der vorigen Nacht zu haben, ich mich im Traume selbst ganz genau erinnern konnte. In diesem in meinem Traume erinnerten Traume war der Vater zugleich mein Geliebter gewesen, war aber auch vom Tode gezeichnet, und genau so wie jetzt hatten dies die Tiere sofort gemerkt und waren darüber ebenfalls panisch erschrocken gewesen."

Nachzutragen bleibt lediglich, dass diese Frau sich nur in ihrem Traume erinnert hatte, einen derartigen Traum in der Nacht vorher geträumt zu haben. Weder am wachen Tage zuvor noch tags darauf war sie sich eines solchen nächtlichen Ereignisses bewusst.

Wie nun die Psychoanalyse es im weiteren Verlaufe noch hundertfach bestätigte, hatte seit je und bis zu diesem Traume die einzige echte mitmenschliche Liebesbeziehung dieser Frau ihrem Vater gegolten, unbeschadet des Umstandes, dass dieser Vater in ihrer wachen Welt schon vor einem Jahrzehnt gestorben war. Diese Tochter-Vaterliebe war sogar von einer derartigen Ausschliesslichkeit und Intensität gewesen, dass sie die Existenz dieser Frau bisher zu keinen anderen, haltbaren Weltbezügen freigelassen hatte. Wissentlich freilich hatte sie diese „inzestuöse Fixierung" nur in der hochgeistigen, jungfräulich spirituellen Sphäre abstrakter Gedanken über ihren Vater zugelassen. In dieser verstiegenen, eisigen Höhe und Ferne drohte diese Liebesbeziehung ganz zugrunde zu gehen. Es war höchste Zeit, dass sie ihr wieder Austragungsmöglichkeiten in den tieferen, lebensnaheren, gefühlswärmeren Bereichen ihres Daseins einräumte. Denn nur aus dieser Bindung an den Vater heraus lebte sie eigentlich. Darum wirkte ihr drohender Untergang so erschütternd bis in ihr vitalstes Fundament; welche Erschütterung sich ihr drastisch genug von den in panischen Schrecken versetzten Kühen her zeigte.

12. Das Analysierenkönnen von im Traum geträumten Träumen

Auch eine andere, ungefähr gleichaltrige Träumerin erzählte in ihrem Traume einen Traum, der ihr sogar zu einer sogenannten Hypermnesie im Traume verhilft: „Ich spaziere", berichtet diese Frau, „im Traume mit einem Begleiter durch Berlins leere Strassen und erzähle ihm, ich hätte die letzte Nacht folgenden Traum gehabt: ‚Vor einem Häuserblock, in dem ich früher als Kind gewohnt habe, kehrte ich die Strasse, die voll herbstlichen, vermodernden Laubes war. Ein Rundgang durch das Haus, vor dem ich reinemachte, überzeugte mich, dass es tatsächlich das früher bewohnte Haus war.' Soweit meine Erzählung vom Traum im Traume. Dann gehe ich mit meinem Begleiter weiter die Strasse herunter und begegne dabei unserem früheren Putzmädchen, Fräulein S., das damals, als wir in jenem Hause wohnten, auch wirklich bei uns angestellt war. Ich begrüsste das Mädchen freudig und mache meinen Begleiter auf diesen merkwürdigen Zusammenhang meines Traumes mit der Begegnung des früheren Mädchens aufmerksam, deren Name ich sonst sicher um keinen Preis mehr hätte sagen können. Immer noch im Traume, fällt mir jetzt, nach der Begegnung mit dem Putzmädchen, ein, träumte ich von jenem Hause und dem Reinemachen nur und kam mir auch der Name des Putzmädchens wieder in den Sinn, weil das alles zum Reinemachen gehört, und ich jetzt so sehr mit dem analytischen Putzen meiner Seele beschäftigt bin."

13. Die magische Traumwelt

Im Traume vom Penicillin gewinnt ein Weltding eine Übermächtigkeit, wie sie die Gegenstände im wachen Leben der heutigen erwachsenen Kulturmenschen kaum mehr je erlangen. Im Traume aber steigert sich die Übermächtigkeit der Dinge noch oft genug bis zur magischen Verzauberung. Im Traume einer zweiunddreissig-jährigen Künstlerin zieht es die Träumerin mit allen Kräften zu einem Manne, der in einem fremden Lande versteckt war. Nach langer Wanderung kommt sie vor eine Tür, auf der gross angeschrieben steht: „Achtung! Lebensgefahr! Hochspannung, Mana-Ladung!" Die Anziehung, die von diesem Manne auf die Frau ausgeht, ist aber so unwiderstehlich gross, dass sie der Warnung nicht achtet und eintritt. Jetzt steht der Mann vor ihr. Sie weiss auch gleich, dass es kein gewöhnlicher Sterblicher ist. Doch kann sie nicht klug daraus werden, ob sie es mit einem bösen Zauberer oder mit einem göttlichen Wesen zu tun hat. Von seiner Gestalt strahlt ein gelbliches Licht aus, das eine Art Heiligenschein sein könnte. Das Gesicht des Mannes jedoch trägt die Züge eines bösartigen Zwerges. Auch seine Hände haben etwas Krallenartiges. Die Träumerin denkt: Es ist doch ein Teufel; denn nun riecht sie allenthalben einen schwefelartigen Ge-stank. Trotzdem lässt sie sich von dieser Gestalt willenlos entführen. Nur der Gedanke fährt ihr rasch durch den Kopf: Wenn das meine Mutter wüsste, die würde mich wieder eine verworfene Dirne schelten. Sie gelangt mit ihrem unheimlichen Begleiter bald in eine dunkle Schlucht. Dann fährt der Traumbericht wörtlich weiter: „Nur ein schwaches, fahles, irisierendes Mondlicht liess hier noch einige Um-risse erkennen. Undeutlich nahm ich wahr, dass auf dem Boden massenhaft glitschige Kröten mit Hundegesichtern krabbelten. In der Luft schwirrten widerliche Fabelwesen mit grossen Fledermaus-flügeln herum. Diese Hexenbrut versetzte mir dauernd Püffe und zwackte mich an Armen und Beinen. Noch ungeheuerlicher war es, dass selbst die Bäume und die Steine sich bewegten. Nach der Art zähflüssiger Gallerte verwandelten sie ihre Formen, flossen auch ineinander über und griffen nach mir, als wollten sie mich einsaugen. Dabei raunten sie mir unverständliche Zauberworte zu. Nicht nur in dem Manne, der mich entführte, selbst in dem Gestein spürte ich die Mana-Kräfte, vor denen mich die Tafel an der Türe gewarnt hatte. Der magische Zauber, der von all diesen Dingen ausging, zwang mich, mich auf den Boden zu werfen. Ich fühle, wie ich eine Schlange werde und kann mich nur noch mühsam, ohne Arme und Beine, auf dem Boden vorwärtswinden. Der Zauberer hopste hinter mir her, kicherte und frohlockte, weil ich nun den Mächten seines Reiches so hilflos ausgeliefert war. Dann begann er, aus seinem scheusslichen Maul Feuer auf mich zu speien. Bald brannte ich lichter-loh. Ich war in einen brennenden Holzstoss verwandelt. Das war das Schlimmste, weil ich nun völlig wehrlos war. Darüber stimmten alle

Höllengeister miteinander ein Freudengeheul an. Das ging mir durch Mark und Bein und schreckte mich aus dem Schlafe auf."

Die Träumerin fand sich also in einer Welt, wie sie sonst nur noch die Kinder in ihren Märchen und die sogenannten Primitiven kennen. Es ist die magisch-mythische Weise des In-der-Welt-Seins, der diese Träumerin preisgegeben ist. Magisch-mythisches Existieren ist aber immer jene Weise des Weltbezuges, in der Dinge in ihrer Übermächtigkeit und das eigene Selbst in seinem hilflosen Ausgeliefertsein an sie wahrgenommen werden. In dieser Seinsart, in diesem Ausgeliefertsein an die Übermächtigkeit der Dinge kann auch das eigene Existieren nicht anders denn dinglich vorgestellt werden. Nur darum erlebt der magisch ausgelieferte Mensch so etwas wie eine Mana-Substanz oder eine Mana-Kraft, wie sich auch unsere Träumerin durch Mana gezwungen fühlt, sich als verworfene Dirne dem Zauberer hinzuwerfen. Nicht erhaben über die Naturmächte der Sinnlichkeit also, wie sie wachend wähnte, es zu sein, sondern ohnmächtig an die animalische Lebensweise ausgeliefert ist unsere Träumerin.

Traumgestalten, die magisch auf den Träumer zu wirken vermögen, galten bisher ganz ebenso wie Traumphänomene numinoser Art, als besonders unmittelbare Manifestationen eines Archetypus[1]. Daher würde auch der Zauberer dieses Traumes zweifellos von vielen als die leibhaftige Erscheinung des Zauberer-Archetypus betrachtet; würde gar als einer der „empirischen Beweise" für die Wirklichkeit eines solchen Archetypus angesehen. In Tat und Wahrheit jedoch kann unserer Träumerin das männliche Wesen deshalb nicht anders denn als dämonischer Zauberer begegnen, weil ihr sinnlicher Bezug zur Welt dem eines hilflos einer Übermacht ausgelieferten Kindes entspricht. Der magische Charakter der Begegnung ist demzufolge so wenig die Wirkung eines archetypisch autonomen Dämonenwesens auf die Träumerin, dass umgekehrt *deren* besonderes Verhältnis zur Welt es ist, in dessen Licht alles naturhaft-sinnliche Wesen in ihren Träumen als magisch-dämonische Gewalt erscheinen muss. Deshalb sehen wir in diesem Zauberertraum nur einen Hinweis mehr auf die eigentliche Natur des Archetypus-Begriffes, dem wir schon einmal als einer Personifikation oder Hypostase der intentionalen Gegenstände einzelner Lebensbezüge gegenüberstanden[2].

Die Modalität des manahaften, magisch mythischen In-der-Welt-Seins, ein derartiges an die Dinge Ausgeliefert- und von ihnen Über-

[1] Vgl. S. 168.
[2] Vgl. S. 131.

mächtigtsein, wie wir ihm in diesem Traume begegneten, kann endlich auch als der grösste Gegensatz zu der Existenzmöglichkeit der Träumerin unseres „merkwürdigen Schalentraumes" verstanden werden. Denn diese vermochte frei und entschlossen dem drohenden Verfall in eine trübe Verstimmung willentlich zu steuern.

14. Das „Ding-sein" im Traum

Das Schlimmste, das der Träumerin des Zauberertraumes hatte passieren können, war ihre Verwandlung in die Schlange und vor allem in ein Ding, in einen brennenden Holzstoss, gewesen. Als ein solches Ding fühlte sie sich besonders hilflos allen Mächten ausgeliefert. Als ein blosses Ding fühlte sie sich auch um alle und jede Möglichkeit gebracht, noch selbst, von sich aus in den Ablauf des Geschehens eingreifen zu können. So wenig wie einem Holzstoss, war es auch unserer Träumerin noch möglich, von sich aus ihr Schicksal in die Hand zu nehmen, dem Verbrannt- und Aufgezehrtwerden im Feuer ihrer Triebhaftigkeit zu steuern. Dass es sich dabei aber nicht etwa bloss um das ausgefallene Existieren eines von Grund auf abwegig veranlagten Menschen handelt, dessen Erlebensweisen darum nicht von Bedeutung für „normale" Menschen zu sein brauchten, erhellt aus der Tatsache, dass diese Frau psychotherapeutisch vollständig heilbar war. Dass in analoger Weise ein Träumer zu einem Ding oder Tier wird, oder sich zum vorneherein als ein Ding erlebt, ereignet sich überhaupt gar nicht so selten.

Eine unserer Patientinnen zum Beispiel träumte einmal, sie sei ein schlaffer, am Boden liegender Staubwischer, der sich damit abmühe, über eine Türschwelle zu kriechen. Eine dreissigjährige Frau dagegen erlebte sich selbst als einen Kinderballon, der an die Zimmerdecke emporstieg und oben an der Decke anstossend schweben blieb. Dieselbe Patientin musste freilich in einem andern Traume erleben, wie ihr ein Henker Arme und Beine abschnitt, den Rest ihres Körpers in Streifen schnitt und daraus wie aus Weidenruten einen Korb flocht, der zum Sammeln von Abfall dienen sollte. Die Träumerin fragte den furchtbaren Mann, ob er denn gar nie bete. Der antwortete höhnisch, nein, nur im Sommer manchmal. Eine glückliche Braut dagegen träumte sich selbst als eine im Frühlingswinde leise zitternde Birke. Eine jungverheiratete Frau schliesslich träumte: „Ich sah einen braunroten, saftigen Acker, in dem ein

Pflug grosse Furchen zog. Dann war ich plötzlich selbst dieser Acker, und der scharfe stählerne Pflug fuhr unerbittlich der Länge nach durch meinen Leib und klappte mich in zwei Hälften auf. Es tat sehr weh und war doch unbeschreiblich schön. Ich erlebte mich selbst als aufgepflügten Acker daliegen. Die Ackerfurche war mein offenes Fleisch, aber es blutete nicht."

Kann jedoch in allen diesen Träumen überhaupt von einer Verdinglichung des träumenden Menschen gesprochen werden? Schon gar nicht jedenfalls, wenn ein Ding in einem abgeleiteten Denken nur als ein Gegenstand gedacht wird, als eine Substanz, der gewisse Eigenschaften anhaften. Auch dann noch nicht, wenn man die Dinge, die die Träumer zu sein behaupten, in ihrem ganzen geschichtlichen Verweisungszusammenhang beliesse und ihre Möglichkeit, als Dinge eine Welt wirklich be-dingen, in ihrem Charakter bestimmen und gebärden zu können, nicht übersehen würde. Noch immer wären es „tote" Dinge. Die Dinge unserer Träumer, die sie selber sind, sind aber Dinge, die ek-sistieren, die immer noch in einem unmittelbaren Bezug zu ihrer Umwelt stehen. Sehr genaues Befragen unserer Träumer ergab übereinstimmend, dass sie als diese Dinge immer noch menschlich lebten, noch immer nach Menschenart in einer Welt waren. Sie konnten auch an sich, an dem Ding, das sie waren, herunterblicken, genau so, wie man wachend seinen Leib zu betrachten pflegt.

So lag zum Beispiel für die Träumerin des Staubwischertraumes mit ihren eigenen Worten das grosse Entsetzen und die ganze Verzweiflung dieses nächtlichen Ereignisses gerade in der Wahrnehmung, „dass ihr Körper nun zu einem hässlichen Ding verunstaltet war". Faktisch war es also immer nur die Leiblichkeit dieser Träumer, die solche Dinggestalten angenommen hatte. In diesen Dingen *verleiblichte* sich mithin ihre jeweilige Existenz nur noch in etwas handgreiflicherer Form und in ausgiebigerem Masse, als die psychosomatische Medizin u. a. auch bei wachen Menschen so manches dauernde Unter-Druck-Sein sich mit der Zeit in einer Blutdruckkrankheit somatisieren sieht. Die Traumdinge waren aber stets der ganze Leib der Träumer. Darum sind sie nicht nur nicht ein blosses „Symbol" für irgend etwas, sie sind auch nicht nur die Teilverleiblichung einer besonderen Verhaltensmöglichkeit eines Menschen. Weil das betreffende Ding vielmehr ihr gesamter Leib ist, leibten und lebten auch diese Träumer ihre ganze Existenz in dieser Weise.

So verleiblichte sich in dem brennenden Holzstoss ein Dasein, das seinem ganzen Wesen nach faktisch und wehrlos einem Versengtwerden durch die Glut sinnlicher Leidenschaftlichkeit ausgeliefert war. In der Staubwischergestalt des anderen Träumers verleiblichte sich eine träumende Existenz, die aus tiefster depressiver Verstimmung heraus wirklich und völlig „schlapp am Boden lag", der ein menschliches, lebensgeschichtliches Vorankommen nur noch unter grösster Anstrengung ein klein wenig gelingen wollte. In dem zur Decke emporsteigenden Kinderballon dagegen verleiblichte sich ein Dasein, das sich noch ausschliesslich in sehr kindlichen, luftigen, über dem Boden schwebenden, spielerischen Beziehungen zu den Dingen und Mitmenschen der Welt austrug. Die Kehrseite dieser Art, dem reifen Menschsein auszuweichen, erlebte sie im Traume, in dem sie zu einem Abfallkorb aus Weidenruten geflochten wurde. Denn wie es so oft substanz- und bodenlos schwebenden Menschen ohne eigenen Gehalt ergeht, wurde auch diese Frau immer wieder von fast allen Seiten ihrer Umgebung faktisch als Abfallkübel missbraucht, in dessen Leere die Leute den Morast ihrer primitivsten Regungen auszuschütten pflegten. Diese besondere Lebensform des Misshandelt-werdens prägte nun auch ihren Traumleib in die dazugehörige Gestalt des Mistkorbes. Die ihrer Verhaltensweise entspringenden Erlebnisse missdeutete sie wachend in üblicher Weise als die Quälereien eines grausam zynischen Geschickes. Im Traume verstand sie ihren unglückseligen Weltbezug von dem gotteslästernden Henkersknechte her.

Die besondere Daseinsweise einer Braut dagegen, die sich voll jungfräulicher Erwartung und zugleich noch ängstlich vor ihrer Zukunft erschauernd, vom Atem des erwachenden Lebens angesprochen fühlt, hätte sich wohl kaum eine ihr adäquatere Leibgestalt finden können als die im Frühlingswinde leise zitternde Birke. Die junge Frau schliesslich, die ihren Leib träumend als Acker wahrnahm, durch den eine Pflugschar eine Furche zog, hatte sich im Wachen wenige Tage zuvor zum ersten Male in ihrem Leben restlos, mit dem ganzen Einsatz ihres Wesens der Liebe zu einem Manne eröffnet. Sie erlebte dieses Geschehen selbst als ein „Naturereignis". Sie war vor kurzem auch schwanger geworden, ohne dass sie freilich darum wachend zur Zeit dieses Traumes schon gewusst hätte. Beides aber hatte die ganze Existenz dieser Frau in einer Ausschliesslichkeit und in einer Intensität auf ein In-der-Welt-Sein gestimmt, die sich nicht mehr zureichend innerhalb der Masse und Möglichkeiten ihres menschlichen Leibes, sondern allein noch im Medium der naturhaft grossartigen Erde dieses zur Fruchtbarkeit eröffneten Ackers hinlänglich leibhaftig auszuformen vermochte.

FREUD hätte auch diese Ackerfurche und die Pflugschar dieses Traumes zweifellos als „Symbole" und symbolische Verhüllungen des weiblichen und männlichen Genitale gedeutet. Er hätte damit jedoch diesen Traum ebenso fraglos auf ein viel zu niedriges Niveau heruntergeholt. Das Unrecht, das diesem Traum mit solcher Interpretation angetan worden wäre, geht schon daraus hervor, dass die Träumerin durchaus keine prüde Frau war und in sehr zahlreichen früheren Träumen keinerlei „symbolische Entstellungen" von Genitalien nötig gehabt hatte. Sie hatte oft genug von sehr „naturalistischen", sexuellen Erlebnissen geträumt; doch so lange nur, als sie lediglich den physischen Sinnenreiz des Geschlechtsaktes, aber noch nicht die überwältigende Liebe in ihrer Fülle gekannt hatte. Diesmal jedoch verleiblichte sich träumend die Offenheit und Fruchtbarkeit ihres ganzen Daseins in Gestalt eines frischgepflügten weiten Ackers, weil dessen volles Dingwesen ihrem eigenen Verhältnis zu Himmel und Erde am vollkommensten entsprach.

15. Die „übersinnlichen" Bezugsmöglichkeiten im Traume

Alle unsere Traumphänomene, die wir bisher auszulegen die Möglichkeit hatten, liessen es uns zur Gewissheit werden, dass wir auch träumend je in einer Welt sind. Auch träumend sind wir existierend schon immer draussen bei den Dingen und Menschen, den Tieren und Pflanzen unserer Traumwelt, gehen auf in all jenen verschiedenen Weisen eines Verhaltens zu ihnen, die auch unser waches Existieren ausmachen. Vermögen wir aber nicht vielleicht träumend noch in anderer Weise Welt zu erschliessen, in einem noch höheren Grade weltoffen zu sein, als wenn wir wachen? Von alters her wird behauptet, dass es diagnostische Träume, telepathische und prophetische Träume gebe, in denen sich dem Träumenden mehr enthülle, als ihm im Wachen zugänglich sei. Wir haben wenig Anlass, solche von der gestrengen Wissenschaft nicht austilgbaren Gerüchte von „übersinnlichen" Träumen keines Blickes zu würdigen.

a) Die diagnostischen oder endoskopischen Träume

Von den sogenannten diagnostischen Träumen wird behauptet, dass sie dem Träumer in unmittelbarer Darstellung oder im Gewande symbolischer Verhüllung Kunde von einer beginnenden Krankheit geben, die der wachen Wahrnehmung des Träumers bisher entging oder ihr überhaupt noch nicht zugänglich sein konnte. Dieser Art von Träumen scheinen die Alten viel grössere Beachtung als die heutigen Ärzte geschenkt zu haben. Hippokrates, Artemidoros und ihr römischer Nachfahre Galén haben wiederholt und mit Nachdruck auf sie hingewiesen. Der mittelalterliche Arzt Arnald von Villanova gar verglich die diagnostischen Träume mit einer Lupe. Wie durch ein Vergrösserungsglas, meinte er, könnten sie die ersten Symptome einer körperlichen Krankheit wahrnehmen und sie dem Traumbewusstsein mitteilen, lange bevor man im wachen Geiste etwas davon merke. So wisse er zum Beispiel von einem Kranken, der zweimal hintereinander träumte, er werde mit einem Stein auf ein Ohr geschlagen. Kurz darauf sei dieser Mann an einer schweren Ohrentzündung auf der im Traume geschlagenen Seite erkrankt.

Eine Patientin unserer eigenen Erfahrung hatte in zwei aufeinanderfolgenden Nächten ihren Arzt lediglich deshalb gerufen, weil sie immer wieder haargenau den gleichen widerlichen Traum träumte, der ihr grosse Angst machte. Jedesmal schreckte sie dieser Traum aus dem Schlafe auf, aber nur, um gleich wieder von vorne neu anzufangen, sobald sie wieder eingeschlafen war. Das machte sie so nervös, dass sie es einfach nicht mehr aushielt. Jedesmal erscheine ihr in diesem Traume ein balinesischer Krankheitsdämon und zwinge sie, auf einer überhitzten Leitungsröhre der Zentralheizung zu sitzen. Dabei verspüre sie einen unerträglich brennenden Schmerz zwischen den Beinen. Dieser physische Schmerz sei es jeweilen, der sie wecke. Nach dem Erwachen spüre sie jedoch von der körperlichen Sensation nicht das geringste mehr. Die dritte Nacht fing wieder mit dem nämlichen stereotypen, quälenden Traum an. Wiederum erwachte sie gegen drei Uhr morgens an dem Traumschmerz. Dieses Mal jedoch hielt der brennende Schmerz auch im Wachen an. Zudem wurde sie von einem Schüttelfrost überfallen. Denn jetzt war eine akute Nierenbecken- und Blasenentzündung manifest geworden.

Der überlastete junge Arzt hatte aus lauter Ärger darüber, dass ihn diese Frau eines so blödsinnigen Traumes wegen um seine Nachtruhe brachte, versäumt, den Urin der Patientin zu untersuchen. Dabei schien doch dieser Traum eigens nur darum geträumt worden zu sein, um die Patientin und den Arzt auf die beginnende Cystitis aufmerksam zu machen. Denn lässt sich zur „symbolischen" Darstellung dieses Leidens ein besseres Bild als das einer überhitzten Leitungsröhre finden? Und doch, wenn diesem Traum tatsächlich eine finale Bedeutung und im besonderen eine diagnostische Absicht innegewohnt hätte, warum bediente er sich derart dunkler und verhüllender Darstellungsmittel, dass er seinen eigentlichen Zweck sowohl bei der Patientin selbst wie beim Arzte gänzlich verfehlte? Warum lässt er die Patientin nicht unmittelbar und unverhüllt von einer Blasenentzündung träumen, wo sich wirklich keinerlei moralische oder narzistische Verdrängungsmotive für eine „Traumentstellung" und gegen eine unzweideutige Aufklärung über den wahren leiblichen Zustand der Träumerin ins Feld führen lassen? Die Patientin träumte von einer Zentralheizung und von einem Krankheitsdämon und nicht unmittelbar von ihrem körperlichen Krankheitssymptom, weil es in Wirklichkeit lediglich einer völlig unbeweisbaren gedanklichen Supposition entspricht, derartige Phänomene als diagnostische Träume zu charakterisieren und sie als die zum Zwecke einer Aufklärung und Wahrnehmung bewirkten finalen Machenschaften eines besonderen diagnostischen Vermögens, einer eigenen Instanz in uns, oder gar einer geheimen diagnostischen Macht ausser uns zu kennzeichnen. Man hat sogar durch das blosse Reden von einem diagnostischen Traume schon zum vorneherein den Trauminhalt für sich abgesondert und auf den ebenso isoliert gedachten Leibzustand des Träumers als ein Symptom zurückbezogen. Das aber ist eine Erklärung, die aus dem wachen Zustand an das Traumphänomen herangebracht und in es hineingedeutet wird. In Wirklichkeit existiert jedoch ein derartiges Verhältnis vom Trauminhalt zum Leibzustand gar nicht. Denn die Erkrankung der Träumerin ist faktisch durchaus kein isoliertes Körpersymptom. Vielmehr ist zur Zeit der Blasenentzündung der ganze Mensch fieberhaft erkrankt. Die Träumerin ist in ihrem ganzen Wesen auf ein Heißsein gestimmt. Aus dieser ihrer Befindlichkeit heraus sprechen die entsprechenden Dinge an; solche vor allem, von denen her wir das Heißsein zumeist und alltäglicherweise verstehen. Das aber sind in betonter Weise gerade die Heizkörper. Und immer ist es dem Menschen von jeher viel natürlicher, seinen eigenen Zustand von den Dingen draussen her, aus dem Bezug zu diesen Dingen zu erfahren und zu verstehen, denn als eine isolierte, reflektierte Körperverfassung. Vom balinesischen Krankheitsdämon her versteht unsere Träumerin aber auch schon, dass es sich nicht um ein banales Heißsein handelt, dass vielmehr ihre Existenz der Übermacht eines Krankseins ausgeliefert ist. Von einer diagnostizierenden Traumsymbolik kann jedoch ohne Vergewaltigung des Traumphänomens nicht die Rede sein.

Nicht nur vor körperlichen Krankheiten, sondern auch vor dem wachend wahrgenommenen Beginn psychischer Störungen können sich sogenannte diagnostische Träume ereignen. Das älteste Beispiel ist wohl die nächtliche Erfahrung des Königs Nebukadnezar. Sein Traum stammt aus dem 6. Jahrhundert vor Christi Geburt. Er wird uns im biblischen Buche Daniels, Kapitel 4, überliefert. Als dieser babylonische König noch auf der Höhe seiner Macht stand, „er gute Ruhe hatte in seinem Hause und es wohl stand auf seiner Burg", fühlte er sich veranlasst, Daniel den folgenden Traum deuten zu lassen: „Siehe, es steht ein Baum mitten im Lande. Der war sehr hoch, und er wurde gross und mächtig, und seine Höhe reichte bis an den Himmel und breitete sich aus bis ans Ende der ganzen Erde. Seine Äste waren schön und trugen viel Früchte, davon alles zu essen hatte; alle Tiere auf dem Felde fanden Schatten unter ihm, und die Vögel unter dem Himmel sassen auf seinen Ästen, und alles Fleisch nährte sich von ihm. Und ich sah ein Gesicht auf meinem Bette und siehe, ein heiliger Wächter fuhr vom Himmel herab, der rief überlaut und sprach also: ‚Hauet den Baum um, und behauet ihm die Äste, und streift ihm das Laub ab, und zerstreuet seine Früchte, dass die Tiere, so unter ihm liegen, weglaufen und die Vögel von seinen Zweigen fliehen. Doch lasst den Stock mit seinen Wurzeln in der Erde bleiben; er aber soll in eisernen und ehernen Ketten auf dem Felde grasen gehen; er soll unter dem Tau des Himmels liegen und nass werden und soll sich weiden mit den Tieren von den Kräutern der Erde. Und das menschliche Herz soll von ihm genommen und ein viehisch Herz ihm gegeben werden, bis dass sieben Zeiten über ihm um sind'." Verfallen an die Dinge seiner Welt, ist das Dasein des Königs auch nur von dem Geschehen an diesen Dingen her zu verstehen. An diesen Dingen seiner Traumwelt aber geschieht etwas, das als die Vorwegnahme der ganzen bald über den König hereinbrechenden Krankheit ausgelegt werden darf. So verstand auch Daniel diesen Traum. Da Nebukadnezar jedoch die Warnungen Daniels nicht beachtete, wurde denn auch zwölf Monate später das Wort an ihm erfüllt: „Er wurde", kündet die Bibel, „aus der Gesellschaft der Menschen ausgestossen, nährte sich von Gras wie das Vieh, und sein Leib ward benetzt vom Tau des Himmels bis sein Haar so lang war wie Adlerfedern und seine Nägel wie Vogelkrallen."

Nicht minder hellsichtige Träume bekommen wir aber auch noch von unseren heutigen Geisteskranken zu hören; Träume, in denen sich die Bedrohung des menschlichen Existierens mit grösster Deutlichkeit schon zu einer Zeit ereignet, da die Kranken wachend ihre Tragik noch nicht einmal ahnen. Aus einer Sammlung von vielen hundert Träumen, die alle von psychotisch gewordenen Menschen stammen, aber *vor* dem Ausbruch ihrer Psychosen geträumt wurden, seien die folgenden zwei Beispiele erwähnt: Eine knapp dreissigjährige Frau träumte zu einer Zeit, da sie sich noch völlig gesund fühlte, sie sei ein Feuer in einem Stall. Es bildete sich jedoch um sie, das Feuer, eine immer dicker werdende Lavakruste. Halb beobachtete sie es von aussen, halb fühlte sie es am eigenen Leibe, wie sie, das Feuer, unter dieser Kruste langsam erstickte. Dann war sie wieder ganz ausserhalb des Feuers und hieb mit einer Keule wie wahnsinnig auf das Feuer ein, damit die Kruste springe und wieder Luft gebe. Aber die Träumerin ermattete bald, und langsam erlosch sie, das Feuer. Vier Tage nach diesem Traum brach ein akuter schizophrener Schub aus. In den Einzelheiten des Traumes hatte träumend die Kranke sogar die besondere Verlaufsform ihrer Psychose exakt vorweggenommen. Sie wurde auch in ihrem wachen Dasein erst steif, affektiv verkrustet. Dann aber, nach sechs Wochen, wehrte sie sich noch einmal mit aller Energie gegen das Ersticken ihres Lebensfeuers, bis sie am Ende doch seelisch-geistig endgültig erlosch. Nun gleicht sie schon seit vielen Jahren einem völlig ausgebrannten Krater.

Eine andere Patientin, ein fünfundzwanzigjähriges Mädchen, träumte, sie hätte für ihre fünfköpfige Familie das Mittagsmahl gekocht. Eben hatte sie aufgetischt und rief nun ihre Eltern und Geschwister zum Essen. Niemand antwortet. Nur ihre eigene Stimme kommt als hohles Echo wie aus einer tiefen Gruft zu ihr zurück. Unheimlich wird ihr die plötzliche Leere des Hauses. Sie rennt die Treppe hinauf, um in den Zimmern Nachschau nach ihren Leuten zu halten. Im ersten Schlafzimmer sieht sie ihre beiden Schwestern auf den beiden Betten sitzen. Sie verharren trotz ihres ungeduldigen Rufens in unnatürlich steifer Haltung, antworten ihr nicht einmal. Sie geht auf die Schwestern zu und will sie aufrütteln. Jetzt erst merkt sie, dass sie steinerne Statuen sind. Entsetzt flieht sie und rennt ins Zimmer ihrer Mutter. Auch die Mutter ist versteinert, sitzt regungslos im Armstuhl, glotzt aus gläsernen Augen in die Luft. Die Träumerin flüchtet ins Zimmer des Vaters. Mitten im Zimmer steht er. In ihrer Verzweiflung rennt sie auf ihn zu, will bei ihm Schutz suchen und wirft sich ihm an den Hals. Aber auch er ist aus Stein, und zu ihrem namenlosen Grauen verfällt er bei ihrer Umarmung zu einem Haufen Sand. Starr vor Entsetzen erwacht sie, ist aber noch immer so betäubt von dem Traumerlebnis, dass sie sich viele Minuten lang nicht rühren kann. Diesen selben grauenhaften Traum träumte die Patientin viermal hintereinander in Abständen von wenigen Tagen. Das war zu einer Zeit, als sie ihrer Mitwelt noch das Bild seelischer und körperlicher Gesundheit bot. Ihre Eltern pflegten sie den Sonnenschein der ganzen Familie zu nennen. Zehn Tage nach der vierten Wiederholung des Traumes erkrankte die Patientin an einer akuten Schizophrenie mit schweren katatonen Erscheinungen. Dabei geriet sie in eine Verfassung, die der träumend an ihren Angehörigen erlebten seelischen und körperlichen Versteinerung ausserordentlich nahekam. Nun also war dieser Mensch auch wachend völlig in eine Verhaltensweise hineingerissen und von ihr übermächtigt worden, an der sie träumend zuvor lediglich in der Weise blossen Entdeckens und Beobachtens an anderen hatte teilhaben müssen.

In den beiden folgenden Träumen, die von ein und derselben Patientin stammen, nahm die Kranke die Geschichte ihres Daseins in so prägnanter Weise wahr, dass sie ein äusserst wertvolles und, wie es sich später zeigte, ein sehr zuverlässiges Hilfsmittel in der Beurteilung des zunächst schwer zu diagnostizierenden Krankheitsbildes war. Der erste Traum beginnt in einer sehr harmonischen, warmen Stimmung im Musikzimmer des Elternhauses, in dem sie ihre frühe Kinderzeit verbracht hatte. „Ich sitze", berichtet die Träumerin, „mit meinem Bruder am Flügel. Er spielt, ich wende die Notenblätter. Plötzlich höre ich schwere Schritte im Treppenhaus, das vom Schlafzimmerstock zum unteren Estrich hinaufführt. Ich erschrecke, weil ich glaubte, die hintere Haustüre zugeschlossen zu haben. Mein Bruder steigt die Treppe hinauf, um nachzusehen, wer der Eindringling sei. Ich sehe vom Flügel aus in einem anderen, auf der gleichen Höhe wie das Musikzimmer liegenden dunklen Raum einen noch dunkleren Waldmenschen, behaart, gorillaartig. Seine Skleren blitzen weiss aus der Dunkelheit hervor. Er steht ganz still und wirkt eigentlich nicht erschreckend, sondern naturhaft gutmütig. Ich denke, der kann es ja nicht gewesen sein, der mich so erschreckte. Deshalb begebe ich mich jetzt auch in den Estrich. Durch diesen Raum wandert mit klapprigem Geräusch eine Art Skelett, das immer menschenunähnlicher wird und schliesslich nur noch ein Besenstiel ist, an dessen oberem Ende eine ziemlich grosse, deutlich eiförmige weisse Scheibe sitzt. Ich weiss sofort, das ist das erschreckende Grauenvolle. Grauenvoll ist die Menschenunähnlichkeit und Formlosigkeit dieses Gespenstes. Die Tatsache, dass es flach ist und gar kein Gesicht hat, erschreckt mich zu Tode. Ich stürze vor Schreck die Treppe hinunter ins Leere. Irgendwo werde ich dann aber von Herrn S. aufgefangen. Er trägt mich auf seinen Armen fort, und die ganze Todesangst ist wie weggeblasen."

Im ersten Bild dieses Traumes vermag die Träumerin die harmonische, auf liebendes Miteinandersein gestimmte Welt ihrer Kinderzeit zu vergegenwärtigen. Ihrem Bruder war sie seit je sehr herzlich zugetan. Dann aber bricht etwas Entsetzliches ein: etwas, das sie im wahrsten Sinne dieses Wortes aus ihrem ursprünglich so harmonischen Wesen ent-setzt. Ausdrücklich erfährt sie aber im Traum, dass das Ent-setzende nicht der Einbruch der Natursphäre ist, auf die der gorillahafte Waldmensch verweist. Das Angesprochenwerden von naturhaft tierischem Wesen würde nur eine Hysterica zu Tode erschrecken. Sie aber erschrickt über etwas, das in die oberste Sphäre, in den geistigen Bereich, eingebrochen ist, welche sie natürlicherweise von den Dingen, vom Estrichraum her, versteht. Und das Grauenvolle ist dies, dass sich das Menschenwesen zu einem seelenlosen, gespenstigen Unwesen aus Holz und Karton, in ein blosses Schemen entleerte. „Da" ist jetzt nichts mehr als Leere um sie, in die sie boden- und haltlos fallen muss. Ihre Welt hat sich in ein vollkommen entleertes Nichts aufgelöst. So wenig wie das „Weltuntergangserlebnis" der wachen Erfahrung psychotischer Menschen darf dieser Traumweltuntergang aber etwa als der „Ausdruck" des Selbstunterganges gewertet werden. Es heisst das In-der-Welt-Sein subjektivistisch missverstehen, wenn L. Binswanger mit Szilasi vom menschlichen Dasein aussagt, es vernehme sich, was es ursprünglich es selbst sei, als Aussenwelt[1]. Gerade umgekehrt ist vielmehr das Dasein ganz ursprünglich nichts anderes als der ekstatische Bezug, das erschliessende Sein bei den Dingen seiner Welt. Deshalb ist der wachend erlebte oder geträumte Weltuntergang des psychotischen Menschen nicht „Ausdruck" eines untergehenden Subjektes. In diesem Untergang aller Weltbezüge ereignet sich vielmehr das Nicht-mehr-in-der-Welt-sein-Können des Kranken selbst und ganz unmittelbar.

Doch wird in diesem Träumen der Einsturz ihrer Welt, wird der Fall in die absolute Leere, ihr Nicht-mehr-dasein-Können, noch einmal aufgefangen. Sie fällt einem Freund in die Arme, und alle Angst ist wie weggeblasen. Kurz nach diesem Traumereignis geht die Kranke als menschliche Existenz auch wachend unter. Sie wird gefühlskalt, psychotisch beziehungslos und antriebslos, automatenhaft. Sie sagt, dass ihre Welt nur noch schemenhaftes Schattenbild sei. Plötzlich aber lebt sie wieder auf in einem Liebeswahn zu ihrem

---

[1] Szilasi: „Macht und Ohnmacht des Geistes", S. 197, und
L. Binswanger: „Daseinsanalytik und Psychiatrie". „Der Nervenarzt", 22. Jahrg., S. 6. 1951.

geträumten Bekannten, ist eine kurze Weile darin glücklich und wieder vollständig angstfrei. Der zweite Traum, ein halbes Jahr später geträumt, kündigt neues Sterben an, nachdem sie sich von der „Unwirklichkeit" ihrer Wahnliebe hatte überzeugen lassen müssen. Bevor sie in eine schwere Apathie versank, träumte sie: „In einer klassischen, römischen oder griechischen Landschaft. Ich steige mit Studenten und Studentinnen von einer Universität herkommend, zwischen den Säulen, Bogen und Gärten einer antiken Ruinenstadt eine lange Treppe hinunter. Es heisst, ein berühmter Mann, der Schriftsteller STENDHAL, sei da und gebe Autogramme. Ja, aber das ist doch nicht möglich, sage ich, der französische Schriftsteller Stendhal hat doch im 19. Jahrhundert gelebt. Doch, doch, dieser ist es, sagen wieder die andern. Wir kommen zu einer Art Verkaufsstand, einer Art Jahrmarktsbude, in der ein älterer, sehr hässlich, aber interessant aussehender Mann steht, der die ihm gereichten Exemplare seines Werkes „Rouge et Noir" signiert. Ich habe dieses Buch von ihm nicht bei mir, sage aber zu STENDHAL, dass ich es schon vor langer Zeit einmal gelesen habe, STENDHAL meint taktvoll: ‚Ne vous dérangez pas, j'ai du papier'. Er zeichnet etwas auf ein Papier und unterzeichnet es auch. Ich bin stolz, dass ich eine ganze Skizze von ihm bekomme und nicht nur die Unterschrift wie die andern. Er scheint mich vorzuziehen. Auf das Papier hat er ein Gesicht gezeichnet, das offenbar mich darstellen soll. Denn an der Stelle des Mundes steht mein Vorname in Blockschrift. Unter der Zeichnung eng gekritzelt steht ‚Stendhal'. Dann gehen wir weiter treppab. Es kommt eine heikle Stelle: eine tiefe Spalte ist von einer kleinen, baufälligen Brücke überdeckt. Auf der Ebene angekommen, befinde ich mich in einem Garten. Eine nette, junge, seidenweiche und kohlschwarze Katze streicht herum. Sie hat merkwürdige Füsse. An Stelle der Krallen sind Blumenblätter, wie umgekehrte Margritenblumen, aber schwarz. Zu meiner Linken ist ein sehr merkwürdiges Blumenbeet. In diesem Beet stehen noch mehr schwarze Katzen, die nun nicht mehr nur an den Pfoten, sondern am ganzen Leib Blumenblätter aufweisen und sich nicht mehr bewegen, zum Teil auch zusammengewachsen und kaum mehr als Katzen erkennbar sind. Sie sind bereits ganz in das Stadium der Pflanzen übergegangen. Neben dem Weg sind aber auch noch weitere Katzen, die einfach als solche zu weissen Gips- oder Kalkfiguren erstarrt sind. In der Nähe befindet sich ein wissenschaftliches Institut zur Erforschung der Verwandlung von Tierischem in Pflanzliches und von diesem in anorganische Körper. Ein Laborant bringt ein solches anorganisches Gebilde, das aus den Katzenpflanzen hervorgegangen sei.

Es sieht aus wie eine Kette von aneinandergereihten Muschelschalen."

Dieser Traum enthüllt uns, dass die Träumerin nur noch mit ihrem „Kopf" in der Welt ist. Darum wird die Übergangssituation durch die von der Universität herkommenden Studenten geprägt. Die Stadt, durch die sie geht, ist nicht mehr eine lebensdurchpulste Gemeinschaft gegenwärtiger Menschen. Die Möglichkeit unmittelbaren mitmenschlichen Miteinanderseins ist bei unserer Träumerin in so hohem Masse verlorengegangen, dass sie nur noch durch Ruinen einer fernen versunkenen Zeit wandert, in einer zerfallenen Welt sich aufhält. Insbesondere kann sie auch ihre Liebe nicht mehr in einem unmittelbaren Miteinandersein zum Austrag bringen. Sie kann nicht mehr einen Mann mit Herz und Seele lieben. Nur noch ganz mittelbar, literarisch, durch STENDHALS Buch der Liebe, erschliesst sich ihr ein Abglanz dieser menschlichen Sphäre. Doch nicht einmal dieses Buch selbst ist da. Sie hat es zu Hause vergessen, und seine Lektüre liegt schon weit zurück; sie hat es vor vielen Jahren einmal gelesen, wie ja auch der Dichter dieses Werkes eigentlich dem verflossenen letzten Jahrhundert angehört. Von der unmittelbaren Liebesnähe hat sie sich bereits in die sachliche Äusserlichkeit eines Autogrammsammelns entfernt. Dabei verunstaltet dann noch der Schriftsteller der Liebe, Stendhal den Mund der Patientin auf seiner Zeichnung und entleiblicht ihn zu einer unlebendigen Figur aus Blockschriftzeichen, die den Eigennamen der Patientin lesen lassen. Ein solcher Mund ist freilich jeder unmittelbaren Liebeskommunikation verschlossen. Diesmal fällt sie jedoch nicht wie im vorangegangenen Traume in das Nichts bodenloser Leere. Ein brüchiges Brücklein trägt sie darüber hinweg. Aber es ist ein Brücklein, das sie nur mehr in eine Welt rein kopfmässigen, wissenschaftlichen Erkennens und laboratoriumsmässigen Beobachtens führt. Innerhalb dieses ihr allein noch möglichen Lebensbezuges nimmt sie wahr, wie sich die Gestalten des Lebens mehr und mehr zurückbilden: von den Katzen über Pflanzen zu blossen Versteinerungen und Muschelschalen. In diesem Beobachten des Rückbildungsprozesses des „Lebewesens" ist sie selbst so sehr mit darin, dass ihr bald auch im Wachen nur noch ein bloss pflanzenähnliches Vegetieren möglich war und schliesslich alles Leben aus ihrer Welt entschwand. Als sie wachend am Tiefpunkt ihrer Apathie angelangt war, konnte sie faktisch nur noch in der einer tierischen Versteinerung oder einer Meeresmuschel entsprechenden Weise in der Welt sein. Durch die Augen des Laboranten im Traume vermochte ihr Verstand die ganze Zeit über diesen Abbau ihrer Existenzmöglichkeiten pedantisch genau zu registrieren.

Wie bei depressiven Verstimmungen und schizophrenen Störungen können auch organische Geisteskranke die Bedrohung ihrer Existenz träumend wahrnehmen, bevor sie oder ihre Umgebung in ihrer wachen Welt etwas davon wissen. Insbesondere vernahmen wir derartige Träume von Menschen, die an einer progressiven Paralyse zu leiden begannen, zu einer Zeit, da ihnen im Wachen noch lange eine Euphorie oder gar ein blühender Grössenwahn eine besonders kraftvolle Gesundheit vortäuschen wollten. Ein solcher Mann berichtet zum Beispiel in fröhlicher Gemütsverfassung den folgenden Traum: „Ich war krank, hatte etwas an meinem linken Fuss. Er fing an zu eitern. Ich hörte jemanden sagen: ‚Es ist sehr fraglich, ob es bei diesem Menschen wieder bessern wird. Er wird bald sterben müssen. Die Eiterung hat sich schon ins Gehirn fortgesetzt‘."

Träumend ist dieser Mann so viel hellhöriger als im Wachen, dass er seines lebensbedrohlichen Krankseins mit aller Deutlichkeit innewird, während er sich wachend in bloss mehr gegenwärtigen, zukunfts- und vergangenheitslosen Grössenideen verloren hat. Doch darf wiederum der kranke Fuss mit seiner Eiterwunde nicht zu einer „diagnostisch-symbolischen" Darstellung oder Verhüllung des zerebralen paralytischen Krankheitsprozesses umgedeutet werden. Einmal ist die progressive Paralyse nur im reduzierenden, sogenannten objektiv-naturwissenschaftlichen Denken ein isolierter Gehirnprozess. In Wirklichkeit ist das ganze Existierenkönnen eines paralytischen Menschen bedroht. Wie unsere Cystitiskranke von einem Krankheitsdämon und einem Zentralheizungskörper träumte, so nimmt unser paralytischer Träumer eine eiterige Fusswunde wahr, weil auch er natürlicherweise seinen eigenen Zustand nicht in isolierter Reflexion versteht und seinen kranken Geist im Gehirn sucht, sich selbst vielmehr aus dem Bezug zu einem Ding, hier zu einem peripheren Körperteil, erfährt. Entsprechend seinem jeden lebensgeschichtlichen Fortschritt verunmöglichenden Kranksein spricht dabei jene Extremität an, die der leiblichen Fortbewegung dient.

Schliesslich müssen auch alle jene Träume zu den sogenannten diagnostischen gezählt werden, die nicht nur ein Leiden, sondern sogar den nahen Tod des Träumers ankündigen. Die alte und neueste Geschichte hat uns sehr zahlreiche Beispiele dieser Art überliefert. Der Schauspieler CHAMPMESLÉ zum Beispiel starb ganz plötzlich am 22. August 1701. Zwei Tage vor seinem Tode sah er im Traume seine verstorbene Mutter und seine verstorbene Frau. Die letztere winkte ihm, auch dahin zu kommen, wo sie jetzt sei. Dieser Traum machte auf CHAMPMESLÉ einen äusserst lebhaften Eindruck. Er erzählte ihn seinen Freunden. Sie alle bemühten sich vergebens, ihm den Traum auszureden. Tags darauf trat er in der „Iphigenie" in der Rolle des Ulysses auf. Während das Zwischenstück gespielt wurde, ging er im Foyer auf und ab und sang immerfort: „Adieu, Panier, vendanges sont faites." Am Montag, dem folgenden Tag, ging er in eine Kirche und gab dem Küster 30 Sous, mit der Bitte, eine Seelenmesse für seine Mutter und eine für seine Frau lesen zu lassen. Der Küster wollte ihm 10 Sous zurückgeben. Doch CHAMPMESLÉ sagte zu ihm: „Die dritte Messe soll für mich sein, und ich werde sie selbst anhören." Nach der Messe traf CHAMPMESLÉ unterwegs einige Kameraden, plauderte mit ihnen eine Weile und lud sie noch zum Mittagessen ein. Mitten im Gespräch fiel er plötzlich tot um[1].

Wenn die sogenannten diagnostischen Träume nur wenige Tage vor dem manifesten Ausbrechen einer Krankheit oder bereits nach ihrem eigentlichen Beginne geträumt werden, bereiten sie jetzt unserem Verstehen keine Schwierigkeiten mehr. Denn schon des öfteren zeigte es sich, dass träumend das menschliche Dasein viel konzentrierter in seinem jeweiligen Gestimmtsein versammelt ist als in der Zerstreuung des wachen Alltags. Daraus folgt unmittelbar auch eine entsprechend grössere Hellsichtigkeit und Offenheit dieser Träume in der Richtung auf das beginnende Kranksein hin. Schwierigere Rätsel geben uns jedoch zunächst schizophrene Kranke auf, die bereits in ihrer Kinderzeit, also zehn, zwanzig und noch mehr Jahre vor ihrem geistigen Zusammenbruch im Wachleben, so träumten und immer wieder in diesen Träumen in das katastrophale Ende eines menschlichen Daseins verwickelt waren. Denn wir haben unter den Tausenden und aber Tausenden von Träumen, die uns schon zu Ohren kamen, noch nie Kinderträume dieser ganz besonderen Art gehört, denen nicht irgendwann einmal im wachen Leben eine psychotische Persönlichkeitsstörung gefolgt wäre, eine zureichend lange katamnestische Beobachtungsmöglichkeit vorausgesetzt. Diese Kinderträume zeichnen sich dadurch aus, dass sie ohne jeden Lichtblick enden, einfach in eine Katastrophe, in eine ausweglose Trostlosigkeit ausmünden. Es geht darin jedoch nie nur die Person des Träumers selbst zugrunde. Sterben sehen sich im Traume sehr viele junge und alte Menschen. Bald stirbt man im Traume nur so leichthin, bald unter grossen Ängsten. Weder die eine noch die andere Art des Traumsterbens ist von tragischer Bedeutung. Denn von jener Traumperson her, die jeweilen der Träumer „ichhaft" selbst ist, kann er nur die

---

[1] J. JEZOWER: l. d., S. 369.

Weise des In-der-Welt-Seins verstehen, in die er sich zur Zeit des Träumens bereits hineinentfaltet und seine Existenz darin auszutragen weiss. Darum pflegt einer in seinen Träumen so oft gerade dann zu sterben, wenn er vor einem neuen Reifungsschub seines Menschseins steht. Denn nur wenn die alte Form zerbricht, kann der Träumer in neuer und reiferer Struktur auferstehen, in neue Weisen menschlichen Verhaltens hineinwachsen. In den ominösen Kinderträumen jedoch, die hier gemeint sind, stirbt nie nur der Träumer selbst; oft stirbt er selbst überhaupt nicht. Wohl aber geht seine ganze Traumwelt unter.

Als sechsjähriges Mädchen träumte zum Beispiel eine mit zweiunddreissig Jahren schizophren gewordene Patientin erstmals folgenden Traum: Auf einem riesig grossen, runden Tisch liegt auf einem Teller eine Kugel. Wie die Träumerin ein wenig um den Tisch herumgeht, entdeckt sie von dieser Seite aus, dass die Kugel ein Totenkopf ist, der sie angrinst. Unmittelbar darauf verschmelzen Tisch, Totenkopf und Träumerin miteinander und lösen sich in einer unbestimmbaren Leere auf. Dieser Traum wiederholte sich jedes Jahr ein- bis zweimal und blieb erst seit dem Ausbruch der manifesten Psychose endgültig aus. Schon von seinem ersten Auftreten an, sagte die Patientin selbst, hätte sie stets gewusst, dass er ihr das Verrücktwerden voraussage. Sechsundzwanzig Jahre vor dem im Wachen wahrnehmbaren Sterben ihres Kopfes, vor ihrem geistigen Tode, erfuhr sie ihren zukünftigen Zustand von diesem Totenkopfe des Traumes her und nahm sie in der Leere des Traumes den schliesslichen Verlust ihres Existierens, ihres ekstatischen Bezughabenkönnens zu den Dingen der Welt wahr.

Eine andere, mit 28 Jahren an Schizophrenie erkrankte Patientin, hatte erstmals mit acht Jahren den Traum, den sie von da an den „Traum vom sterbenden Meeresgrund" nannte. Sie träumte ihn insgesamt sieben Male in ihrem Leben. Zum letztenmal einen knappen Monat vor dem Ausbruch ihrer Psychose. Bei seiner ersten Erscheinung hatte sie ihn des Morgens ihrer Mutter erzählt, die ihn noch in derselben Stunde in einem Tagebuch schriftlich festhielt. Die Aufzeichnungen stimmten Wort für Wort mit dem Traumbericht der Patientin überein, den sie dem Arzte über sein letztes Vorkommen abgegeben hatte. In diesem Traume sieht die Patientin, wie von weither der Körper einer erwachsenen Frau ins Meer fällt. Sehr deutlich waren an dieser Gestalt die blonden Haare erkennbar. Sie waren in der Mitte gescheitelt und nach rückwärts gekämmt. Die Frau sank rasch auf den Grund des Meeres. Man sah sie regungslos dort liegen.

Sie atmete aber noch. In rhythmischen Intervallen stiegen Luftblasen aus ihrem Munde auf. Aber der Atemrhythmus verlangsamte sich zusehends, und immer weniger Luftblasen lösten sich von ihr. Jetzt war sie ganz tot. Sogleich zerfielen und verfaulten auch in weitem Umkreise um die Leiche herum die Schlingpflanzen des Meeresgrundes. Die Leiche versank in einem trüben, amorphen Morast.

Das Alter der weiblichen Traumgestalt hatte die Patientin schon beim ersten Erleben dieses Traumes mit dem damaligen Alter der Mutter verglichen. Die Mutter zählte aber zu jener Zeit genau 29 Jahre; nur ein Jahr mehr also, als die Träumerin zur Zeit ihrer Erkrankung. Ganz genau entsprach die Haartracht der Frauengestalt der Wirklichkeit der Patientin zur Zeit, als der Traum zum letztenmal auftrat, und als kurz darauf der psychotische Schub einsetzte. Dann, zwanzig volle Jahre nach dem ersten Träumen dieses Traumes war der Patientin wirklich „die Luft ausgegangen" und hatte das geistige Sterben und Zerfallen ihres Daseins von Grund auf eingesetzt.

In Träumen kann sich aber einem Menschen nicht nur eine dem im Wachen noch unerkannten Kranksein entsprechende Welt erschliessen, es kann auch sein Gesundwerden von Traumereignissen her verstanden werden, bevor diese Wendung zum Besseren wachend wahrgenommen wird. Ein Patient litt wochenlang unter den Nachwirkungen einer schweren Grippe mit Lungenkomplikationen. Als klinisch noch keinerlei Besserung seines Schwächezustandes festzustellen war, träumte er vier Male hintereinander, er sei mit Freunden in einer für gutes Essen stadtbekannten Gaststube. Da esse er mit besonderem Genuss die Tessiner Spezialität Coppa. Mit einer Art Galgenhumor erzählte er diese Träume seinem Arzt und fragte ihn, ob ihm der Traum damit wohl Coppa als das ihm zuträglichste Stärkungsmittel anpreisen wolle. Der Arzt warnte aber um so eindringlicher vor dem Genuss dieses Fleisches, als der Patient selbst zugab, er habe wachend die Coppa nie recht vertragen können. Das Fett dieser Speise sei ihm immer noch die längste Zeit auf dem Magen gelegen. Vernünftig, wie der Patient war, liess er denn auch sofort ab von seinem Wunsche. Aber es war nicht zu verkennen, von der Zeit dieser Träume an ging es zum Erstaunen aller wieder sehr rasch aufwärts mit dem Mann. Acht Tage später sass er schon an der Arbeit, während der Arzt noch mit mindestens drei Monaten Rekonvaleszenz gerechnet hatte.

Das Genesungsgefühl, die gehobenere vitale Gestimmtheit also war es, die ihm zwar wachend noch eine Weile verborgen blieb, ihm im Traume jedoch bereits die muntere Welt jener Gaststube mit der

Coppamahlzeit erschloss. Dieser vierfach wiederholte Traum stimmt in hohem Masse mit der Traumreihe eines Patienten C. A. Meiers überein[1]. Nur war dort dem Wunsch des Patienten stattgegeben worden. Er bekam seine Mortadellawurst. Darauf fühlte er ebenfalls bald seine Lebenskraft wiederkehren. Allerdings deutete der Autor, der Theorie C. G. Jungs entsprechend, sofort den „Archetypus Pharmakon" in diesen Traum hinein, der sich hier in seiner symbolischen Gestalt der Mortadella gezeigt habe. Die Heilung führte er infolgedessen auf die den Archetypen überhaupt zugehörige „ausserordentliche Wirksamkeit" zurück. Abgesehen davon, dass uns hier die unzulässige Hypostasierung des abstrakten Begriffes Archetypus zu einem wirksamen Ding auf die Spitze getrieben zu sein scheint, spricht gegen des Autors Hypothese der Umstand, dass unser Patient nach seinem Traume ebenso rasch gesundete, obschon ihm das geträumte „Pharmakon" faktisch vorenthalten blieb.

Die psychische Gesundung und Reifung einer bisher infantil verkümmerten Neurotikerin von fünfunddreissig Jahren kündigte sich u. a. in einem Traume an, der mit den Worten berichtet wurde: „Ich sah mein kleines Töchterchen Ursula vor mir. Ich wusste im Traume ganz genau, dass es an einem unheilbaren Krebsleiden erkrankt war. Es würde nur noch wenige Tage leben. Ich bin aber durchaus nicht traurig darüber; im Gegenteil, ich erwache in recht froher, angenehmer Stimmung, dachte nur noch im Traume, ich wolle die letzten Lebenstage über noch sehr lieb mit ihm sein."

Freilich könnte man auch in dieses Phänomen, der bisher üblichen Deutung auf der Objektstufe entsprechend, verdrängte Todeswünsche der Träumerin gegen ihr siebenjähriges Kind hineindenken. Doch bliebe dies für immer eine völlig unbeweisbare Annahme. Zu ihren Gunsten könnte vom Traum selbst her nichts, aber auch gar nichts ins Feld geführt werden. Wohl aber spräche für die Willkürlichkeit und Gewalttätigkeit einer solchen Deutung sowohl die gelassen frohe Stimmung des Traumes und des Erwachens, wie auch das bald aller Welt in die Augen springende Reiferwerden des wachen Verhaltens dieser Frau im allgemeinen und ihre daraus entspringende, viel echtere und natürlichere, liebevollere Zuwendung zu diesem Kinde im besonderen.

Dem Traumphänomen würde aber auch eine Deutung auf der Subjektstufe nicht gerecht. Denn streng genommen sieht die Träumerin durchaus nicht nur ein Bild, in das hinaus sie ihre subjektive

[1] C. A. Meier: Zeitgemässe Probleme der Traumforschung. Zürich 1950, S. 19/20.

Kindlichkeit projiziert hätte, sondern erlebte eine faktische Begegnung mit ihrem Kinde. Und sie begegnete nur ihm in diesem Traume, weil sie zur Zeit des Träumens aus ihrer eigenen Kindlichkeit heraus nur für die Wahrnehmung von Kindern und Kindlichem offen sein konnte. Ebensowenig „versinnbildlichte" die Todeskrankheit ihres Kindes bloss etwa den Untergang, das Sterbenmüssen ihrer eigenen Kindlichkeit, vielmehr erfuhr sie dessen Möglichkeit oder Gewissheit erst einmal von aussen her in Gestalt einer vollen Traumwirklichkeit.

Eine Heilung im Sinne einer geglückten Selbstfindung ereignete sich auch im Traume eines vierundvierzigjährigen Künstlers. Er war Maler, und sein Ruf war zur Zeit des Traumes schon weit über die Landesgrenzen hinausgedrungen. Sein entscheidender Traum gleicht in hohem Masse den stereotypen Träumen des Dichters Peter Rosegger, mit denen A. Maeder die sogenannte finale und progressive Funktion des Traumes gegenüber Freuds kausal-reduktiver Interpretation illustrieren wollte[1]. Da wir den unschätzbaren Vorteil besitzen, unseres Träumers Verfassung aus einer eingehenden Psychoanalyse des genauesten zu kennen, gibt uns dieser Traum zugleich die Gelegenheit, noch einmal des näheren auf die Künstlichkeit aller Traumdeutungen hinzuweisen, die gewissen Träumen bestimmte Absichten irgendwelcher psychischer Instanzen oder bezweckte Wirkungen auf das Wachbewusstsein zuschreiben wollen.

Unser Gewährsmann hatte sich nur gegen die allergrössten Widerstände vonseiten seiner Eltern und Verwandten zum Maler ausbilden dürfen. Nach der Schule wollte ihn der Vater noch drei Jahre lang in eine kaufmännische Lehre stecken. Unter dem Regiment eines völlig vertrockneten, pedantischen Chefbuchhalters musste unser Patient seine Tage mit der sturen Addition unendlich langer Zahlenreihen zubringen. Nach anderthalb Jahren hielt er es nicht mehr aus, brannte durch und liess zu Hause erst wieder von sich hören, als man in Paris auf seine Bilder aufmerksam geworden war. Seit nahezu zwanzig Jahren fand sich nun dieser Künstler, wie es Peter Rosegger ergangen war, alle paar Wochen wieder in die harten Lehrjahre zurückversetzt. Immer wieder mühte er sich in diesen Träumen, wie er es in seinem wachen Leben jener Jahre zu tun gezwungen war, mit seinen Zahlenreihen ab, wurde unablässig von seinem Vorgesetzten kritisiert und bekam dauernd von ihm seine mangelhafte Begabung zu jeder kaufmännischen Tätigkeit vorgehalten. Über vierzig Jahre alt hatte er werden und eine fast zweijährige Psychoanalyse hatte er

---

[1] Vgl. S. 42.

durchmachen müssen, bis dieser stereotype Traum eine neue Wendung nahm, um den Träumer daraufhin überhaupt nicht mehr zu belästigen. Wieder sass der Träumer zunächst in diesem letzten Traum über seine Rechnungsbücher gebeugt und kam mit den Additionen nur mühsam vom Fleck. Wieder schalt ihn der Buchhalter aus und nannte ihn einen unfähigen Tropf. Der Vorgesetzte wurde dieses Mal immer lauter und wütender, brüllte ihn schliesslich an, er solle sich endlich zum Teufel scheren, er hätte jetzt an seiner Stelle Jakob Blattner eingestellt. Mit einem Fusstritt beförderte der Chefbuchhalter den Träumer ins Freie. Da stand er nun hilflos vor der Türe des Geschäftshauses, kein Mensch weit und breit, ganz auf sich allein gestellt. Voller Scham darüber, dass er sich nicht selbst schon lange aus dem Staube gemacht habe und zugleich zutiefst über das Geschehnis erschrocken, wachte er auf. Da stieg ihm der Duft des Morgenkaffees in die Nase, den seine Frau im Nebenzimmer bereitstellte; sein Blick fiel auf die kostbaren Bilder alter berühmter Meister, die ihm seine Verehrer geschenkt hatten. Ein unsägliches Glücksgefühl erfüllte ihn, und eine grosse Dankbarkeit kam in ihm auf, dass ihm die Gegenwart ein so freies und erfülltes Dasein gönne.

Halten wir uns streng an die unmittelbare Wirklichkeit dieses Traumphänomens, und wahren wir es ganz in seiner Unversehrtheit, so vermissen wir in diesem Traume nicht nur jeden Beleg für FREUDS kausale Wunscherfüllungstheorie, sondern finden darin auch keine Spur einer unbewussten psychischen Instanz, die mit der Absicht und zu dem Zwecke aufgetreten wäre, den Hochmut des Träumers zu kritisieren und zu korrigieren, wie sie MAEDER in den Traum des Dichters ROSEGGER hineingedeutet hatte. Selbst wenn unser Träumer in seinem wachen Leben einmal wie ROSEGGER mit einem Freunde über den Hochmut und den Ehrgeiz diskutiert hätte, würden wir uns in keinerlei Weise für berechtigt halten, diese Diskussion auf unseren Traum zu beziehen und so vom Wachzustand her in ihr eine Bestätigung einer Annahme über den Traum erblicken. Faktisch aber spielte die Frage des Hochmutes und des Ehrgeizes bei unserem Patienten weder zur Zeit des Traumes eine Rolle noch wäre sie früher in seinen Träumen oder im Wachen je von wesentlicher Bedeutung gewesen. In Wirklichkeit erfuhr er nur von dem Traumchef und von der ganzen Traumatmosphäre her, dass er noch immer in einer jugendlichen, ihm inadäquaten, viel zu engen Verhaltensweise der Welt gegenüber verhaftet war, noch nicht zu sich selbst gefunden und seine persönliche Freiheit erlangt hatte. Aus dieser Befangenheit in einem lehrlinghaft unreifen Weltbezug musste ihm träumend immer wieder ein diktatorischer Chef mit der ganzen ihm zugehörigen Welt erscheinen. Die Befreiung zu einem wirklichen Selbstsein-können war ihm erst zur Zeit des letzten Traumes gelungen. Weil er dann aber in seinem ganzen Wesen wirklich aus der kindlichen Befangenheit erlöst war, konnte er jetzt nach dem Erwachen die Unabhängigkeit und Gelöstheit seiner wachen Welt erst so recht in vollen Zügen geniessen, in ihr ganz aufgehen. Der Schreck zu Ende des Traumes verrät uns freilich im Zusammenhang mit sehr zahlreichen anderen Träumen und Äusserungen dieses Mannes, dass er, wie es bei so vielen Männern geschieht, sich nicht wenig vor dem eigentlichen Selbst- und Freiseinkönnen ängstigt, darob erschrickt und nicht recht wagt, von sich aus die alten, unreifen und ihm von aussen aufgeprägten Formen des Existierens abzuschütteln. Darum geht er denn auch im Traume nicht aus eigenem Entschlusse fort, sondern wird von einem andern gegen seinen Willen hinausgeworfen.

Die so im Traume sich ereignende Befreiung zu sich selbst trug sich sehr bald auch in seinem wachen künstlerischen Schaffen aus. Wenige Wochen nach diesem Traume brach er erstmals in seinen Bildern zu seinem eigenen und endgültigen Stile durch. Darin liegt wohl die schönste Bestätigung unserer Aussage, dass in diesem Traume weder ein verdrängter Wunsch seine symbolisch verhüllte, halluzinatorische Befriedigung fand, noch eine unbewusste, final ausgerichtete psychische Instanz in symbolischer Selbstdarstellung ein Ziel zu erreichen oder eine bewusste Einstellung zu kompensieren trachtete. Vielmehr hatte sich „lediglich" eine Existenz träumend in ihr wirkliches, freies Selbstseinkönnen hinein entfaltet. Wie in ROSEGGERS Traum würde es auch hier völlig unverständlich bleiben, dass der Träumer so glücklich gestimmt in den Anblick der Werke grosser Meister hinein hätte erwachen können, wenn er durch den Traum für seinen Hochmut bestraft und vor seinen Vorbildern hätte gedemütigt werden sollen. Der stereotype Traum von der Rückkehr in die Lehrlingswelt kehrte nun aber auch bei unserem Träumer deshalb nicht mehr wieder, weil er die Weise des kindlichen unfreien In-der-Welt-Seins, der das Traumerlebnis entstammte, endgültig überwunden hatte.

Eine dritte, noch handgreiflichere und eindrucksvollere Selbstfindung im wörtlichen Sinne ereignete sich im Traume einer sechzigjährigen Patientin. Das war eine psychisch und physisch gesund veranlagte, sehr intelligente, ursprünglich lebensfrohe und liebesbegabte Frau. Schon während ihrer Pubertätszeit hatte aber die harte und gewalttätige Mutter eine wesentliche, mitmenschliche Beziehung dieses

198

Menschen zerstört. Als junge Frau hatte sie dann einen ausserordentlich gefühlskalten, rein materialistisch orientierten Mann geheiratet. So hatte sie im Laufe der Jahrzehnte alle ihre ursprüngliche Lebenslust und ihre spontane Begeisterungsfähigkeit mehr und mehr eingebüsst und war in eine chronisch-depressive Verstimmung verfallen. Nur gelegentliche Jähzornausbrüche verrieten einen noch nicht ganz erloschenen Vulkan. Nach der brutalen Zerstörung ihrer ersten grossen Liebe durch die Mutter kehrten bei ihr nun alle die Jahrzehnte hindurch in verschiedenen zeitlichen Abständen Träume wieder, in denen sie einer in düstere, faltenreiche Gewänder gehüllten Frau begegnete. Wie eine drohende Mahnerin stand jeweilen diese Frau vor ihr, unheimlich in ihrem Todesernst. Aber nichts geschah, kein Wort wurde gesprochen. So wie die Frau erschien, verschwand sie auch wieder lautlos. Spontan nannte die Träumerin diese Traumfrau ihre „Schicksalsfrau" oder ihre „Norne". Nachdem ihr aber die ärztliche Behandlung in ihrem sechzigsten Lebensjahre wieder Mut zu sich selbst hatte geben können und die depressive Verstimmung verschwunden war, erschien ihr diese Norne noch einmal im Traum, zum letzten Male, aber in ganz anderer Weise. Das war der Selbstfindungstraum, wie ihn die Patientin von sich aus nannte. Der Erzählung dieses Traumes schickte sie die folgenden Erinnerungen und Erläuterungen aus ihrem wachen Erleben voraus: „In meinem Heimatstädtchen gab es ein altes Zunfthaus, in dem die drei liebsten Gespielinnen meiner Jungmädchenzeit wohnten. Sie, wie ihre gütige, verehrungswürdige Mutter waren mir sehr zugetan. Das Haus und seine Insassen übten eine ganz besondere Anziehungskraft auf mich aus. Der dem Zunfthaus angegliederte runde Turm mit der breiten Sandstein-Wendeltreppe, die tiefen Fensternischen, die schönen Holztüren mit den Messingbeschlägen, ein Glockenzug mit dem helltönenden, silbernen Klang einer Glocke als Türöffner, Podeste und Erker und ein gepflästerter Hof am Fusse des Turmes hatten es mir angetan. Es liessen sich so herrlich Versteckplätze beim Spielen finden, und der grosse Dachboden und der Hof waren voller Reize und Überraschungen. In meinem Traume dieser Nacht nun, so fuhr die Patientin fort, befand ich mich im Wohnraum, dem obersten Zimmer eben dieses Turmes. Ich hörte den silbernen Klang des Glockenzuges, der mich immer an den Ton des Weihnachtsglöckchens erinnerte. Ich öffnete die schwere Türe, die auf ein Podest hinausführte und wartete gespannt, aber ohne Angst, wer wohl die Treppe heraufkommen werde. Denn dies lässt sich, da es eine Wendeltreppe ist, erst bei den letzten Windungen erkennen. Da kommen die Schritte näher, und siehe da, es war meine Schicksalsfrau, die Norne! Zum Unterschied von den Begegnungen mit ihr in meinen früheren Träumen hatte sie diesmal aber ein wissendes gütiges Lächeln auf ihren Zügen. Als sie nähertrat, erkannte ich mich selbst darin und erwachte frei von jeder Beklemmung."

Doch dieser Traum hatte nicht nur eine lange Vorgeschichte im wachen Leben dieser Frau, es folgte ihm auch noch ein eigentümliches Nachspiel. Am Tage nach diesem Traume besah sie in der Stadt die Schaufensterauslagen eines Modehauses. Dabei fühlte sie die Blicke einer Frau auf sich ruhen, die hinter ihr stand. Dann hörte sie die Worte: „Du bist es wirklich!" Als sie sich nach der Sprecherin umwandte, erkannte sie die jüngste der drei Gespielinnen aus dem eben geträumten Zunfthause, die sie seit fünfundvierzig Jahren nie mehr gesehen hatte. Sie habe überhaupt, fügte die Träumerin hinzu, seit mindestens vierzig Jahren nie mehr an dieses Haus und an seine Bewohner gedacht und habe auch nie mehr eine faktische Beziehung zu ihm oder zu einer dieser Gespielinnen oder zu ihrer Mutter gehabt. Erst durch den Traum hätte sie Anlass bekommen, über diesen Abschnitt aus der Jugendzeit nachzusinnen. Unsere Träumerin war deshalb sehr benommen von dieser Begegnung. Noch grösser wurde ihr Erstaunen, als die nächste Frage der Jugendfreundin war: „Bist du immer noch so drollig und lustig wie als Mädchen?" Ungläubig fragte unsere Träumerin zurück: „War ich das wirklich?" und die Beteuerung kam: „Ja, und wie! ... sehr sogar und immer so einfallsreich!"

Die Begegnung mit dem Haus im Traume hatte dieser Frau eine längst gewesene Welt wieder nahegebracht. Ob der erstaunliche Umstand, dass ihr unmittelbar darauf im Wachen noch ein weiterer dieser gleichen Welt zugehöriger Mensch erschien, mit der zwar unwahrscheinlichen, aber das oberflächliche Denken sehr beruhigenden Annahme eines blossen sogenannten Zufalls erklärt werden kann oder nicht, darf füglich dahingestellt bleiben. In unserem Zusammenhang ist lediglich die Bestätigung von Bedeutung, die die bei der Wachbegegnung fallenden Worte bringen, dass unsere Träumerin ursprünglich wirklich ein besonders lebensvoller, lebenslustiger, schöpferisch reich begabter Mensch war, wie sie es selbst gar nicht mehr glauben konnte. In dem kärglichen Leben, das sie nach der Vergewaltigung durch ihre Mutter und der völligen Unterdrückung ihrer Eigenart durch ihren Ehemann geführt hatte, war sie somit zweifellos in hohem Masse weit hinter dem ihr eigentlich möglichen Dasein zurückgeblieben. Dieses Zurückbleiben hinter den eigenen Möglichkeiten seines Seinkönnens ist das wesentliche Schuldigsein des Menschen. Denn es gehört zum Wesen menschlichen Daseins, dass es ihm in seinem Sein um dieses sein volles Seinkönnen selbst geht. Wachend ist unsere Patientin schon lange nicht mehr sich selbst und ganz. Sie selbst ist verdeckt und verhüllt unter einer ihr fremden, kümmerlichen Daseinsform von Gnaden ihrer Umwelt. Weit hinter sich selbst zurückbleibend ist sie nichtsdestoweniger auch schon ihr ganzes Leben vorweg. Sie ist dies freilich in der ihr selbst unkenntlich düsteren Verhüllung als die Schicksalsfrau, die Norne ihrer Träume. Ihrer tiefen Daseinsschuld entsprechend ist die Beziehung zu ihr so bedrohlich unheilvoll gestimmt. Darum erscheint ihr die Norne mit so vorwurfsvoller Miene. Erst am Ende ihres Lebens, als sie den Mut fand, wieder sich selbst zu sein, verschwand die unheimliche, schuldbeladene Spanne zwischen ihrem faktischen Nochnichtsein und ihrem schicksalshaften Sichselbstvorwegsein. Darum konnte sie jetzt träumend und wachend wieder eins werden mit sich selbst, wie sie es fünfundvierzig Jahre früher war, als sie ihr wahres Wesen unter dem Drucke ihrer Umwelt noch nicht verloren hatte. Aus dem alten, ursprünglichen und doch erst wieder neugewonnenen vollen Lebensbezug dieser Träumerin heraus offenbarte sich ihr auch von neuem jene alte, glückliche Welt, war sie im Traume wieder im Hause ihrer früheren Kinderspiele.

In der Begegnung mit der Norne, ihrer Schicksalsfrau, erfuhr diese Träumerin schon zur Zeit ihrer Mädchenträume die ganze Fülle ihrer Lebensmöglichkeiten. In eigenen Vollzug sollte sie sie freilich nicht vor Ablauf von vier Jahrzehnten übernehmen können. Erst dann machten sie faktisch ihr reifes Selbstsein aus, so dass sie in der Norne sich selber zu erkennen vermochte. Doch schon seit je war sie sich im Mitsein mit der Traumnorne ihre ganze Zukunft vorweg. Sind aber derartige Träume, wie insbesondere auch die von einigen schizophrenen Kranken Jahrzehnte vor dem psychotischen Zerfall ihres Wachlebens wahrgenommen, in spezifischer Art katastrophalen Traumereignisse nicht überhaupt nur möglich, insofern wir nicht nur immer unsere Vergangenheit noch mit-, sondern uns immer auch schon unsere ganze Zukunft vorweg sind? Wie könnte sonst unser Dasein dem erst aus unserer Zukunft her Künftigen und Zukommenden gegenüber offen sein?

Sind wir träumend aber nur offener als im Wachen für das, was innerhalb der Bereiche unserer eigenen Leiblichkeit und Geistigkeit aus unserer Zukunft her anzukommen sich anschickt? Gibt es nicht ausser den sogenannten diagnostischen Träumen auch telepathische und prophetische Träume, von denen viele behaupten, dass sie uns auch fremde Dinge begegnen lassen, die, wie man so sagt, noch weit jenseits der Reichweite unserer Sinnesorgane liegen?

b) Die telepathischen und die prophetischen Träume

Im Gegensatz zu den meisten naturwissenschaftlichen Forschern seiner Zeit liess FREUD wenigstens die Möglichkeit eines Vorkommens telepathischer Träume offen. Er meint, dass er allen Grund habe, in dieser Beziehung ganz unparteiisch zu sein, weil er kein Urteil darüber besitze, nichts darüber wisse. Er befasst sich sogar eingehend mit einem Traume, den der Träumer selbst als einen telepathischen aufgefasst haben wollte[1]. Allerdings ist der von FREUD gewählte Traum deshalb zum Studium telepathischer Traumphänomene ganz besonders ungeeignet, weil darin gar nicht von einem gleichzeitig in der wachen Wirklichkeit sich ereignenden Faktum geträumt wurde, sondern nur von einem ihm entfernt ähnlichen Ereignis. Ausserdem verlässt FREUD bei seiner Untersuchung das möglicherweise telepathische Phänomen sogleich wieder. Er ist nur darum bemüht, es in die Rolle aller anderen möglichen latenten Traumgedanken zu versetzen, die in seiner Traumtheorie ja nur das Material darstellen, das ein verdrängter Triebwunsch benützt, um seine verhüllte Befriedigung durchzusetzen. Wenn ihm diese Umdeutung in dem von ihm ausgewählten Traumbeispiel auch noch einigermassen, freilich nur mit Hilfe sehr gewagter und unbeweisbarer Spekulationen gelingt, so gibt er doch die Unmöglichkeit einer solchen Erklärung bei jenen telepathischen Träumen zu, in denen ein Geschehnis der ankommenden wachen Wirklichkeit des Träumers zuvor ganz unverändert im Traume erscheint. Da sich solche telepathischen Traum-Phänomene so wenig wie die traumatischen Träume seiner Traumtheorie fügen wollen, macht er auch mit ihnen kurzen Prozess. Er verschiebt hier nicht nur das Versagen seiner Traumtheorie in das Phänomen selbst hinein und spricht von einem Ungenügen der Traumfunktion, sondern spricht ihnen sogar einfach den Charakter eines Traumes schlechthin ab. Zu dieser diktatorischen Ausbürgerung der telepathischen Phänomene aus dem Reich der

---

[1] S. FREUD: „Neue Folge der Vorlesungen zur Einführung in die Psychanalyse", S. 51 ff. Wien 1933.

Träume vermag er freilich keinen andern Grund anzugeben als den, dass sie seiner Traumauffassung nicht genügen. Seine „Beweisführung" ist für das damalige naturwissenschaftliche Denken so überaus kennzeichnend, dass sie es wohl verdient, wörtlich angeführt zu werden. FREUD schreibt in seiner Arbeit „Traum und Telepathie": „Soll man ein derartiges telepathisches Ereignis (wobei ein aus räumlichen Gründen sinnlich noch nicht wahrnehmbares Geschehnis bereits exakt im Traume erscheint) überhaupt einen Traum nennen? ... Warum sollten wir ein Seitenstück zu der von MAEDER heraufbeschworenen Konfusion schaffen, der für den Traum eine neue Funktion entdeckte, indem er die Traumarbeit durchaus nicht von den latenten Traumgedanken sondern wollte? Wenn wir also einen solchen rein telepathischen „Traum" antreffen sollten, so wollen wir ihn doch lieber ein telepathisches Erlebnis im Schlafzustand heissen. Ein Traum ohne Verdichtung, Entstellung, Dramatisierung, vor allem ohne Wunscherfüllung, verdient doch nicht diesen Namen[1]."

Unvoreingenommener als FREUD war schon lange vor ihm der Italiener ERMACORA an das Studium telepathischer Träume herangegangen[2]. Dieser Forscher experimentierte drei Jahre lang an einem zu Beginn der Untersuchungen fünf Jahre alten Knaben. Der Versuchsleiter selbst vermochte zwar nie telepathische Träume bei diesem Kinde hervorzurufen, wohl aber eine seiner Bekannten. Diese konnte durch Fernsuggestion dem schlafenden Kinde Träume eingeben, die ihr der Versuchsleiter zuvor vorgeschrieben hatte. Um eine direkte Beeinflussung unmöglich zu machen, wurden die beiden Versuchspersonen streng kontrolliert. Beide liess man ausser Hörweite in verschiedenen Zimmern schlafen. Die Türen wurden abgesperrt und verriegelt, damit eine Annäherung während der Nacht ausgeschlossen werden konnte. Einer der vielen Träume, die die Bekannte ERMACORAS dem schlafenden Kinde telepathisch zu übermitteln hatte, lautete: „Der kleine Träumer wird ein Hirte sein und Ziegen zum Weiden in die Berge führen. Drei werden fehlen. Zurückkommend begegnet er einer Dame mit Schirm, himmelblau gekleidet, die sagt, dass drei Ziegen in den Fluss fielen." S. M. (die sendende Bekannte) erfuhr das Programm im Bett. Sie sah das Kind nicht mehr, da es bereits in einem andern Zimmer zu Bett lag. ERMACORA hatte den Knaben gleich der Aufsicht einer Pflegerin übergeben, die bei

[1] S. FREUD: Ges. Schr. III., S. 290.
[2] G. B. ERMACORA: „La Telepatia". Padova 1889. Zit. nach MOSER: „Okkultismus", S. 335 f.

ihm schlief. Das Zimmer war abgeschlossen worden. Der Traum, dessen sich das Kind am folgenden Morgen erinnerte, entsprach ERMACORAS Auftrag in allen Einzelheiten. Allerdings sagte der Knabe nicht, er sei ein Hirte gewesen, weil er noch nie etwas von Hirten gehört hatte. Er erzählte vielmehr den Traum so, dass er an einem hochgelegenen Orte mit einem Stock in der Hand gegangen sei und dass er viele Hunde mit Hörnern bei sich gehabt habe. Darauf bemerkte die Pflegerin, der das Kind den Traum anvertraute, die selbst jedoch nicht in den Traumauftrag eingeweiht worden war: „Hunde haben aber doch keine Hörner, das waren sicher die Ohren." Das Kind aber beharrte dabei: „Nein, es waren richtige Hörner!" Dieses Kind wusste nicht nur noch nichts von einem Hirten, es kannte auch noch keine Ziegen. Deshalb deutete es sie irrtümlich als Hunde mit Hörnern.

Einen spontanen telepathischen Traum berichtete uns ein gesunder Mann im Verlaufe einer Lehranalyse. Er lebte zu jener Zeit mehr als neunhundert Kilometer weit von seiner Mutter entfernt. In der Nacht vom 4. auf den 5. Oktober erkrankte er an einer kruppösen Pneumonie. Er bekam schon in dieser ersten Nacht so hohe Fieber, dass er zu delirieren begann. In seinem dämmerigen Zustand glaubte er immer, seine Mutter vor sich zu sehen, bat sie flehentlich, sie möge ihm ihre kühle Hand auf seine Stirne legen. Im Verlaufe des folgenden Vormittages rief die Mutter telephonisch im Logis des Sohnes an. Statt einer Begrüssung fragte sie gleich die Haushälterin, die den Telephonanruf abnahm, in grosser Aufregung, ob die Erkrankung ihres Sohnes schwer sei, ob sie nicht sofort zu ihm reisen solle. Das Wissen um seine Erkrankung verdankte die Mutter einem Traum der vorangegangenen Nacht. Sie sah sich bei ihrem Sohne, der mit hohem Fieber zu Bette lag. Er sei ganz verwirrt gewesen und habe immer etwas zur Kühlung von ihr haben wollen.

Drei Jahre später, als der gleiche Sohn in London beruflich tätig war, die Mutter aber in Chur in den Ferien weilte, brach sich der Sohn auf dem Wege zum Büro den rechten Oberschenkel. Am folgenden Tag bekam er abermals einen telephonischen Anruf. Die Mutter fragte diesmal, ob sich ihr Sohn schwer verletzt habe. Sie hatte mit äusserster Lebhaftigkeit geträumt, er liege in einem Spitalbett, sein rechtes Bein sei von oben bis unten eingewickelt.

Diese beiden Telephonanrufe waren und blieben die einzigen Fernverbindungen, die sich diese Mutter in ihrem Leben je geleistet hatte. Wäre sie nicht völlig vom Wirklichkeitsgehalt dieser zwei Träume überzeugt gewesen, so wären auch diese Anrufe zweifellos aus Sparsamkeitsgründen unterblieben. Von einem zufälligen Zusammentreffen beliebiger telephonischer Erkundigungen der Mutter mit den Erlebnissen des Sohnes kann also keine Rede sein.

Ein weiteres Beispiel eines telepathischen Traumes stammt von der Lehrerin Susanna KUBLER aus Heidelberg. Er lautet: „Ich bin in dem Zimmer eines Hospitals, in der Mitte steht ein Tisch, auf dem mein Bräutigam liegt. Sein rechter Arm ist entblösst, und nahe der Schulter befindet sich eine grosse Wunde. Zwei Ärzte, eine Krankenschwester und ich sind bei ihm. Er sieht mich an und fragt: ‚Liebst du mich noch?‘ Einige Tage nachher teilte mir die Mutter meines Bräutigams mit, dass er am 18. August bei Gravelotte an der rechten Schulter tödlich verwundet worden war und am 23. August starb. Die Krankenschwester, die ihn gepflegt, teilte uns zuerst seinen Tod mit. Der Traum steht noch heute in greifbarer Deutlichkeit vor mir." Er hatte sich bei der Träumerin in der Nacht vom 23. August 1870 ereignet[1].

Aus der Zeit des ersten Weltkrieges stammt der Traum des Unterleutnants V., eines intimen Freundes des Leutnants D., der am 3. September 1916 von einer Kugel getroffen worden war. Der Verletzte hatte sich noch aus der vorderen Linie zurückziehen können, um seine Verletzungen verbinden zu lassen. Am Abend, fünfzehn Stunden später, fehlte er beim Appell. Man suchte vergeblich auf allen Verbandplätzen nach ihm. Er galt als vermisst. Am 18. September kehrte das Bataillon, dem die beiden Leutnants angehörten, in den gleichen Abschnitt zurück. In der Nacht vom 18. zum 19. September sah nun der Leutnant V. seinen vermissten Freund im Traume in einem Granatloch am Rande des Chemin Creux bei einer Weide im Sterben liegen. D. machte dem Träumer heftige Vorwürfe, dass er seinen besten Freund so hilflos seinem Schicksal überlasse. V. ist der kaltblütigste Offizier von der Welt, ruhig und skeptisch. Trotzdem liess ihm sein Traum keine Ruhe. Er ging zu seinem Kommandeur, der ihn zunächst nicht ernst nahm, ihm aber schliesslich die Erlaubnis gab, am Chemin Creux nachzuforschen. V. langt dort an und findet den Schauplatz seines Traumes. Am Fusse einer Weide befindet sich ein Stab mit einem Zettel: „Hier liegen zwei französische Soldaten". Nichts liess an diesem Platze darauf schliessen, dass hier die Begräbnisstätte von D. wäre. Doch grub man nach und fand D., der seit etwa vierzehn Tagen hier bestattet lag[2].

[1] Zit. nach J. JEZOWER: „Buch der Träume", S. 376.
[2] ebenda, S. 286.

Lange nicht immer müssen es jedoch für den Träumer so bedeutungsvolle Ereignisse sein, die sich ihm telepathisch zur Wahrnehmung bringen. Oft genug handelt es sich um ein recht belangloses Geschehnis oder um höchst unwichtige Situationen, die ihm im Traume erscheinen. Der so kritische und stets auf strengste Wahrhaftigkeit bedachte Joh. Kaspar LAVATER zum Beispiel weiss von zwei Träumen zu berichten, die sich bei ihm beide am selben Morgen eingestellt hatten. Im ersten Traum stand ein seit Jahren nicht mehr gesehener Bürger von Zürich vor ihm. Im andern träumte er von einem Brief, den er erhalten werde und der von einer bereits abgetan geglaubten Sache handle. „Man weckte mich", fährt dann LAVATER fort, „und meldete mir die Anwesenheit eines Ratsuchenden, und wer vor mir stand, genau in eben der Kleidung und in genau eben der Positur, wie ich ihn im Traume gesehen hatte, war mein Bürger, und der Brief, den ich den selben Mittag erhielt, war völlig des Inhalts, wie der Traum, den ich beim Erwachen verlacht hatte, mich hatte besorgen lassen: eine Wiederaufwärmung eines alten Geschäftes."

Ein andermal erhielt LAVATER im Traume einen Brief in quarto in Hexametern, die er beinahe auswendig zu können glaubte. Der Traumbrief stammte von einem Freunde, der ihm jahrelang nicht geschrieben hatte. Denselben Morgen fragte ihn jemand, ob er auch gar nichts mehr von seinem Freunde in London wisse. „Diesen Abend", antwortete LAVATER lachend, „wenn mein Traum wahr wird, werde ich einen Brief von ihm erhalten. Ich ging auf die Post, und der Brief kam und war dem im Traum gesehenen vollkommen gleich[1]."

Charles DICKENS träumte einmal von einer Frau in einem roten Shawl, die im Traume zu ihm sagte: „Ich bin Miss Napier." „Warum Miss Napier?" schreibt DICKENS, „ich kenne keine Miss Napier." Nach einigen Stunden erhält er den Besuch zweier Personen, die ihm eine Dame in rotem Shawl vorstellen. Sie hiess Miss Napier und war zuvor DICKENS gänzlich unbekannt[2].

Ein psychoanalytischer Ausbildungskandidat war in einem Traumseminar auf die Möglichkeit telepathischer Träumer aufmerksam gemacht worden. Er hatte sich gegen die Zulassung dieser Möglichkeit besonders eifrig zur Wehr gesetzt, weil sie ihm sein bisheriges Weltbild ins Wanken zu bringen drohten. In seinen Ferien, die er im Tessin verbrachte, hatte er ein Referat über C. G. JUNGS „Energetik der Seele" und zu MAEDERS Buch „Selbsterhaltung und Selbst-

---

[1] Zit. nach J. JEZOWER: „Buch der Träume", S. 124.
[2] ebenda, S. 178.

heilung" auszuarbeiten. Durch die Lektüre dieser Schriften war er erneut von dem Problem telepathischer Träume beunruhigt worden. Am Abend des 16. Mai 1951 diskutierte er mit seiner Frau lange darüber. Beide kamen zum Schlusse, man müsste eben so etwas selbst erleben, bevor man es glauben könne. Im Spass fügte er bei, vielleicht würden sie gerade diese Nacht eines Besseren belehrt werden. Am folgenden Morgen erzählte ihm seine Frau völlig unbefangen und ohne sich des Gespräches des Vorabends zu erinnern, den folgenden Traum: „Ich sehe, wie Pfarrer Sch. kommt und zwei Schachteln bringt. Die Schachteln scheinen mir merkwürdig zu sein. Ich wage nicht, etwas daran zu machen. Plötzlich taucht Anneli A. auf. Die Schachteln sind nun offen. Frau A. A. erklärt mir genau den Inhalt. Es sind Kinderkleider darin, in der einen Schachtel solche von moderner amerikanischer Fasson, weiss, und in der andern ältere, zum Teil farbige. Ich spüre, dass die Kleider von Frau A. A. stammen und bin erstaunt. Zugleich scheint mir, als ob A. A. irgendwie mit Pfarrer Sch. verwandt, vielleicht seine Tochter sei." Zu diesem Traume seiner Frau hatte der Ausbildungskandidat den folgenden Kommentar zu geben: „Dieser Traum schien uns beiden auffallend fremd und ohne jeden gefühlsmässigen Zusammenhang zu sein, weder mit äusseren Tagesereignissen noch mit irgendwelchen Affektregungen in uns. Wir versuchten ihn zu deuten. Wir stellten aber nur fest, dass Pfarrer Sch. ein uns bekannter Mann ist, der in der Nähe unseres Ferienortes ebenfalls ein Ferienhaus besitzt. Wir hatten uns tags zuvor dort erkundigt, ob er auch da sei. Dies war aber nicht der Fall. Anneli A. ist eine entfernte Verwandte meinerseits, tatsächlich, wie es das Gefühl meiner Frau im Traume gesagt hatte, auch Pfarrerstochter, wenn auch nicht die Tochter des Pfarrers Sch., sondern die eines Vetters meines Vaters. Wir haben seit Jahren nicht die geringste Beziehung zu ihr und zu ihrem Manne, haben sie nie besucht und nie ihren Besuch empfangen, soweit wir uns zurückerinnern konnten. Ganz sicher war auch seit vielen Monaten ihr Name unter uns nie gefallen. Auch nach längerem Suchen fällt uns absolut nichts ein, was das Auftreten dieser Person im Traume motiviert haben könnte. Ebensowenig wissen wir mit Kinderkleidern in den Schachteln etwas anzufangen. Ich schliesse unser gemeinsames Grübeln damit ab, dass ich sage, vielleicht sei damit etwas Vorausbezogenes gemeint, das erst eintreffen werde. Allerdings meinte ich das nur so im Scherz. Eine Stunde später trifft mit der Post ein Paket mit zwei Schachteln ein. In der einen finden wir weisse moderne Kleider amerikanischer Art, in der anderen ältere buntfarbene für unsere Kinder vor. Diese

Kleider stammen von Anneli A. Sie schickt sie uns, weil sie sie nicht mehr brauchen konnte. Das Eintreffen des Paketes war ebenso unmotiviert und seltsam, wie das Auftauchen der Anneli A. im Traume. Die Evidenz der Zusammengehörigkeit von Traum und nachträglichem Wacherlebnis war so schlagend, dass für uns beide jeder Zweifel am telepathischen Charakter dieser Sache ausgeschlossen war."

Die Träume des Gelehrten LAVATER, des Dichters DICKENS und des jungen Arztes erwecken nicht nur den Eindruck telepathischer Träume, sondern scheinen prophetische Bedeutung zu haben, wenn wir wenigstens den Titel telepathisch auf jene Träume beschränken wollen, in denen Dinge geträumt werden, die zur Zeit des Träumens bereits irgendwo in der Welt des Wachens vorhanden waren, von denen der Träumer nur zuvor als Wachender noch nichts erfahren haben konnte. Die Dinge und Menschen jedoch, denen unsere Träumer begegneten, bewegten sich zur Zeit des Träumens bereits faktisch-räumlich oder intentional in der wachen Welt auf die Träumer zu.

Ebenfalls vorhanden, wenn auch noch nicht in sinnlich greifbarer Nähe, waren die geträumten Dinge, die im Traume eines jungen Arztes vorkamen, mit dem dieser eines Tages einen erfahrenen Psychotherapeuten überraschte. Der Traumerzähler wollte von seinem Lehrmeister mit nur schlecht verhüllter Schadenfreude erfahren, welch verdrängter Triebwunsch sich in seinem Traumbild die verhüllte Befriedigung verschafft haben möge. Der Träumer hatte sein Traumbild architektonisch genau auf ein Stück Papier aufgezeichnet. Die Skizze stellte ein 50 cm hohes Gartenmäuerchen dar. Auf der einen Seite stiess es an eine Hauswand, mit seinem freien Ende schloss es 30 cm vor einem Wasserbecken ab. Seine Oberfläche war mit rötlichen Sandsteinplatten abgedeckt. Auf diesen Platten hatte er im Traume einen zusammengeklappten Zimmermann-Meterstab liegen sehen, daneben welkte ein Strauss von rosa Tulpen. Hinter dem Mäuerchen lag ein kleiner Sandhaufen. Auf dem Sand, das sah er mit besonderer Deutlichkeit, hatte ein Kind ein messingfarbenes Halskettchen liegen lassen. Dieses Stilleben stand dem Träumer eine ganze Weile in sinnlich lebhafter Materialität und Farbigkeit vor Augen. Dann verblasste es einfach wieder, ohne dass auch nur die geringste Handlung hinzugekommen wäre. Der Psychotherapeut, also auf die Probe gestellt, forderte den Kollegen nach seinem Traumbericht zu einem Spaziergang auf und bat ihn, ihm zu jedem einzelnen Traumgegenstand alle die sich einstellenden Einfälle zu verraten. Eine reichliche halbe Stunde waren die beiden schon unterwegs. Noch immer hatte sich, wie dies bei telepathischen Träumen — wenn auch durchaus nicht nur bei ihnen — regelmässig der Fall ist, nicht der geringste auf die Person des Träumers beziehbare Traumsinn ergeben. Sie waren aber mittlerweile unversehens zu einer ihnen beiden bisher völlig unbekannten Wohnkolonie einfacher Einfamilienhäuschen gekommen, die eben erst der Fertigstellung entgegengingen. Mit einem Male hielt der Träumer inne und zeigte über eine frisch angepflanzte Hecke. Dort, in der Ecke des kleinen Gartens, sahen nun beide die „Wirklichkeit" gewordene Traumskizze. Nicht nur das Mäuerchen war in der vorgeschriebenen Form und Grösse da, stiess mit seinem einen Ende an die Hausmauer und reichte mit dem andern bis knapp an das Wasserbecken, auch der welkende Strauss von rosa Tulpen neben dem gelben Metermass fehlte nicht, noch mussten sie lange nach der hellgelb leuchtenden Kinderhalskette auf dem ungefähr zwanzig Zentimeter hohen Sandhaufen hinter dem Mäuerchen suchen.

Schon solche Träume lassen sich nicht mehr ohne grosse Künstlichkeit als blosse Zufälle wegdisputieren. Wenn derart die ganze Konstellation einer Vielzahl von geträumten Dingen so genau mit der später wachend wahrgenommenen Situation übereinstimmt, ist der Glaube an einen blossen „Zufall" wohl die unwahrscheinlichste aller möglichen Hypothesen. Noch viel weniger will die Annahme eines blossen „Zufalls" bei einem Traum befriedigen, wie er uns von dem russischen Arzt GOLINSKI berichtet wird. Dieser Traum lautet: „Ich pflege um drei Uhr zu dinieren und dann eine bis anderthalb Stunden zu schlafen. Im Juli 1888 liege ich wie gewöhnlich auf dem Kanapee und schlafe etwa um halb vier Uhr ein. Ich träume, dass es läutet und dass man mich zu einem Kranken holen kommt. Ich betrete dann ein kleines Zimmer mit dunklen Tapeten. Rechts von der Eintrittstür steht eine Kommode, auf dieser eine sonderbar geformte Lampe oder ein Kerzenleuchter. Mich interessiert diese kleine Lampe ungemein, ich habe nie eine ähnliche gesehen. Links von der Türe steht ein Bett, in dem eine Frau liegt, die einen starken Blutfluss hat. Ich weiss nicht, wieso ich ihre Krankheit kenne. Niemand ist anwesend, und ich träume undeutlich, dass ich medizinische Hilfsmittel anwende, um ihr zu helfen. Dann erwache ich auf ungewöhnliche Weise. Während ich meist langsam wieder erwache und zuerst in einem Zustand des Halbschlafes bin, fahre ich plötzlich auf, als ob mich jemand geweckt hätte. Zehn Minuten nach meinem Erwachen läutet es, und ich werde zu einer Kranken gerufen. Als ich das Krankenzimmer betrete, bin ich sehr betroffen, es ähnelt ganz dem meines Traumes. Die seltsam geformte kleine Petroleumlampe steht auf der

Kommode rechts, und links ist das Bett. Ich trete, kaum meiner Sinne fähig, zu der Kranken und sage ihr: ‚Sie haben Blutsturz?' — ‚Ja', antwortet sie, ‚woher wissen Sie es denn?' Ich frage die Kranke, wann sie nach mir geschickt habe. Sie antwortet, sie fühle sich seit dem Morgen unwohl. Um ein Uhr mittags sei ein leichter Blutsturz eingetreten, dem sie keine weitere Bedeutung beigelegt habe. Um zwei Uhr erst habe sie angefangen, sich zu beunruhigen, und legte sich zu Bett, hoffend, das Bluten würde dadurch aufhören. Um vier Uhr habe sie sich entschlossen, nach mir zu schicken, da sie immer stärker blutete. Die Entfernung zwischen beiden Wohnungen beträgt etwa zwanzig Minuten[1]."

Für die telepathischen Träume nun vermag das heutige Denken gewisse Analogien aus dem Bereiche der alle räumliche Distanz spielend überwindenden Technik heranzuziehen. Auf diese Weise findet es gängige Vorstellungen, die ihm erlauben, sich der Telepathie wissenschaftlich zu nähern. Es ist nicht mehr unter allen Umständen gezwungen, die Existenz telepathischer Phänomene einfach zu leugnen. Man wagt sich etwa vorzustellen, dass die geträumten Dinge und Menschen irgendwelche Strahlen aussenden, deren Einwirkungen dann der Träumer während des Schlafes empfangen und erleiden würde. Dieser Entstehungsmechanismus wird den telepathischen Träumen ja auch schon durch ihre Namengebung unterstellt. Zur Erhärtung der Sender-Hypothese wird mit besonderer Vorliebe auf die modernen Einrichtungen des Radios und des Fernsehens verwiesen. Mit welchem Recht aber tragen diese Träume ihren aus telos = ferne und pathos = leiden zusammengesetzten Namen? Setzt die Vorstellung einer Telepathie nicht überhaupt schon immer die Annahme eines in sich abgeschlossenen Subjektes, einer Subjektivität im Sinne einer Immanenz voraus? Nur in eine Immanenz nämlich müssten erst „äussere Objekte" durch irgendwelche Strahlen eindringen, in sie hineintranszendieren, um hierauf in ihr und mit ihr etwas bewirken zu können. Gesetzt jedoch, der Mensch wäre so, dass eine solch „objektive Transzendenz" angenommen werden müsste, so hätte man ihm notwendigerweise auch eine „subjektive Transzendenz" zuzubilligen. Denn er könnte ja seinerseits gar nicht auf die Dinge irgendeinen Einfluss gewinnen, wenn er nicht erst aus seiner angenommenen Immanenz heraus über sich hinaus zu den Dingen und Mitmenschen hinübersteigen, transzendieren würde. Wie aber sollte einer als ursprünglich angesetzten Immanenz ein derart

---

[1] Zit. nach J. Jezower: „Buch der Träume", S. 388.

zwiefaches Transzendieren möglich sein; aus welchen Gründen auch käme sie dann überhaupt dazu, so transzendieren zu wollen?

Indessen ist des Menschen Wesen, wie es uns allein schon die phänomenologische Untersuchung der Traumereignisse immer und immer wieder zeigte, von ganz anderer Art. Der Mensch ek-sistiert in dieses Wortes wörtlichstem Sinne. Er ist schon immer „draussen", *bei* den ihm begegnenden Dingen, Tieren und Menschen der Welt. Er geht, sofern er überhaupt existiert, in seinen Bezügen zu den in der Welt anwesenden Dingen auf; so sehr, dass die verschiedenen ihm möglichen Weisen, sich zu dem ihm Begegnenden verhalten zu können, sein eigentliches und ganzes Wesen ausmachen. Eine solche Art, zu sein, schliesst jene Angewiesenheit der menschlichen Existenz auf das in der Welt Mitanwesende in sich, die die so vielfältig missverstandene „Geworfenheit" des Menschen im Sinne HEIDEGGERS ausmacht. Ihr zufolge verfällt auch das Menschenwesen zunächst und zumeist an das, worauf sein Existieren angewiesen ist: an die Dinge der Welt. Verfallen an diese versäumt der Mensch zumeist das Denken an das ursprünglichere Ereignis, dass nämlich alles Seiende überhaupt *ist* und erscheint. Zugleich erwächst dem Menschen aber gerade aus diesem selben Angewiesensein auf die Dinge und Menschen auch sein tiefster Sinn und seine höchste Aufgabe. Denn so geartet weiss sich der Mensch schon immer aus dem Grunde seines Herzens und Gewissens als ein Verantwortlicher in die Welt geschickt; von seinem Geschick mit dem Hegen und Pflegen alles dessen, was ist und werden will, betraut und mit der Sorge bedacht, einem jeglichen bei der Offenbarung seines vollen Wesens nach bestem Vermögen behilflich zu sein.

Diese Struktur des Menschenwesens sowohl wie die daraus entspringende Sinnhaftigkeit seines Daseins schliessen jedoch zugleich notwendigerweise ein ursprüngliches, verstehendes Offensein des Menschen für das ihm Begegnende mit ein. Wie anders sollte er denn um dessen Entfaltung ohne ein ganz primäres Verstehen des in der Welt Anwesenden besorgt sein können? Wie sollte er auch ohne wesenhaft ihm zugehörige Welterschlossenheit überhaupt in der Lage sein, menschlich zu ek-sistieren, in dem Sinne dazusein, dass er sich ganz und gar in seinen Bezugsweisen zu den Dingen und Lebewesen aufhält und diese selbst ist? Darum ist es nicht so, dass irgendwelche Gegenstände, seien es Objekte der wachen Welt oder der Traumwelt von „aussen" her erst auf ein menschliches Gehirn einwirken müssten, um dann dort auf eine völlig rätselhafte Weise Wahrnehmungen bewirken zu können. Gerade umgekehrt gründet vielmehr alles Wahrnehmen-Können des Begegnenden und Gegenstehenden in der ekstatischen Weltoffenheit des Menschen. Es ist dann aber auch nicht einzusehen, warum diese es nicht zulassen sollte, dass dem Menschen etwas zu begegnen vermag, das ausserhalb der Reichweite seiner Sinnesorgane liegt. Denn niemals sind es ja diese, die Augen, die Ohren, die Tastorgane, die Nase, die Zunge an sich, die je etwas von sich aus wahrzunehmen vermöchten. Niemals sieht, hört, spürt, riecht oder schmeckt der Mensch, weil er über die entsprechenden sensorischen Organe verfügt. Vielmehr kann er diese umgekehrt nur darum haben und funktionieren lassen, weil er von Grund auf ein weltoffenes Wesen ist, dem ganz ursprünglich ein Weltverstehen und Wahrnehmenkönnen eignet.

Ebenso wie die ekstatische Offenheit gegenüber dem *räumlich* nicht unmittelbar leibsinnlich erreichbaren Begegnenden gehört auch ein möglicher Bezug des Menschen auf alles *zeitlich* noch Ausstehende und erst aus seiner Zukunft auf ihn Zukommende zum Menschenwesen. Dieser Bezug ist aber die Bedingung der Möglichkeit prophetischer Träume, in denen sich Dinge ereignen, die den überlieferten Vorstellungen sowohl des Raumes wie der Zeit spotten. Überzeugend nachgewiesene prophetische Träume ereignen sich zweifellos nicht allzuoft. Die Häufigkeit ihres Vorkommens ist aber ohne jede Bedeutung für ihren Wert als Pforten unseres Einblicks in die Strukturen des menschlichen Daseins. Ein einziger sicherer prophetischer Traum könnte in dieser Hinsicht leicht wesentlich mehr Gewicht haben als tausend alltägliche Träume. Von den prophetischen Träumen, die uns zu Ohren gekommen sind und es verdienen, nicht einfach aus blossem Vorurteil unbedacht übergangen zu werden, seien die folgenden angeführt:

Der so gewissenhafte Johann Peter ECKERMANN, der grosse Bewunderer und Freund GOETHES, erlebte schon als Knabe einen prophetischen Traum, den er dann am 27. Oktober 1827 GOETHE auf die folgende Art und Weise erzählte: „Ich hatte mir drei junge Hänflinge erzogen, woran ich mit ganzer Seele hing und die ich über alles liebte. Sie flogen frei in meiner Kammer umher und flogen mir entgegen und auf meine Hand, so wie ich in die Tür hineintrat. Ich hatte eines Mittags das Unglück, dass bei meinem Hereintreten in die Kammer einer dieser Vögel über mich hinweg und zum Hause hinausflog, ich wusste nicht wohin. Ich suchte ihn den ganzen Nachmittag auf allen Dächern und war untröstlich. Mit betrübten herzlichen Gedanken an ihn schlief ich ein und hatte gegen Morgen folgenden Traum: Ich sah mich nämlich, wie ich an unseren Nachbarhäusern umherging und meinen verlorenen Vogel suchte. Auf einmal höre ich den Ton seiner Stimme und sehe ihn hinter dem Gärtchen unserer Hütte auf dem Dache eines Nachbarhauses sitzen; ich sehe, wie ich ihn locke und wie er näher zu mir herabkommt, wie er futtergierig die Flügel gegen mich bewegt, aber doch sich nicht entschliessen kann, auf meine Hand herabzufliegen. Ich sehe darauf, wie ich schnell durch unser Gärtchen in meine Kammer laufe und die Tasse mit gequollenem Rübsamen herbeihole; ich sehe, wie ich ihm sein beliebtes Futter entgegenreiche, wie er herab auf meine Hand kommt und ich ihn voller Freude zu den beiden andern zurück in meine Kammer trage. Mit diesem Traume wache ich auf. Und da es bereits vollkommen Tag war, so werfe ich mich schnell in meine Kleider und habe nichts Eiligeres zu tun, als durch unser Gärtchen zu laufen nach dem Hause hin, wo ich den Vogel gesehen. Wie gross war aber mein Erstaunen, als der Vogel wirklich da war! Es geschah nun buchstäblich alles, wie ich es im Traume gesehen. Ich locke ihn, er kommt näher, aber er zögert, auf meine Hand zu fliegen. Ich laufe zurück und hole das Futter, und er fliegt auf meine Hand, und ich bringe ihn wieder zu den andern."

Da ECKERMANN sich über einen solchen Traum sehr wunderte, belehrte ihn Goethe: „Wir wandeln alle in Geheimnissen. Wir sind von einer Atmosphäre umgeben, von der wir noch gar nicht wissen, was sich alles in ihr regt und wie es mit unserem Geiste in Verbindung steht. Soviel ist wohl gewiss, dass in besonderen Zuständen die Fühlfäden unserer Seele über ihre körperlichen Grenzen hinausreichen können und ihr ein Vorgefühl, ja auch ein wirklicher Blick in die nächste Zukunft gestattet ist [1]."

Selbst der allen sogenannten okkulten Erscheinungen so abholde A. LEHMANN sieht sich zum Eingeständnis gezwungen, dass es Träume gebe, deren prophetischer Charakter auch sorgfältiger Prüfung standhalte, bei denen der Träumende mit Sicherheit „nicht auf natürlichem Wege erfahren haben kann, wovon er träumte und es sich später doch als richtig erwiesen hat [2]." Das hindert denselben Autor freilich nicht daran, gleich doch wieder alle diese Tatsachen lediglich dem „Zufall" zuzuschreiben. Wie soll aber zum Beispiel der Zufall die Übereinstimmung von Traum und nachfolgendem Ereignis im Falle jener Mutter aus der Lüneburgerheide erklären können, die träumte, dass ihre beiden Söhne durch einen Fahrradunfall um-

---

[1] Zit. nach J. J. JEZOWER: „Buch der Träume", S. 410.
[2] A. LEHMANN: „Aberglauben und Zauberei", S. 445 ff. 1925. Herausgegeben von Petersen.

kommen und mit ihr am gleichen Tage sterben würden? Die Frau hatte auf diesen Traum hin zwar ihre Söhne gebeten, die Fahrräder zu verkaufen, und die Jünglinge hatten diesen mütterlichen Wunsch auch erfüllt, wenn auch weniger aus Glauben an die Ahnungen der Mutter als einfach zu deren Beruhigung. Da wurde eines Tages ihr Mann, der sich bisher bester Gesundheit erfreute, in seiner Wohnung von einem jähen Schwächeanfall gepackt. Der schnell herbeigerufene Arzt hielt den Zustand für so ernst, dass er die Frau des Erkrankten veranlasste, die beiden Söhne herbeizurufen. Von den Söhnen, zwei Primanern, befand sich der eine in der Schule, während der andere in der Wohnung eines Kameraden ein Musikstück für eine bevorstehende Veranstaltung einübte. Auf den dringenden Anruf der Mutter hin versuchten beide so schnell wie möglich nach Hause zu gelangen. Der eine borgte sich ein Rad, während der andere von einem Freund im Auto nach Hause gefahren wurde. Zufällig bogen die Brüder aus entgegengesetzter Richtung in die Strasse ein, in der die Wohnung ihrer Eltern lag, und stiessen hierbei so unglücklich zusammen, dass beide auf der Stelle tot waren. Als die verunglückten Söhne in das Haus der Eltern gebracht wurden, rührte die Mutter der Schlag. Der Vater, der Gattin und Söhne an einem Tage verlor und durch seinen Schwächeanfall den Anlass zu der verhängnisvollen Reihe von Unglücken gab, gesundete schnell wieder, gerade so, als ob die Natur ihn nur als Figur in einem Trauerspiel gebraucht hätte[1].

Einen prophetischen Traum von weltgeschichtlicher Bedeutung, der aller Kritik standhielt, ereignete sich dem Bischof Joseph LANYI von Grosswardein. Dieser Bischof war der Lehrer des 1914 ermordeten Erzherzogs Franz Ferdinand gewesen und hatte auch nachher mit diesem in freundschaftlicher Beziehung gestanden. Ein Traum kündete ihm die Ermordung des einstigen Schülers an. Die Niederschrift des Traumes erfolgte am Morgen des Unglückstages vor dem Ereignis selbst. Sie lautete: „Am 28. Juni 1914, 1/4 4 Uhr früh, erwachte ich aus einem schrecklichen Traum. Mir träumte, dass ich in den Morgenstunden an meinen Schreibtisch ging, um die eingelangte Post durchzusehen. Ganz oben lag ein Brief mit schwarzen Rändern, schwarzem Siegel und dem Wappen des Erzherzogs. Sofort erkannte ich dessen Schrift. Ich öffnete und sah am Kopf des Briefpapiers in himmelblauem Ton ein Bild wie auf Ansichtskarten, welches eine Strasse und eine enge Gasse darstellte. Die Hoheiten sassen in einem Automobil; ihnen gegenüber ein General, neben dem Chauffeur

---

[1] Zit. nach G. SIEGMUND: „Der Traum", S. 91. Fulda 1949.

ein Offizier. Auf beiden Seiten der Strasse eine Menschenmenge. Zwei junge Burschen springen hervor und schiessen auf die Hoheiten. Der Text des Briefes ist wörtlich derselbe, wie ich ihn im Traume gesehen: ‚Euer bischöfliche Gnaden! Lieber Doktor Lanyi! Teile Ihnen hiermit mit, dass ich heute mit meiner Frau in Serajewo als Opfer eines Meuchelmordes falle. Wir empfehlen uns Ihren frommen Gebeten... Herzlichst grüsst Sie Ihr Erzherzog Franz, Serajewo, 28. Juni 1914, ¼ 4 Uhr morgens.' Zitternd und in Tränen aufgelöst sprang ich aus dem Bett, sah auf die Uhr, die ¼ 4 Uhr zeigte. Ich eilte sofort zum Schreibtisch, schrieb nieder, was ich im Traum gelesen und gesehen hatte. Beim Niederschreiben behielt ich sogar die Form einiger Buchstaben, wie sie vom Erzherzog niedergeschrieben waren, bei. — Mein Diener trat denselben Morgen ¾ 6 Uhr in mein Arbeitszimmer ein, sah mich blass dasitzen und den Rosenkranz beten. Er fragte, ob ich krank sei. Ich sagte: ‚Rufen Sie sofort meine Mutter und den Gast, ich will gleich die Messe für die Hoheiten lesen, denn ich hatte einen schrecklichen Traum.' Dann ging ich mit ihnen in die Hauskapelle. Der Tag verging in Angst und Bangen, bis ein Telegramm um ½ 4 Uhr die Nachricht von der Ermordung brachte [1]."

Eine wichtige Ergänzung zu diesem schriftlichen Bericht des Bischofs verdanken wir dem Berichterstatter K. der „Wiener Reichspost". In einem persönlichen Gespräch mit dem Bischof hatte er noch des weiteren von diesem erfahren, dass er nach dem Erwachen aus seinem Traum und dessen schriftlicher Niederlegung auch eine Skizze über das Bild und über die Ermordung, wie er sie gesehen hatte, entworfen habe in dem Gefühl, es müsse mit dem Traumgesicht eine besondere Bewandtnis haben. Noch im Laufe des 28. Juni liess er seine Aufzeichnungen durch zwei Zeugen unterfertigen und fasste hierauf einen Brief über diesen Traum an seinen Bruder, Jesuitenpater Eduard Lanyi ab, dem er ebenfalls eine Skizze der Gasse, des Autos, der Volksmenge und des Mörders im Augenblick, wie er auf das Auto sprang und die tödlichen Schüsse abfeuerte, beilegte. Die Dispositionen dieser Zeichnung stimmten mit der photographischen Aufnahme, die von der Presse nach einigen Tagen gebracht wurde, vollkommen überein.

Ein weiteres Zeugnis für die Wahrheit des bischöflichen Berichts stammt von dem auch als Schriftsteller bekanntgewordenen Schriftleiter Bruno Grabinsky. Dieser hatte sich unmittelbar an den ge-

---

[1] F. Moser: „Okkultismus, Tatsachen und Täuschungen", Bd. II, S. 465 ff. 1935.

nannten Bruder des Bischofs um Auskunft gewandt und von diesem alle Angaben bestätigt erhalten.

Es kann also weder an der Authentizität des Berichtes noch an der Tatsache gezweifelt werden, dass der Traum sofort nach Erwachen vom Bischof niedergeschrieben und innerhalb von zwei Stunden drei Personen mitgeteilt worden ist. Freilich liesse sich einwenden, dass damals ein Attentat in der Luft lag. Aber die genaue Zeitangabe und die vielen übereinstimmenden Einzelheiten werden damit nicht erklärt. Man braucht sich nur zu vergegenwärtigen, unter wieviel anderen Formen das Attentat hätte ausgeführt werden können: zum Beispiel unterwegs nach Serajewo, auf der Rathaustreppe, vier Personen statt drei, ein Opfer statt zwei usw.

FREUD hätte freilich auch angesichts dieses Traumes zwar möglicherweise wie bei der Diskussion telepathischer Traumphänomene zugegeben, dass es sich darin um prophetische Wahrnehmungen handle. Ebenso gewiss hätte er aber gleich hinzugefügt, die eigentliche Traumquelle sei auch hier nichtsdestoweniger ein verdrängter Triebwunsch. Das prophetische Wissen sei lediglich mehr oder weniger zufälliges, passendes Material, dessen sich der Triebwunsch zu seiner verhüllten halluzinatorischen Befriedigung bediene. Es liesse sich zum Beispiel denken, dass sich in dieses Traumbild dank des prophetischen Wissens um die bevorstehende Ermordung ein verdrängter Todeswunsch des Bischofs dem Erzherzog gegenüber Ausdruck hätte verschaffen können. Selbst wenn sich jedoch diese Annahme bei dem bischöflichen Träumer noch in viel zwingenderer Weise hätte erhärten lassen, als dies für gewöhnlich bei analogen Traumdeutungen und Behauptungen der Fall zu sein pflegt, was wäre mit diesem Nachweis denn schon gewonnen? Gewiss nicht die Berechtigung, verdrängte Todeswünsche des Bischofs als das „einzig Wesentliche des Traumes" (FREUD) zu bezeichnen, sofern man nur den Traum als ganzen im Blick behält.

Unter den erst kürzlich bekanntgewordenen prophetischen Träumen ist das von C. G. JUNG publizierte Beispiel besonders beachtenswert. Seinen Bericht darüber leitet er mit dem Satze ein: „Je mehr sich nun die vorausgesehenen Einzelheiten eines Ereignisses häufen, desto bestimmter wird der Eindruck eines bestehenden Vorauswissens und desto unwahrscheinlicher der Zufall." Daraufhin fährt der Autor fort: „Ich erinnere mich der Geschichte eines Studienfreundes, dem sein Vater eine Reise nach Spanien versprochen hatte, wenn er sein Schlussexamen gut bestünde. Mein Freund träumte nun, er gehe durch eine spanische Stadt. Die Strasse führte auf eine Plaza, wo eine gotitische Kathedrale stand. Er ging, dort angelangt, nach rechts um die Ecke in eine andere Strasse. Dort begegnete ihm eine elegante Kalesche, die mit zwei Falben bespannt war. Dann erwachte er. Er erzählte uns den Traum am Biertisch. Nach bald darauf glücklich bestandenem Examen begab er sich nach Spanien und erkannte dort in einer Strasse die Stadt seines Traumes. Er fand die Plaza und die Kirche, die genau dem Traumbild entsprachen. Zuerst wollte er direkt zur Kirche gehen, dann erinnerte er sich aber, dass er im Traume an der Ecke nach rechts in eine andere Strasse eingebogen sei. Er war nun neugierig, ob sich sein Traum weiter bestätigen würde. Kaum war er um die Ecke gelangt, so sah er auch die Kalesche mit den zwei Falben in Wirklichkeit[1]."

Dass die Kette prophetischer Träume auch heutzutage noch nicht abreisse, meint C. G. Jung ein wenig später in der nämlichen Arbeit, beweise u. a. der jüngste Bericht des Luftmarschalls Sir Victor Goddard vom Traume eines ihm unbekannten Offiziers, der die nachmalige Katastrophe von Goddards Aeroplan vorausgesehen hatte.

16. Die „unsinnigen" Raum- und Zeitverhältnisse im Traum

Findet man sich schon bei den telepathischen und den prophetischen Träumen mit den vulgären Vorstellungen des Raumes und der Zeit nicht mehr zurecht, so scheinen andere Träume noch viel willkürlicher mit diesen „Grössen" umzuspringen. Auf sonderbare Räumlichkeitsverhältnisse waren wir ja im Vorübergehen bereits bei unserer Untersuchung der scheinbar absurden Szenen im „merkwürdigen Schalentraum" gestossen. Unsere Auslegungsversuche haben uns freilich schon dort vermuten lassen, dass sich möglicherweise gerade in den scheinbaren Absurditäten und Unsinnigkeiten der Träume eine viel ursprünglichere Räumlichkeit und Zeitlichkeit bekunde als es die vulgären Raum-Zeitvorstellungen auch nur ahnen lassen. Vielleicht lassen uns einige Träume, deren „unsinniges" und „unlogisches" Verfahren mit Raum und Zeit ganz im Vordergrund steht, diese Vermutung zur Gewissheit werden.

Ein Mann mittleren Alters war in seinem Leben noch nie dazu gelangt, in den Dingen und Mitmenschen seiner Welt etwas anderes als nutzbare Instrumente im Dienste seines nackten Ehrgeizes zu sehen. Man betrachtete ihn denn auch allgemein als vollkommen ge

---

[1] C. G. Jung: „Über Synchronizität" in Eranos-Jahrbuch 1951, Bd. XX, S. 273 ff. Zürich 1952.

fühlskalten Menschen. Selbst die Frauen gebrauchte er bis zu seinem fünfunddreissigsten Lebensjahre in wahlloser Gier nur als „Sexualware", wie er sich selbst ausdrückte. Dann aber verliebte er sich zum ersten Male in ein besonders hübsches und liebenswürdiges Mädchen. Doch noch immer war seine Gefühlsbeziehung wenig beständig. Von einer Stunde auf die andere konnte ihm seine Freundin verleiden. „Warum soll ich mich eigentlich mit einem Menschen belasten?" pflegte er dann zu sagen, „die wird mir ja nur Unkosten bereiten." Zu jener Zeit träumte er einmal: „Ich befand mich mit meiner Freundin zusammen in einem Wirtshaus minderen Ranges. Das Lokal glich einem alten Bahnhofwartsaal III. Klasse, schmucklose Wände und graues, verrauchtes Mobiliar. Das Merkwürdigste aber war, dass der ganze Raum so auffallend klein, so klein wie eine Puppenstube war, nur etwa zwei Meter in der Länge und eineinhalb Meter in der Breite, und kaum einen Meter hoch. Auch wir beide waren ganz klein, und oft war mir, als guckte ich meine Freundin durch einen verkehrt gehaltenen Operngucker an, so entfernt zugleich erschien sie mir. In sehr bedrückter und gelangweilter Stimmung sass ich da neben meiner Freundin, hatte innerlich gar nichts mit ihr gemein. Meinem inneren Gefühl entsprach auch die Stimmung des Lokals und die Stimmung draussen. Es regnete aus einem tiefgrauen, verhängten Himmel monoton auf das Pflaster vor dem Lokal. Auf einmal brach die Sonne durch. Es wurde hell im Raum. Zugleich fühlte ich mich zu meiner Freundin hingezogen, fand sie doch sehr anmutig. Eine Welle warmen Gefühls ihr gegenüber kam in mir hoch. Im selben Augenblick nahm ich zu meiner Verwunderung wahr, dass sich das Wirtshauslokal ganz verändert hatte. Es war riesengross geworden, wie der Festsaal in einem prächtigen Schlosse, und entsprechend reich und geschmackvoll war seine Einrichtung. Auch wir zwei Menschen hatten zu unserer natürlichen Grösse zurückgefunden. Leider blieb das nicht lange so. Die warme Gefühlswelle in mir ebbte bald wieder ab. Ganz parallel dazu zog sich der Raum und zog sich unsere eigene Gestalt wieder zusammen, und wieder sassen wir beide gelangweilt in dem puppenstubenhaft kleinen Wirtshauslokal. Dann begann das gleiche Spiel von neuem und wiederholte sich viele Male. Im Wellenrhythmus der aufsteigenden und abflauenden Liebesgefühle meiner Freundin gegenüber dehnte sich der Raum zu prachtartiger Weite und schrumpfte wieder auf Gefängniszellengrösse ein."

Was sich in diesem Traume mit den Räumlichkeiten und den Ausdehnungen der Dinge ereignet, ist gewiss nicht von einer Vorstellung aus zu verstehen, die den Raum als vorgegebene, für sich bestehende, mit allgemeingültigen Massen messbare, homogen ausgedehnte Struktur annimmt. Dagegen sieht man um so deutlicher, wie dem Träumer immer nur ganz entsprechend dem Charakter seines gesamten Weltbezuges Raum eingeräumt wird. Ist er in selbstbezogener, geiziger Enge befangen, ist auch der ganze Aufenthaltsraum seiner Welt auf Puppenstubengrösse eingeschrumpft. In dem Augenblick aber, in dem er offener „aus sich heraus" zu gehen vermag, weitet sich auch das Gehäuse seiner Welt zu palastartiger Grösse.

Noch viel schlimmer erging es „dem Raum" im Traume eines anderen, eines etwas über vierzigjährigen Mannes. „Zunächst", so begann dieser Bericht, „handelt es sich in meinem Traume um einen verstorbenen Freund von mir, der sehr narzistisch und homosexuell war. Darüber weiss ich aber nichts Genaues mehr. Dann handelte es sich plötzlich um die Möglichkeit, die räumliche Perspektive durch geistige Gedankenarbeit zu erleben, sie in sich aufzunehmen. Dadurch ist es dann möglich, selber dimensional zu werden. Das hiess, im Traume den Raum schlechthin in Form physikalischer Dimensionen in sich hinein zu bekommen. Als ich mich damit befasste, mit diesem Experiment, da werden die Wände des Raumes, in dem ich eben bin, ganz schief. Sie richten sich perspektivisch ein, verjüngen sich nach hinten, die Kanten streben rasch einem gemeinsamen Fluchtpunkt zu. Durch diese geistige Operation werden schliesslich alle Entfernungen zwischen den Dingen und mir beseitigt. Ich habe die ganze Ferne in mir drin. Diese philosophische Arbeit setzt sich nun praktisch um, indem andere Leute dieses Erlebnis der Perspektive auch schon hatten. Einer von diesen schaut jetzt von einem Wolkenkratzer herunter und springt in die Tiefe. Ich erschrecke heftig. Da aber für diesen Mann die Perspektive gilt..., d. h. da er alle äussere perspektivische Verjüngung in sich aufgesogen hat, gibt es gar keine wirkliche Tiefe mehr für ihn. Deshalb ist für ihn der ganze Wolkenkratzersprung nur noch etwa einen halben Meter tief. Er kommt unten denn auch ganz heil an, weil er ja den ganzen Raum in sich hat und in sich trägt, kann ihm keine Höhe mehr etwas anhaben. Dabei hat man erwartet, dass es sein Todessprung sei. Ein anderer Mann, der diese philosophische Arbeit der Raumaufhebung und Raumaufsaugung noch nicht bewältigt hat, springt nach und stürzt ab."

Den Schlüssel zum Verständnis dieses eigenartigen Raumtraumes gibt uns die kurze Begegnung mit dem verstorbenen narzistisch-homosexuellen Freund. Er würde nicht als intimer Freund in seine Traumwelt eingelassen, hätte nicht der Träumer selbst grossen Anteil an solchem Wesen. Faktisch befand sich der Träumer auch zur Zeit dieses Traumes in der Verfassung eines hochgradigen Solipsismus. Seine sämtlichen Bezüge zu den Dingen und Mitmenschen hatten sich in dem Masse gelockert, und seine Selbstbezogenheit liess Beziehungen zu anderen nur mehr so wenig Raum, dass ihm die ganze Welt nur noch schemenhaft erstorben erschien. Von der alltäglichen Vorstellung eines vorgegebenen, durch homogene, messbare Entfernungen gekennzeichneten Raumes her ist die Räumlichkeit dieses Träumers noch weniger als die des vorangehenden Beispiels zu verstehen. Wieder jedoch bekundet sich in dieser Einverleibung des Weltraumes die Qualität des ganzen Weltbezuges, die besondere Weise des gesamten In-der-Welt-Seins dieses „narzistischen" Menschen. Er hatte sich auf ein Sichverhaltenkönnen zu sich selbst reduziert. Bezeichnenderweise beginnt das Raumvernichten in diesem Traume durch das Perspektivischwerden des Zimmers, in dem er sich aufhält. In der perspektivischen Sicht, im Sehen also vom Standpunkt eines bestimmten Subjektes aus, bekundet sich denn auch überhaupt ein Zwischenstadium im Einsaugungsprozess der ganzen Wirklichkeit in das Ich.

Die Meisterwerke der japanischen Malerei kennen keine Perspektive. Der Geist östlicher Kultur ist aber auch auf die Überwindung aller Ich-Nichtich-Spaltung und auf den Zusammenhang jeder Einzelerscheinung mit dem alleinen „grossen Leben" gerichtet. Ebenso war den alten Griechen die Perspektive noch fremd. Erschienen aber nicht auch ihnen noch alle Dinge als das, was aus der alles Wesen bergenden, ungeschiedenen Verborgenheit hervorkam? Hatten sich ihnen nicht die Dinge der Welt in diesem ihrem Erscheinen noch von sich aus in ihrem Wesen enthüllt, so dass das Offenbarwerden ihres Dinggehaltes noch als ein Ereignis und eine Gebärde der Dinge selbst galt? Darum dachten die Alten ein Ding als „ergon", als das in seiner Vollendung sich zeigende, fertig dastehende Werk. Erst die Römer begannen das griechische „ergon" als „opus" zu interpretieren und zu übersetzen, als eine durch ein mühsames menschliches Operare also verfertigte Arbeit; bis endlich durch die Rückübertragung des lateinischen operare, agere, der actualitas auf die griechische energeia der Begriff der Energie die heutige Bedeutung von Kraft und Leistungsfähigkeit annahm. Zugleich mit diesem römischen Denkwandel fing der Mensch in zunehmendem Masse auch an, zu glauben, er sei es, der als ein denkendes und vorstellendes Ich die Sinngebung der Welt veranstalte. Immer mehr wurde damit der Wesensgehalt der Dinge als das Ergebnis einer menschlichen Tätigkeit, des menschlichen Vorstellens, gedacht.

Dieses Denken kulminierte schliesslich in der DESCARTESschen Vorstellung einer „res cogitans", eines menschlichen Geistdinges oder Subjektes, das er als das allein unbezweifelbare auch für das einzig wirkliche Ding hielt. Mit der immer mächtiger werdenden Herrschaft eines solchen Subjektivismus, mit dieser alle übrige Wirklichkeit verschlingenden Inthronisierung eines menschlichen Subjektes kam auch das raumraffende perspektivische Sehen auf.

Die Reduktion des Menschseins auf den Bezug zu einem einzigen Wesen, auf eine nahezu totale Ich-Bezogenheit, steigerte sich bei diesem Patienten beinahe bis zum völligen Untergang seiner Existenz. Darum träumte er einige Monate später: „Ein grosser Menschenstrom, eigentlich die gesamte Menschheit, zog hinter einem Führer, einer grossen schwarzgekleideten Männergestalt, über die Erde. Dann blieb der Menschenanhang zurück, verschwand bald ganz aus der Sicht. Man sah vorne nur noch die schwarze Gestalt alleine in die Ferne hineinschreiten. Es war eine grandios schaurige Stimmung über dem Ganzen, grossartig in ihrer schweflig-gelbgrauen Fahlheit, die den Weltuntergang ankündigte. Nun sah man den Mann links und rechts alle Dinge der Erde einsammeln, die Bäume, die Häuser, die Berge. Er steckte sie alle in die Tasche. Dadurch waren sie wie ausgelöscht, vernichtet. So wurde die Welt immer leerer. Nur der nackte Horizont war jetzt in unendlicher Ferne noch schwach erkennbar. Dann wurde auch dieser letzte Strich eingezogen. Zuletzt war bloss noch die diffuse Atmosphäre da, darin hatte sich nun auch der einsammelnde Mann selbst schon aufgelöst. Jedenfalls war er nirgends mehr erkennbar. Bald musste daher der Weltuntergang vollendet sein. Aber kurz bevor es mich selbst in die Auflösung hineinriss, erwachte ich. Noch lange war ich ganz überwältigt von dem Traumeindruck."

In diesem Traume also liess es der Träumer nicht dabei bewenden, nur den Weltraum mitsamt dessen ganzem Inventar an Dingen in seine eigene Körperlichkeit einzusacken und ihn auf ihre Masse zu reduzieren. Es gingen ihm bei dieser Einverleibung die Dinge völlig zugrunde. Mit dem Verlust aller Dinge vermag sich aber das Dasein dieses Träumers nicht nur gar nicht mehr zu „räumlichen", ist ihm nicht nur keinerlei Raum mehr verstattet, der Träumer kann ineins damit überhaupt nicht mehr „da" sein. Er ist vielmehr selbst unmittelbar und zugleich vom völligen Untergang, von der absoluten Auflösung bedroht. Erweist sich also nicht in diesem Traume das Dasein als derart angewiesen auf die Dinge, dass der Träumer nur so lange überhaupt als Mensch zu sein vermochte, als Dinge vorhanden und er sich dank ihres Vorhandenseins noch irgendwie zu ihnen verhalten konnte? Wenn aber Weltuntergang und Selbstuntergang so restlos in eines zusammenfallen, muss dann nicht umgekehrt auch menschliches Existieren- und Inbezugstehenkönnen zu den Dingen wesensmässig zusammengehören?[1]

Wenn in unserem „merkwürdigen Schalentraum" die enge Verbundenheit der liebenden Mutter mit ihrem Sohne dessen plötzliche räumliche Nähe stiftete, so finden wir im folgenden Traume eine unendliche räumliche Ferne. Die geliebte Braut dieses Träumers war 1944 in Ostdeutschland von den Russen getötet, bestialisch verstümmelt und so von unserem Patienten aufgefunden worden. Kurz darauf wurden auch seine einzige Schwester und seine Grossmutter durch den Krieg vernichtet. Er war darauf in schwerste chronische Depression verfallen, die ihn völlig arbeitsunfähig machte. Nach der fünften Behandlungsstunde träumte der Patient: „Mehrere Weltraumraketen, welche die Venus zu erreichen trachteten, sind verlorengegangen. Ich bin Besatzungsmitglied einer vierten Rakete, deren Insassen alles Freiwillige sind. Ich höre flüstern, dass man auch mit dem Verlust unseres Raumschiffes rechnet, welches bereits in der Stratosphäre fliegt. Der Kommandant des Schiffes ist ein Schweizer Hauptmann. Solange er das Steuer in der Hand hat, kann es nicht schief gehen. Plötzlich ruft jemand: ‚Jetzt verlassen wir die Lufthülle'. Die Beschleunigung des Schiffes nimmt stark zu."

Im Gegensatz zum narzistischen Weltvernichter des vorangegangenen Traumes ist bei diesem Menschen das Verlangen nach Liebe und Liebenkönnen sehr ausgeprägt. Er ist nur deshalb so verzweifelt, weil er dieses Verlangen nicht mehr zu stillen weiss. Davon kündet uns auch seine Traumvenus, die zu erreichen immer wieder neue Versuche ohne Rücksicht auf die Verluste unternommen werden. Aber in welch unerreichbar weiter Ferne ist die Venus! Ihr räumlicher Abstand von ihm ist gleich der Entfernung, in die ihm die nicht zu bewältigenden Schockerlebnisse die Möglichkeit des Liebenkönnens entrückt hatten. Er muss über die Stratosphäre hinausgelangen, die Lufthülle der Erde verlassen, um den Venusstern, der aus sich von Liebe und Himmel spricht, zu erreichen. Er hat aber im Traume einen vertrauenswürdigen Führer gefunden, den Schweizer Hauptmann, wie er auch im Wachen der psychotherapeutischen Führung eines Arztes sich anvertraute, den er oft in einer

---

[1] Vgl. zu diesem Angewiesensein auf die Dinge als das In-die-Welt-Geworfensein des Menschen im Sinne HEIDEGGERS, S. 207.

schweizerischen Hauptmannsuniform zu sehen bekam. Dieses vertrauensvolle Miteinandersein von Krankem und Arzt war sein erstes Wagnis einer neuen mitmenschlichen Beziehung. Zunächst ist sie es allein, die seinem Menschsein Aufenthalt gewährt, die ihm ermöglicht, wieder „da" zu sein.

In der neunten Behandlungsstunde brachte derselbe Patient einen Traumbericht mit, der lautete: „Ich bin im dunklen wesenlosen Nichts. Es ist nicht einmal eine Temperatur, eine Erdanziehung spürbar. Da erstreckt sich aber plötzlich eine endlose Strasse aus dem stockdunklen Nichts heraus. Ich begehe sie unter grösster Erschöpfung, komme endlich zu einem grossen leeren Thron, welcher hell schimmert. Aus der Luft erscheinen zwei strahlend helle Hände, die über mir schweben und mich segnen. Dazu spricht eine gütige, tiefe Stimme: ,Gehe hin in Frieden, so wie du geglaubt, so geschehe dir.' Ich spüre eine riesige Erleichterung, und mit klirrendem Ton fällt etwas Schwarzes von mir ab, liegt als dunkle Masse formlos zu meinen Füssen."

Vom Erscheinen dieses Traumes an ging es dem Kranken in seinem wachen Leben schlagartig besser. In wenigen Wochen hatte er seine ursprüngliche Lebensfreude und Arbeitsfähigkeit wieder zurückgewonnen. Doch dieser Traum beginnt noch damit, dass überhaupt nichts mehr ist. Ein massloses Entsetzen über das, was in seiner Welt geschehen war, hatte ihm nicht nur das Liebenkönnen der Dinge und Menschen zerschlagen, es hatte ihn alle echten Bezüge zu ihnen überhaupt und radikal abbrechen lassen. Darum war jetzt seine Traumwelt durch die Abwesenheit aller Dinge gekennzeichnet. Er hatte gar keine Welt mehr, sie schien ihn völlig verlassen zu haben. Nur er selbst blieb in dem wesenlosen Nichts zurück. War ihm aber wirklich wenigstens dies vergönnt, als er selbst bestehen zu bleiben? Offenbar nicht einmal dies. Immer wiederholte sich ja seine Klage darüber, dass er sich gar nicht mehr fühle, eigentlich gar nicht mehr lebe, und auch im Traume büsste er alle seine Substanz ein, wurde völlig schwerelos und verlor sich schliesslich ganz im grossen Dunkel des wesenlosen Nichts. Wiederum also ereignete sich im Verlust aller Dingbezüge der Untergang einer menschlichen Existenz.

Mit der Auflösung aller Dinge und seiner selbst war das grosse Dunkel des wesenlosen Nichts aber auch völlig raumlos geworden. Nach der traditionellen Raumvorstellung brauchte dem allerdings nicht notwendigerweise so zu sein. Ihr entsprechend hätte sich dieser Träumer eigentlich nur in einem leeren Hohlraum befinden müssen. In Wirklichkeit ist aber ursprünglich gar nie ein Raum an und für

223

sich vorhanden, an dessen verschiedenen Stellen dann Dinge zu stehen oder auch nicht zu stehen kämen, so Zwischenräume und Abstände verschiedenster Ausdehnung zwischen sich lassend. Der ursprüngliche Raum wird unserem Dasein vielmehr immer nur in unseren ungegenständlichen Beziehungen zu den Dingen und Menschen unserer Welt eingeräumt. Darum sind nie zuerst irgendwelche Stellen in einem abstrakten Raume da, an denen die Dinge stünden. Umgekehrt sind erst die Dinge die Orte, und unser Verhältnis zu ihnen bestimmt auch ihre ursprüngliche Nähe und Ferne, ihre räumlichen Beziehungen zu uns. Wenn darum in der RILKEschen Übersetzung des siebenten der „Sonette" aus dem Portugiesischen die Liebende zum Geliebten sagt: „Nur wo du bist, entsteht ein Ort", so gilt dies, wie von allen begegnenden Menschen überhaupt, so auch für alle wahrgenommenen Dinge.

Wie aus dieser unserer ursprünglichen, in unserem Verhältnis zu den Dingen gründenden Räumlichkeit der homogen ausgedehnt gedachte Raum des alltäglichen und wissenschaftlichen Berechnung abgeleitet wird, hat uns in wesentlichen Zügen M. HEIDEGGER aufgezeigt. Der von einem Ding verstattete ursprüngliche Raum enthalte, so beginnt er, mancherlei Plätze in verschiedener Nähe und Ferne zu jenem. „Diese Plätze lassen sich nun aber als blosse Stellen ansetzen, zwischen denen ein durchmessbarer Abstand besteht; ein Abstand, griechisch ein Stadion, ist immer eingeräumt, und zwar durch blosse Stellen. Das so von den Stellen Eingeräumte ist ein Raum eigener Art. Er ist als Abstand, als Stadion, das, was uns dasselbe Wort lateinisch sagt, ein spatium, ein Zwischenraum. So können Nähe und Ferne zwischen Menschen und Dingen zu blossen Entfernungen, zu Abständen des Zwischenraumes werden. In diesem Raum, der lediglich als Spatium vorgestellt ist, erscheint jetzt das Ding (zum Beispiel eine Brücke) als ein blosses Etwas an einer Stelle. Welche jede Stelle jederzeit von irgend etwas anderem besetzt oder durch eine blosse Markierung ersetzt werden kann. Nicht genug, aus dem Raum als Zwischenraum lassen sich die blossen Ausspannungen nach Höhe, Breite und Tiefe herausheben. Dieses so Abgezogene, lateinisch ‚Abstracte' stellen wir als die reine Mannigfaltigkeit der drei Dimensionen vor. Was jedoch diese Mannigfaltigkeit einräumt, wird auch nicht mehr durch Abstände bestimmt, ist kein Spatium mehr, sondern nur noch extensio — Ausdehnung. Der Raum als Extensio lässt sich aber noch einmal abziehen, nämlich auf analytisch-algebraische Relationen. Was diese einräumen, ist die Möglichkeit der rein mathematischen Konstruktion von Mannigfaltigkeiten mit beliebig vielen Dimensionen. Man kann dieses mathematisch Eingeräumte ‚den' Raum nennen. Aber ‚der' Raum in diesem Sinne enthält keine Räume und Plätze. Wir finden in ihm niemals Orte, das heisst Dinge von der Art der Brücke. Wohl dagegen liegt umgekehrt in den Räumen, die durch Orte eingeräumt sind, jederzeit der Raum als Zwischenraum und in diesem wieder der Raum als reine Ausdehnung. Spatium und Extensio geben jederzeit die Möglichkeit, die Dinge und das, was sie einräumen, nach Abständen, nach Strecken, nach Richtungen zu durchmessen und diese Masse zu berechnen. In keinem Falle sind jedoch die Masszahlen und ihre Dimensionen nur deshalb, weil sie auf alles Ausgedehnte *allgemein* anwendbar sind, auch schon der *Grund* für das Wesen der Räume und Orte, die mit Hilfe des Mathematischen durchmessbar sind." Der Abschnitt schliesst mit dem Hinweis darauf, dass unterdessen auch die moderne Physik durch die Sache selbst gezwungen wurde, das räumliche Medium des kosmischen Raumes als Feldeinheit vorzustellen, die durch den Körper als dynamisches Zentrum bestimmt wird[1].

Weil aber die ursprüngliche und wirkliche Räumlichkeit unserer Welt unmittelbar in unseren Bezügen zu den Dingen gründet, kann es ohne diese weder Orte noch irgendwelche räumliche Verhältnisse geben. Als einem Beziehungslosen ist deshalb unserem Träumer auch kein „Aufenthaltsraum" zum Dasein mehr verstattet. Seine Welt ist aus demselben Grunde auch nicht nur ein leerer Hohlraum, sondern ist zum wesenlosen Nichts geworden. Als der Träumer dann aber dank der neugewonnenen Beziehung zu seinem Arzte anfing, in ihr wieder „da" sein zu können, erschien in dem wesenlosen Nichts zunächst ein Ding, ein heller Thron. Er ist der erste und einzige Ort. Im Bezug zu ihm war dem Träumer auch wieder ein erstes Sich-Richten und ein Sich-Bewegenkönnen eingeräumt, hatten sich ihm neue Räumlichkeit im anhin wesenlosen, unräumlichen Nichts aufgetan. Es fand sich gar in seiner Welt wieder eine Bahn, auf der er seiner Erfüllung und Erlösung entgegengehen konnte.

Wie wir in der Räumlichkeit dieser Traumwelten nichts Primäres, keine losgelöste, an sich bestehende Form erkennen können, so lassen sich auch die Zeitspannen vieler Träume nicht einem allgemeingültigen formalen Auffassungsschema oder apriorischen Anschauungsrahmen einordnen oder daraus ableiten.

Der Traum einer vierunddreissigjährigen Frau zum Beispiel lautete wörtlich: „Ich bin in einer Gefängniszelle eingesperrt. An den Wänden

---

[1] M. HEIDEGGER: „Bauen, Wohnen, Denken", a. a. O., S. 79.

hat es viele Uhren. Da kam ein Einbrecher herein. Er macht sich mit einem Schraubenzieher an die Uhren heran und zerstörte sie dabei so, dass sie wohl noch tickten, aber dass die Zeiger nicht mehr mitgingen. Das Ticken mahnte mich daran, dass doch noch Sekunde um Sekunde verrann, aber die wirkliche Zeit stand still. Das war ein fürchterliches Verbrechen und war zugleich entsetzlich unheimlich. Denn die Zeit draussen ging weiter ihren Gang, aber meine Zeit in der Zelle ging nicht mehr vorwärts, weil die Zeiger stille blieben. Dass die Zeit draussen weiterging merkte ich daran, dass ich Runzeln bekam, aber innerlich stand die Zeit still. Wärter und Pflegerinnen kamen und schlugen den Einbrecher halbtot. Mich schlossen sie wieder ein, doch war es jetzt mehr die Zelle in einem Irrenhaus. Ein Wärter blieb bei mir. Ihm klagte ich das von den Uhren. Da riefen sie nach Eau de Cologne. Da kam eine grosse grüne Flasche herein. Die Flasche hatte Männergestalt. Es roch wunderbar. Dann war die Flasche ein junger eleganter Mann. Dieser Mann führte mich aus der Zelle zur Hochzeit. Jetzt war wieder alles gut. Ich lebte jetzt auch wirklich wieder weiter. Und die Zeiger an den Uhren standen auch nicht mehr still."

Die Lebensgeschichte dieser Frau war uns im Laufe einer dreijährigen Psychoanalyse bis in alle Einzelheiten hinein vertraut geworden. Darum konnte es uns nicht schwerfallen, in dem Ereignis dieses Traumes eine Rekapitulation der ganzen Entwicklung ihres wachen Lebens zu sehen. Für das sehr vitale und stark sinnlich triebhafte Mädchen war wirklich schon das überprüde strenge Elternhaus ein Gefängnis gewesen. Trotz des elterlichen Schutzes hatte sich, durch die Ausstrahlungen ihrer starken Sinnlichkeit angelockt, ein Mann an das Mädchen herangemacht, als sie noch ein halbwüchsiges Kind war. Das hatte für das Mädchen einen gewaltigen Schock bedeutet, war wirklich ein Einbruch in ihre Welt gewesen, wie sie sie bisher gekannt hatte. Der Einbruch jenes Einbrechers hat zur Folge gehabt, dass sich das Mädchen ganz zurück in eine kindliche Abhängigkeit von ihren Eltern flüchtete und diese unselbständige, aber wohlbehütete Kindlichkeit um keinen Preis mehr aufzugeben wagte. Damit aber hatte der Einbrecher auch bewirkt, dass ihre Lebensgeschichte von nun an überhaupt nicht mehr geschehen, sich nicht mehr zeitigen konnte. Er hatte ihre wirkliche Zeit zum Stehen gebracht und sich dadurch des schwersten Verbrechens an dem Mädchen schuldig gemacht, das es gibt. Die Diskrepanz zwischen der eigentlichen stillestehenden Zeitigung ihres Daseins und der weiterlaufenden Weltzeit überfällt sie mit Unheimlichkeit. Es ist die Unheimlichkeit der tiefen Kluft zwischen ihrem eigentlichen in der Kindlichkeit verharrenden In-der-Welt-Sein und den oberflächlichen Bezügen, in denen sie noch notdürftig in der Welt der Erwachsenen mitmacht. Dann aber kommt die Hilfe von einem bei ihr ausharrenden Wärter. Die Hilfe kommt daher, dass sie in einer Psychoanalyse lernt, auch die reifen erotischen Bezugsmöglichkeiten zur Welt in einer für sie erträglichen und annehmbaren Form hereinzulassen. Das besondere Parfum des Eau de Cologne, das da in ihrem Traume hereinkam, hatte sie schon immer sinnlich gereizt' hatte die Träumerin erklärend hinzugefügt. So findet sie zum Mann, kann im Traume wie in ihrer wachen Wirklichkeit Hochzeit feiern, nimmt ihr Leben in eigene Hände, existiert nun in der ihr gemässen Weise und Fülle. Die Uhren zeigen von neuem den Lauf der Zeit, weil die Zeitigung ihrer Lebensgeschichte wieder in Gang gekommen ist.

Eine andere Frau, die gegen die Mitte ihrer Lebenszeit vorrückt, träumt: ,,Ich verlasse eben in trotziger, männlich-aggressiver Stimmung meinen Analytiker nach einer Sitzung. Ich begebe mich auf eine grosse Reise. Diese Reise dauert ein halbes Leben lang. Zuerst gehe ich . . ., d. h. ich gehe eigentlich nicht selbst, sondern ich werde auf dieser Reise wie von einer Macht zu meiner Bestimmung geführt. Also ich komme zuerst nach Paris. Hier muss ich Liebesunterricht bei einem blonden Manne nehmen. Es handelt sich um die rein physische Sexualität. Ich solle dann körperlich gemessen werden, wie jeweilen die Schönheitsköniginnen bestimmt werden. Das will ich mir aber nicht gefallen lassen, denn ich beginne meinen Lehrer wirklich zu lieben. Ich fühle mich schon ganz als die Frau, die zu diesem Mann gehört. Wir reisen schliesslich weiter. Wir kommen aus der Stadt heraus und gelangen in ein deutsches Dorf, ganz in der Nähe meines Heimatortes. Ich lebe dann dort lange Jahre glücklich mit diesem Mann. Endlich kehre ich zu meinem Analytiker zurück, um wieder eine Stunde bei ihm zu nehmen. Wie ich an sein Haus komme, merke ich zu meinem Erstaunen, dass inzwischen nicht ein halbes Leben, sondern erst eine halbe Stunde vergangen ist. Als ich gleich darauf aufwachte, stellte ich auch tatsächlich fest, dass seit der Zeit, da ich unmittelbar vor dem Einschlafen auf die Uhr schaute und meinem Aufwachen nicht mehr als eine halbe Stunde verstrichen war.''

Dieser Traum stammt von einer Frau, die aus bestimmten lebensgeschichtlichen Motiven ihre weiblichen Möglichkeiten in ihrem ganzen bisherigen Leben mit aller Kraft und viel Erfolg hinter einer Fassade des rein männlich-aggressiven Verhaltens ihrer Welt gegenüber verborgen gehalten hatte. Sie war eine gescheite, fleissige und strebsame Ärztin geworden. Am Tage vor diesem Traum hatte sich aber in der Analyse ihre Weiblichkeit schon recht vernehmlich zum Worte gemeldet. Noch lehnte sie sich aber gegen die Übernahme dieser ihrer eigentlichen Daseinsmöglichkeiten auf, trotzte dementsprechend auch dem Analytiker gegenüber und hatte ihn faktisch genau in der geträumten, unwirschen Stimmung verlassen. Nach der Stunde jedoch erlebte sie in noch nie gekanntem Ausmasse ihren Reichtum an weiblichen Verhaltensmöglichkeiten. Zuerst erfuhr sie sie noch ausschliesslich in Form rein physisch-sexuellen, anonymen Begehrens. Bald fühlte sie aber auch das Verlangen, einen bestimmten Mann mit ihrem ganzen Herzen lieben zu können und ganz für ihn da zu sein. Was da innerhalb einer knappen halben Stunde in einer ausserordentlichen Erlebnisdichte aus dieser Frau herausgebrochen war, entsprach wirklich dem üblichen Entwicklungspensum eines halben weiblichen Lebens. Was sich aber dabei in ihrem wachen Dasein zu- und austrug, ereignete sich noch einmal in ähnlicher Weise in ihrer Traumwelt der folgenden Nacht. Nur erlebte sie es hier in noch deutlicherer Entfaltung. Denn die Ereignisse, die sich in diesem Traume zutrugen, angefangen vom rein sinnlich-sexuellen Kontakt und dem äusserlich frivolen technischen Messen ihrer erotischen Reize in Paris über das Sichverlieben in den blonden Mann und schliesslich das Wohnen in einem ernsthaften, heimatlichen, naturverbundenen, deutschen Dorf machte wohl faktisch gut die Hälfte ihres Daseinskönnen überhaupt aus. In ihnen zeitigte sich wirklich ihr halbes Leben.

Doch die Träumerin erlebte diese vielen Ereignisse nicht etwa in rasender Abfolge, so als würde die Zeitdauer eines halben Lebens und dessen Erlebnisabläufe nun im Traume auf den engen Zeitraum einer halben Stunde zusammengepresst. Und auch nicht so darf dieses Traumphänomen missverstanden werden, als hätte diese Frau in ihrem Traum zeitlich in einer halben Stunde einfach mehr erlebt, als hätte sich bloss die zeitliche Dauer gedehnt, als wäre das, was jetzt in einer sogenannten objektiven halben Stunde ablief, im Traume nur lang geworden. Das entspräche alles nur einer gedanklichen Transponierung der quantitativ vorgestellten, sogenannten objektiven Zeit in eine fiktive Traumzeit. Man würde dabei völlig die innere, die eigentliche Zeitlichkeit der Träumerin übersehen, die eine geschichtliche ist und nichts anderem als ihrer Geschichte entspricht, die sie selber ist. Darum war dieser Traum nur möglich, weil jetzt der Erwartungshorizont so weit in ihre Zukunft hineinreichte. Ihre innere Zeitlichkeit, ihre Geschichte, ihre existentielle Offenheit, die sie eigentlich lebt und ist, war es, die sich in diesem Traum in so weitreichendem Sinne erschlossen hatte. Die uneigentliche vulgäre Weltzeit verschwand ob der Bedeutsamkeit ihrer daseinsmässigen Zeitigung im Traume so sehr in den Hintergrund, dass sie der Träumerin nur ganz zum Schlusse des Traumes, unmittelbar vor dem Erwachen, noch einmal gegenwärtig wurde.

Eine andere Frau verlebte in einem ihrer Träume gut anderthalb Tage, trotzdem der Traum wachweltlich gemessen höchstens drei Stunden gedauert haben konnte. Träumend hatte diese Frau mit einigen Bekannten eine Bergtour unternommen. Die Partie brach lange vor Sonnenaufgang auf und gelangte aus einem engen, dunkel vernebelten Tal nach einem etwa achtstündigen, sehr mühsamen Aufstieg in eine grosse Klubhütte. Wie sich die Träumerin in dieser Hütte genauer umsah, entdeckte sie, dass der Raum reichlich mit grossen Spiegeln ausgestattet war. Zudem gewahrte sie auf einer Seite einen riesigen Coiffeursalon und Duschekabinen. Wörtlich fährt der Traumbericht an dieser Stelle weiter fort: „Da es früh dunkel wurde, gehen wir sehr zeitig zu Bett. Ich schlafe gleich ein, erwache aber schon früh am andern Morgen, steige nun allein, vor meinen Begleitern, die alle noch nicht wachwerden wollen, den Berg hinauf. Vom Gipfel aus kann ich einige Stunden später bei strahlendem Sonnenschein die nachfolgende Kolonne meiner Kameraden von oben bei ihrem Aufstieg beobachten. Bevor sie ganz oben sind, erwache ich."

Dieses Traumereignis erlebte eine Frau, die zuvor manchen Tag an einer schweren depressiven Verstimmung gelitten hatte. Vom Morgen an, der diesem Traume folgte, ging es ihr aber wieder sichtlich besser, wenn es auch noch einiger weiterer Tage bedurfte, bis sie die Depression völlig überwunden hatte. Schon in diesem Traume hatte sich ihr bereits in der Bergbesteigung, im Aufstieg aus der Düsternis des engen Tales auf den sonnenumstrahlten Gipfel die Möglichkeit eines Sicherhebenkönnens aus dem Verfall in ihre trübe Verstimmung zu neuer selbstbewusster Überlegenheit erschlossen. Vorerst verbrachte freilich die Träumerin noch eine ganze Nacht auf halber Höhe in der Klubhütte. Doch warum kommen hier Dinge vor wie Spiegel, Duschen und Schönheitssalon? Sie alle gehören in den Bereich der weiblichen Schönheitspflege, für die eine Frau auch im Traume und erst recht im Träumen nur Augen hat und sie deshalb überhaupt wahrnimmt, wenn sie bereits wieder in eine Beziehung zu ihrer Welt zurückfand, die durch ein gesundes Schönsein- und

Gefallenwollen charakterisiert ist. Noch hatte dann allerdings anderntags am Ausklang dieser Traumgeschichte nicht die ganze Partie den Berggipfel erreicht. Gerade darin zeigte sich jedoch die Träumerin wiederum nur für die Wahrnehmung solcher Ereignisse offen, die ihrem Sinngehalt nach genau der Gestimmtheit ihrer Existenz entsprachen. Denn faktisch war die Träumerin nach dem Erwachen aus diesem Traum noch nicht ganz „beisammen" und völlig auf der Höhe ihrer Kräfte. Immerhin war die Erlösung aus ihrer Depression doch schon so weit gediehen, dass sich aus ihrem freieren, gelockerteren Weltbezug heraus auch ihre Zeitlichkeit wieder weitete und ihr die fast zweitägige Zukunft der Bergtour zu erschliessen vermochte. Eben noch war die Patientin die Tage vorher in ihrer depressiven Verstimmung ausschliesslich an ihre Vergangenheit gebannt gewesen. Dieses Gebanntsein hatte alle Zeitbezüge zur Gegenwart und Zukunft völlig abgedrängt. Demgegenüber ist dieser Traum wieder von einer Zeitlichkeit, die ihrem eigenen Wesen nach ins Freie und in das Durchlaufen einer fortlaufenden „Geschichte", der Geschichtlichkeit ihres Daseins, führt. Im depressiven Zustand hatte sie völlig ungeschichtlich, nur mit dem Vergangenen rechnend, dahingelebt, ohne eigentliche Zukunft und ohne jeden geschichtlichen Erwartungshorizont. In ihrem Traume jedoch hatte sich ihre Zeitlichkeit wieder so weit geöffnet, dass sie innerhalb dieses Traumgeschehens in ein Vorhaben hineingehen, seine Präsenz durchlaufen und das durchlaufene Geschehen auch behalten konnte. Wieder also vermochte sie in der Einheit der drei zeitlichen Bezüge des zukünftigen, des gegenwärtigen und des erinnernden Verhaltens in der Welt zu sein. Die Zeitdauer der fast zweitägigen Bergtour kann uns dabei ein Mass für die neugewonnene Weite und Freiheit ihres Existierens sein.

Der folgende Traum einer einzigen Nacht zeitigte sogar drei volle Tage und Nächte. Ihn träumte ein Mann, der bisher als ein pedantisch strenger, mit jeder Arbeitsminute rechnender Pflichtmensch in einem eher lockeren Milieu viel ausgelacht worden war und seines Andersseins wegen an schweren Minderwertigkeitsgefühlen litt. Der Arzt hatte ihn schliesslich zur Einsicht bringen können, dass er ein recht wertvoller Mensch sei, sich seiner Art durchaus nicht zu schämen brauche, sich selbst gegenüber aber auch eine beträchtlich grössere Largeheit gönnen dürfe. In seinem Traum, in dem es ihm, nach seinen eigenen Worten „unheimlich wohl" war, bekam er den Besuch des englischen Königspaares: „Der königliche Besuch blieb drei Tage lang in meinem Hause, und es war, als würden wir uns gegenseitig schon jahrelang kennen. Die ganze Zeit über gab es nicht einen einzigen Misston. Alles verlief in schönster Harmonie. Auch die Natur draussen war in voller Blüte, voll Wärme und in leuchtenden Farben. Ich habe dabei jede Einzelheit ganz genau geträumt, vom herzlichen, kräftigen Händedruck des Königspaares bei der Ankunft bis zum Abschiedsgruss auf dem Bahnhof. An jedes Essen erinnere ich mich noch; auch daran, dass wir zweimal mit dem Königspaar einen Autoausflug machten. Der Sicherheitsdienst bestand aus zwei Beamten, die einander jeweilen nach ein paar Stunden ablösten. Ich musste mich wehren, dass meine Frau nicht zuviel Aufhebens machte. Das Königspaar wollte inoffiziell bei uns sein, lehnte einen Empfang durch die Stadt Zürich ab." Das englische Königspaar betrachtete der Träumer als sein Vorbild an Anständigkeit und Menschlichkeit, genau das, was er eigentlich auch sein möchte und faktisch in hohem Masse ist. In der Behandlung hatte er nun den Mut gefunden, zu dieser seiner Eigenart zu stehen, sie nicht mehr unter dem Druck des Gelächters seiner Umgebung zurückzudrängen. Dieses Verhalten von höchster Stelle anerkannt zu wissen und es sich im Miteinandersein des gleichgesinnten Königspaares gönnen zu dürfen, war so ausserordentlich wesentlich für diesen Menschen, dass die Bedeutsamkeit des Königsbesuches aus sich heraus die grosse Zeitspanne von drei Tagen hervorrief, von sich aus die entsprechende Zeit in Anspruch und Gebrauch nahm. Darum lässt sich umgekehrt auch aus dieser Dauer des Königsbesuches die Bedeutsamkeit dieses Ereignisses der Selbstbejahung für den Träumer ermessen. Denn dass sich dieser Mensch, der so sehr mit seiner Zeit geizte, eine drei Tage dauernde Entspannung gönnte, war für ihn ein unerhörtes Ereignis. Es mochte etwa dem Entschluss eines durchschnittlich gelösten Menschen entsprechen, sich gleich ein halbes Jahr Urlaub zu nehmen.

Und noch einmal um eine ganz andere Zeitlichkeit handelt es sich in Träumen, die „unendlich lang", „eine Ewigkeit", dauern können. Denn in ihnen erleben nun die Träumer gerade nicht deshalb so lange Zeitspannen, weil so Bedeutsames geschah oder sich ihnen soviel Möglichkeiten aus ihrer Zukunft her erschlossen hätten, sondern weil ihre Zeit stillesteht. Derartige Unendlichkeits- oder Ewigkeitsträume trafen wir bisher nur bei schwer süchtigen Menschen an. Auch die Literatur ist reich an Traumschilderungen rauschgiftsüchtiger Menschen, die durch diese Art von Zeitlichkeit charakterisiert sind. Der opiumsüchtige englische Dichter P. S. COLERIDGE zum Beispiel berichtet von Träumen, in denen er jahrhundertelang in Geheimräumen von Pagoden gefangengehalten wurde oder an Turmspitzen aufgespiesst hing. Dann wieder wurde er für Jahrtausende mit Mumien und Sphinxen in Steinsärgen, in engen Kammern, in den Eingeweiden ewiger Pyramiden bestattet, oder er lag für ebensolange Zeiträume unter unaussprechlich hässlichen, weichen Massen zwischen Urschilf im Schlamm des Nils, und Isis und Osiris sagten ihm, er hätte eine Tat begangen, über die Ibis und Krokodil erschauerten[1].

Ein chronischer Morphinist unserer eigenen Erfahrung pflegte zu träumen, er liege schon seit unendlichen Zeiten in einem Kohlenbergwerk verschüttet. Es besteht für ihn in diesen Träumen nie die geringste Möglichkeit der Rettung. Am entsetzlichsten ist aber immer das Wissen, er werde auch nicht sterben können. Denn es geschah überhaupt nichts mehr. „Die Geschichte", sagte der Träumer wörtlich, „geht jeweilen weder vorwärts noch rückwärts. Es gibt nur noch das ewig gleichbleibende Schmachten."

Die furchtbare Tat, über die im Traume des englischen Dichters Ibis und Krokodil erschauern, besteht, genau so wie jene des Verbrechers im Traume von den stillgelegten Uhren, in dem Betruge des Daseins um sein Sichereignenkönnen. Denn mit Hilfe der Rauschgiftmittel bringen es diese Süchtigen um seinen Austrag in den umweltlichen und mitmenschlichen Bezugsmöglichkeiten. Sie verunmöglichen durch diese pharmakologische Lähmung und Betäubung das Geschehen ihrer ihnen eigentlich zugehörigen Lebensgeschichte. Sie bringen die Zeitigung ihrer selbst zum Stillstand. Die Zeitlichkeit ihres Daseins wird zur leeren Dauer ausgehöhlt. Darum sind die Jahrhunderte und Jahrtausende des Begrabenseins, von denen sie reden, wenn sie ihre Träume zu schildern versuchen, nicht etwa „viel Zeit", wie die drei Tage im Traume vom Königsbesuch. Es ist nur eine Redensart für die hohle Dauer ihres geschichtslosen Vegetierens, für jene Art von Zeit also, die dem vergangenheits- und zukunftslosen Versumpftsein ihres ganzen Daseins wesensmässig zugehört und ihm entspringt.

Wiederum erfahren wir aber auch von diesen Träumen her den spezifischen Zeitablauf des Traumgeschehens nicht als einer für sich bestehenden, primär vorhandenen Zeitstruktur zugehörig. So verschieden unter sich die zeitlichen Verhältnisse in all diesen Träumen sind, wir sehen in ihnen immer nur den Charakter des gesamten jeweiligen Weltbezuges des Träumers sich bekunden. Die Zeitlichkeit unserer Träume zeigte sich uns immer wieder, genau so, wie wir es bei den *räumlichen* Traumerfahrungen erlebten, als blosses *Teilphänomen* des ganzen jeweiligen In-der-Welt-Seins der Träumer. Nie

---

[1] Zit. nach: K. Birnbaum, Psychopathologische Dokumente, Berlin 1920, S. 30.

wären deshalb unsere Träume in ihrer Zeitlichkeit zu verstehen gewesen, hätten wir sie von der vulgären Zeitvorstellung aus bedacht. Denn diese kennt nur den gleichmässigen Ablauf von vorhandenen Jetztpunkten und ein Nacheinander des Bewusstseinsablaufes in ihnen. Indifferent daneben vorkommend stellt man sich dazu eine blosse Mannigfaltigkeit von Erlebnisinhalten vor, die man dann rein objektivisch auf jene jetzthaften Bewusstseinsabläufe lokalisiert und so gleichsam eine primär an sich leere Zeitform durch irgendwelche Inhalte ausfüllt. Die Zeitlichkeit des Traumgeschehens jedoch sahen wir stets in der spezifischen Qualität der Beziehungen des Träumers zu den Dingen seiner Traumwelt gründen. Immer war die Zeit des Traumgeschehens bezogen auf das Sichereignenkönnen oder Nichtereignenkönnen der Traumdinge und auf deren Bedeutsamkeit. So wurde zum Beispiel die Zeit des geträumten Königsbesuches vom Träumer nicht primär als eine drei Tage lang dauernde Abfolge von Jetztpunkten erfahren, in deren jeweiligem „Jetzt" sich das und jenes Ding ereignet hätte. Vielmehr datierte sich die Traumzeit von dem gesamten so bedeutsamen Ereignis her: die Zeit des Traumes wurde als diesen Königsbesuch lang erlebt. So bleibt man ja auch im Wachen etwa nicht noch fünf Minuten lang bei Freunden sitzen, sondern eine Zigarette lang: auch da die Zeit von unserem Verhältnis zu einem Ding her datierend. Die vulgäre Zeitvorstellung dagegen sieht konsequent sowohl von der Datierbarkeit wie von der Bedeutsamkeit eines jeden Jetzt ab. Wie die Räumlichkeit der Welt zu einer homogenen ausgedehnten Raumvorstellung abstrahiert wird, nivelliert das vulgäre Zeitverständnis die Zeitlichkeit durch solche Privation zu einer gleichmässig zählbaren Reihe von Jetztpunkten. Darum aber wollen auch so viele Träume diesen vulgären, abstrakten Raum- und Zeitvorstellungen ihren Sinn ganz und gar nicht preisgeben. Sie bieten vielmehr einer Sicht von ihnen her immer nur ein völlig unsinniges und absurdes Aussehen oder müssen ganz und gar unglaubwürdig erscheinen. Durch dieses ihr Verhalten zwingen sie dann alle, deren Denken noch ganz in den vulgären, abgeleiteten Raum- und Zeitbegriffen verhaftet ist, zu den eigenartigsten gedanklichen Konstruktionen. So wird nicht selten zur „Erklärung" unverständlicher Träume ein „gestörter Raum- und Zeitsinn" beim schlafenden Menschen angenommen, ohne dass freilich für das Vorhandensein eines solch störbaren Sinnes auch nur die geringsten Anhaltspunkte beigebracht werden könnten. In anderen Fällen wieder, insbesondere bei der Beschäftigung mit den „telepathischen" und den prophetischen Träumen, spricht man von „unwahrscheinlichen Zufällen akausaler Natur". Daraus folge, dass entweder die Psyche räumlich und zeitlich nicht lokalisierbar, oder dass der Raum und die Zeit psychisch relativ sei[1]. Alle derartigen, das menschliche Dasein in isolierte Gegenstände zersplitternden und von ihm abgelösten Raum- und Zeitschemata voraussetzenden Hypothesen werden jedoch völlig überflüssig, sobald man sich auf die ursprüngliche, die unmittelbar und zunächst erfahrene, auf die daseinsmässige Räumlichkeit und Zeitlichkeit der menschlichen Existenz zurückbesonnen hat.

17. Die Träume vom „paradoxen Etwas"

Der Traum, der dem wachen Alltagsdenken der Menschen am allerunsinnigsten, noch viel unverständlicher als die sonderbarsten Raum- und Zeitträume erscheinen will, handelt vom „paradoxen Etwas". Dieser Traum ist in der einen oder anderen Fassung bei vielen und ganz unterschiedlichen, bei hochgebildeten und völlig ungebildeten Menschen anzutreffen. Meist kehrt er mehrmals im Leben eines Menschen wieder und wird von den Träumern trotz seiner „Absurdität" stets als sehr wichtig und höchst eindrucksvoll geschildert. Einer gesunden, sehr lebenstüchtigen und geistig differenzierten Frau zum Beispiel begegnete dieser Traum erstmals im Alter von etwa elf Jahren und wiederholte sich seither in langen Zeitabständen immer wieder bis auf den heutigen Tag, an dem diese Träumerin ihr fünfzigstes Lebensjahr bereits überschritten hat. Wörtlich wusste sie diesen Traum folgendermassen zu schildern: „Es ist dann immer etwas Grosses da, gar nichts sonst als dieses riesengrosse Etwas. Ich nehme es mit einem Sinne wahr, der über die gewöhnlichen Sinne hinausgeht. Ich kann dann dieses riesengrosse Etwas einerseits irgendwo greifen, aber gleichzeitig bin ich mitten in ihm wie es auch in mir. Es ist riesengross und zugleich ist es auch winzig klein, unmessbar klein; und gerade dieses ‚Zugleich' ist so grossartig. Irgendwelche Angst ist nie dabei. Diese Träume sind mir immer erstaunlich eindrucksvoll erschienen, wobei das Erstaunen mit Ehrfurcht gemischt ist."

---

[1] C. G. JUNG: „Über Synchronizität", a. a. O., S. 283.

Diese Träumerin, wie auch alle unsere andern Gewährsleute, die diese Art von Traumerlebnissen zu erzählen wussten, hatten sich noch nie in ihrem Leben mit indischer Philosophie abgegeben. Entspricht aber nicht ihr geträumtes „Etwas" in ganz hohem Masse der östlichen Beschreibung des „Überselbst" des Menschen? Heisst doch eine von dessen wesentlichsten Bestimmungen, es sei grösser als gross und zugleich kleiner als klein. Jedenfalls verbietet uns schon die bedeutende Ehrfurcht, die die Erscheinung dieses Traumes allen seinen Träumern einflösst, ihn als blossen Unsinn abzutun. Wir müssen zum mindesten die Frage als solche zulassen, was es denn mit diesem über die „natürlichen" Sinne hinausgehenden Sinn, von dem in diesem Traume die Rede ist, für eine Bewandtnis haben könnte. Ist diesen Träumen nicht wenigstens die Möglichkeit zuzugestehen, Hinweise auf ein Verstehen der Dinge zu sein, das unser alltägliches Wissen tatsächlich übersteigt? Handelt es sich, noch genauer gefragt, vielleicht um das Aufblitzen der Einsicht, dass allem, was erscheinen kann, eine gegenständliche Form, ein sinnlich fassbares Mass sowohl wie zugleich etwas zukommt, das — den „gewöhnlichen" Sinnen nicht wahrnehmbar — aller räumlichen Ausdehnung und jeder Gegenständlichkeit spottet? Sprechen diese Träume am Ende gar davon, dass das menschliche Wesen diesem ungegenständlichen, sinnlich nicht fassbaren, aber alles in sich fassenden Etwas so unmittelbar zugehört, dass der Mensch auf eine ganz besondere Weise mitten in ihm ist? Denn sagen nicht alle diese Träumer, sie befänden sich in diesem Etwas keineswegs so „mitten drin", als steckten sie etwa innerhalb eines Hohlraumes, sondern viel eher derart, dass sie unablösbar in ihm und es in ihnen aufgehe? Lässt diese Art des „Innen-Seins" wohl gar eine traumhafte Ahnung von dem den wachen Westlern so fremden Wissen östlicher Weisen zu, die als Ziel menschlichen Daseins die Überwindung des gegenständlichen intentionalen Denkens und die völlige Einswerdung von Ich und Ding sehen gelernt haben?

IV. Teil

DIE FRAGE NACH DEM WESEN
DES TRÄUMENS IM GANZEN

Die Sichtung einiger Dutzend einzelner Träume hat uns lediglich in der früh gewonnenen Überzeugung bestärken können, dass wir das Träumen und das Wachen im ganzen nicht als zwei verschiedene gegenständliche Bereiche miteinander vergleichen können. Gibt es doch in Wirklichkeit gar keine für sich bestehende Träume auf der einen Seite und auf der andern für sich abgelöste Wachzustände, deren Verschiedenheiten man durch inhaltliche Merkmale zu bestimmen vermöchte, wie man etwa die Spezies Fuchs der Gattung Adler gegenüberstellen kann. Ein jeder derartiger Vergleichsansatz ist deshalb zum vornherein verfehlt, weil stets dieselbe Person vom Träumen ins Wachen erwacht, eine Identität sich also durch jedes Wachen und Träumen durchhält. Am Ende unserer Untersuchungen wissen wir deshalb nur noch deutlicher, dass wir dem Träumen die Würde einer eigenen Weise des menschlichen Daseins zusprechen müssen, genau so, wie wir das Wachen eine bestimmte Modifikation unseres Existierens nennen.

Um so dringlicher wird die Beantwortung der Frage nach der Unterschiedlichkeit der Daseinsweise des wachen und der des träumenden Menschen. Denn nur durch eine adäquate Abhebung der einen von der andern werden wir die spezifische Kontur des Traumlebens wahrnehmen und es in diese und damit in sein eigentliches Wesen eingrenzen können.

Wir hofften, die traumhafte Existenzweise des Menschen liesse sich von einer wachen Daseinsform entweder durch eine geringere Zahl an möglichen Weltbezügen oder durch die eine oder andere ihm allein zugehörige Art von Verhaltensweisen den Dingen und Menschen gegenüber unterscheiden. Unsere Untersuchungen haben uns jedoch mit immer neuer Eindrücklichkeit gezeigt, dass wir träumend — solange wir uns nur innerhalb eines und desselben Traumereignisses aufhalten — gewiss nicht über weniger Verhaltensweisen und Bezugsmöglichkeiten verfügen als in unserem wachen Dasein. Eher schien es uns am Ende, als wäre uns träumend die Welt noch in viel höherem Masse erschlossen als im Wachen, als sollte doch

Aeschylos recht behalten, wenn er Klytemnestra im 104. und 105. Vers der „Eumeniden" sagen lässt, im Schlafe komme das Wesen des Menschen dank seiner Traumgesichte in eine Helle zu stehen, während den Sterblichen am Tage das Geschick verdunkelt bleibe. Jedenfalls begegneten wir Menschen, deren Traumwelten von einer wirklich nicht alltäglichen Offenheit zeugten. Doch sind einmal Wahrnehmungen von so besonderer Hellsichtigkeit auch für den träumenden Menschen keine Allnächtlichkeiten. Auf der andern Seite lassen sich bei wachen Menschen ebenfalls von Zeit zu Zeit und mit nicht geringerer Sicherheit als bei Träumern sogenannte telepathische und prophetische Einblicke feststellen, wie auch wachen Denkern und Dichtern ab und zu die Erfahrung ursprünglicher Räumlichkeit und Zeitlichkeit lebendig und das hintergründige Sein aller Dinge zum Problem wird.

Wohl also haben uns unsere Untersuchungen dazu führen können, die einzelnen Traumerscheinungen erst wieder einmal als solche in ihrem phänomenalen Bestand in der Sicht zu behalten und ihn nicht immer gleich zum vorneherein durch eine umdeutende Beurteilung von einem dem Träumen fremden Gesichtspunkt des Wachens her aus den Händen zu geben. Wir gewannen damit die Möglichkeit zurück, das Traumgeschehen als eine besondere Modifikation des menschlichen Daseins in seinen jeweiligen, sich aus ihm selbst ankündigenden Bedeutungsgehalten auszulegen und uns diese anzueignen. Aber ein sicheres Kriterium, das uns das Wesen unseres Traumdaseins im ganzen und in Abhebung gegen die Weisen unseres wachen Existierens bestimmen liesse, vermochten wir noch immer nicht zu erkennen. Nahe läge der Schluss, gerade darin einen Beweis für die grundsätzliche Unmöglichkeit einer adäquaten Unterscheidung der beiden Modifikationen unseres In-der-Welt-Seins, des Wachens und des Träumens, aus ihrem Wesen heraus zu erblicken. Hatte uns denn nicht schon der weise TSCHUANG-TSE auf die grundsätzliche Ununterscheidbarkeit aufmerksam machen wollen? Was anderes hätte er damit zu bezwecken vorgehabt, als er nach seinem Schmetterlingstraum die Frage so völlig offen liess, ob er als Mensch eben träumte, er sei ein Schmetterling gewesen, oder ob er jetzt als Schmetterling träume, er sei ein Mensch? Hatte nicht auch ein Denker wie PASCAL bereits eingesehen, dass wir die Träume nicht von der wachen Wirklichkeit zu unterscheiden vermöchten, wenn jene wie die wachen Ereignisse aufeinanderfolgten? Ebenso gestand SCHOPENHAUER ein, dass das allein sichere Kriterium zur Unterscheidung des Traumes von der Wirklichkeit in der Tat kein anderes sei, als das ganz empirische

237

des Erwachens. Das Argument KANTS jedenfalls, der das wache Leben durch einen darin herrschenden „Zusammenhang der Vorstellungen unter sich nach dem Gesetze der Kausalität" gegen den Traum abgrenzen wollte, konnte SCHOPENHAUER leicht mit dem Einwand entkräften, dass auch im Traume „alles einzelne ebenfalls nach dem Satze vom Grunde in allen seinen Gestalten zusammenhänge". Doch musste nicht SCHOPENHAUER gleich darauf sein eigenes Unterscheidungskriterium wieder völlig entwerten? Kam er doch resigniert zum Schlusse: „Nimmt man nun den Standpunkt der Beurteilung ausserhalb beider an, so findet sich in ihrem Wesen kein bestimmter Unterschied, und man ist genötigt, den Dichtern zuzugeben, dass das Leben ein langer Traum sei."

Oder liegt am Ende der Grund zu so erzwungener Resignation in dem Umstande, dass bisher das Wachen und das Träumen im besten Falle nur als zwei Gegenstandsbereiche von Erfahrungs- oder Vorstellungszusammenhängen gedacht wurde, mehr oder weniger scharf voneinander durch das Erwachen geschieden? Und wurde da nicht erst noch das Scheidende, das Erwachen, als eine Art von Selbstverständlichkeit unbedacht im Dunkeln gelassen?

Weder das Wachen noch das Träumen eines Menschen aber wird zureichend als ein für sich losgelöster Erfahrungs- oder Vorstellungszusammenhang erfasst. Ob ein Mensch wach ist oder ob er träumt, immer trägt sich in den Ereignissen beider Verfassungen ein und dasselbe Dasein aus, stets ist es die Selbigkeit einer menschlichen Existenz, die sich als eine Identität durch das Wachen und Träumen hindurchhält. Denn auch alles Geträumte ist immer nur *mein* Traum, *dein* Traum, ist der Traum dieses oder jenes ganz bestimmten Menschen, der sich das Geträumte zu vergegenwärtigen vermag, nachdem er erwachte. Was aber heisst dieses die traumhaften und wachen Existenzweisen scheidende *Er*-wachen? Warum spricht man wohl von einem *Er*-wachen in die wache Welt hinein, niemals im nämlichen Sinne jedoch von einem „*Er*-träumen" in die Traumwelten hinein? Weil man, heisst es, sich immer in derselben Welt befinde, wenn man aufwache, die Träume hingegen versetzten uns immer wieder in andere Welten. In Wirklichkeit treffen jedoch beide Aussagen nur in dem umgekehrten Sinne zu, dass das Wesen des Erwachens gerade darin besteht, dass dem Menschen dabei die Welt wieder als dieselbe begegnet. Jeder neue Traumbeginn dagegen lässt dies gerade nicht zu. Wenn aber Erwachen nichts anderes als ein Wachwerden für dieselbe Welt ist, wie verhält es sich denn des genaueren mit dieser Selbigkeit der wachen Welt?

238

Sie besteht in dem identisch Sich-Durchhalten der Dinge und der Menschen und der Art und Weise, wie sie sich darin bewegen und ist charakterisiert durch die alltägliche Gewöhnung, bestimmt durch die alltägliche Geschichtlichkeit des Daseins. Doch gibt es denn nicht Träume genug, in denen man stets in die gleiche Landschaft zurückkehrt, dem gleichen Hause begegnet, in der gleichen Situation sich befindet; ja in denen sogar eine ganz besondere Betonung auf dem Erleben des Bekanntheitscharakters des Begegnenden liegt? Gibt es nicht Menschen, die sogar recht oft träumen, sie würden eben im gewohnten Bette, genau so wie sie es auch von ihrem Wachen her kennen, erwachen, würden in wachgewohnter Weise aufstehen, frühstücken und sich anschicken, sich ins Geschäft zu begeben?

Liegt jedoch nicht vielleicht der entscheidende Unterschied darin, dass man beim Träumen zwar wohl zum *gleichen*, nie aber zum *selben* zurückkehren kann? Denn wäre es das *selbe*, dem man auch träumend wieder begegnete, so müssten sich die Traumsachen ebenfalls auf irgendeine Weise entfalten, wie das wache Leben sich entfaltet, müsste gerade deshalb aber auch eine Verschiedenheit zwischen dem früher einmal und dem jetzt wieder Geträumten eintreten. Geträumt wird jedoch bestenfalls immer nur das gleiche. Wie das Läuten vom Kirchturm, das jeden Tag um elf Uhr zu hören ist, nie dasselbe, sondern immer nur die Wiederholung eines Gleichen ist, genau so repetiert sich zum Beispiel auch in Peter ROSEGGERS stereotypem Traum stets bloss die gleiche Situation, völlig ungeachtet des Dichters wacher Gegenwehr gegen seine monotone Wiederkehr. Ausdrücklich vernahmen wir ihn ja bereits den Traumbericht mit den Worten schliessen: „Und da nahm ich mir vor (nach dem jeweiligen Erwachen), wenn dieser zudringliche Traum sich wieder einmal einstellen sollte, ihn mit Energie von mir zu werfen und laut auszurufen: ‚es ist nur Gaukelspiel, ich liege im Bett und will schlafen'... Und in der nächsten Nacht sass ich doch wieder in der Schneiderwerkstatt." Ebenso wiederholt sich auch in den häufigen Träumen vom Examen, das ein Träumer immer wieder aufs neue zu bestehen hat, auch nur das gleiche Ereignis. Wäre es eine wirkliche Rückkehr in die *selbe* Welt, so würde dieses Examen wie bei einer wachen Wiederholung mit Erinnerung an das frühere Traumexamen wieder dort aufgenommen, wo man es im letzten Male abbrach, würde gegenwärtig auf irgendeine Weise fortgeführt, und aus seiner Gegenwart würde eine zukünftige Entwicklung erwartet. Faktisch jedoch findet man sich träumend immer nur wieder bei der gleichen Tätigkeit. Auch in der grossen Traumserie, in der schliesslich eine blutrot gekleidete

Frau erschien, die zunächst bewusstlos im Wasser schwamm, in einem späteren Traum jedoch mit dem Träumer tanzte, geschah die Entwicklung nicht im Traume. Es gehörte durchaus nicht zum Trauminhalt all jener Traumwelten selbst, dass sich diese Geschichte auf solche Weise entwickelte. Denn in den verschiedenen Träumen selbst wurde die frühere Phase nie erinnert, ebensowenig wurde aber auch träumend je eine weitere Entwicklung erwartet. Hätte mithin dieser Mensch immer nur geträumt, hätte man ihn in seinem dösenden Wachen auch bloss sich selbst überlassen, wäre niemals eine derartige Traumserie zustande gekommen. Viel eher hätten sich ausschliesslich und unterschiedslos die anfänglichen Maschinen- und Wurmträume in stereotyper Weise durch sein ganzes Leben hindurchgezogen. Denn immer wieder sehen wir stereotype Träume so lange in gleicher Gestalt wiederkehren, als das darin enthaltene lebensgeschichtliche Problem nicht im *wachen* Dasein des Träumers zureichend als ein solches aufgenommen, fortgeführt und schliesslich gelöst und zur Reife gebracht oder mindestens wesentlich gefördert wurde. Freilich, innerhalb seines eigenen Ablaufes kann ein Traumgeschehen wohl eine gewisse Geschichte haben, weil auch alles Träumen ein In-der-Welt-Sein ist. Die zweitägige Bergtour einer unserer Träumerinnen zum Beispiel war zweifellos ein fortlaufendes lebensgeschichtliches Geschehen. Aber auch in diesem Bergsteigertraum knüpfte die Träumerin weder an ein früheres Traumerlebnis an noch führte sie dieses Geschehen in einem späteren Traume, den hier erwähnten dann erinnernd, lebensgeschichtlich fort.

Nirgends also zeigt die Existenzweise des Träumens selbst auch nur die leiseste Möglichkeit einer Rückkehr in dasselbe einer früheren Traumwelt. Darum muss aber auch dem Menschen als einem nur Träumenden jede kontinuierliche Entfaltung seines Daseins versagt bleiben. Es kann gar keine geträumte Lebensgeschichte geben, die gleichsam neben seiner wachen Lebensgeschichte abliefe. Ohne diese geschichtliche Kontinuität seines Wachseins wäre deshalb der Mensch nicht einmal in der Lage, die spezifische Diskontinuität seines träumenden Existierens auch nur zu sehen. Darum ist jene recht eigentlich die Wesensvoraussetzung aller Trauminterpretationen überhaupt. Infolgedessen müssen sich die Möglichkeiten, in der Dimension des Wachens das Wesen des Träumens bestimmen zu können, ganz entsprechend den Einsichten in die Eigentümlichkeiten dieses Wachseins modifizieren, muss alles Traumverständnis gar völlig von dem jeweiligen Verstehen des Wachseins abhängen. Stellt sich aber das Wachseinkönnen des Menschen als die wesentlichste Bedingung der Möglichkeit aller Beschäftigungen mit dem Träumen heraus, dann verbieten die Träume von sich aus aller künftigen Forschung, dieses Wachsein in seiner Struktur unbedacht und als blosse Selbstverständlichkeit auf sich beruhen zu lassen.

Wenn wir mithin auf Grund eines solchen Verhältnisses von Träumen und Wachen immer nur im Wachen vom Träumen reden, nie aber im Träumen das Wachen zum Problem werden lassen können, bekundet sich darin nicht zugleich die unmittelbare Zugehörigkeit des Träumens zum Wachen? Gehört jedoch die wache Weise unseres Daseinkönnens ihrerseits stets der Kontinuität der Geschichtlichkeit eines je bestimmten Menschen an, muss diese dann nicht auch sein Träumen mit einschliessen? Nimmt vielleicht unsere Lebensgeschichte unser Wachsein und unser Träumenkönnen nur in der unterschiedlichen Weise in Anspruch, dass sie sich dort explizit und faktisch austrägt, dem Träumer jedoch ihre eigentliche Entfaltung noch verweigert? Würde dann aber nicht das Wesen unseres Träumens in seiner ganzen Diskontinuität und Ungeschichtlichkeit gerade auch im Geheimnis der geschichtlichen Kontinuität des Daseins gründen?

AUTORENREGISTER

Medard Boss

Grundriss der Medizin und der Psychologie

Ansätze
zu einer phänomenologischen
Physiologie, Psychologie,
Pathologie, Therapie und zu einer
daseinsgemäßen
Präventiv-Medizin
in der modernen
Industrie-Gesellschaft

Zweite, ergänzte Auflage, 1974
600 Seiten, gebunden DM 58,-

Verlag Hans Huber
Bern Stuttgart Wien

Studienausgaben

verlegt bei Kindler

Psychologische Handbücher bei Kindler

Handbuch der Ehe-, Familien- und Gruppen-Therapie

Herausgegeben von CLIFFORD J. SAGER
und HELEN SINGER KAPLAN
Edition der erweiterten deutschen Ausgabe
von ANNELISE HEIGL-EVERS
Mit einem Vorwort von Horst E. Richter
3 Bände mit insgesamt 1276 Seiten, Leinen

Handbuch der Verhaltenstherapie

Herausgegeben von CHRISTOPH KRAIKER
672 Seiten, Leinen

Handbuch der Kinder-Psychoanalyse

Einführung in die Psychoanalyse von Kindern und
Jugendlichen nach den Grundsätzen der Anna-Freud-Schule
Herausgegeben von GERALD H. J. PEARSON
424 Seiten, Leinen

Handbuch der psychologischen Theorien

von ANN F. NEEL
Ca. 540 Seiten, Leinen (erscheint im September '74)

FRIEDRICH DOUCET
Forschungsobjekt Seele

Eine Geschichte der Psychologie
352 Seiten, Leinen

IRVIN D. YALOM
Gruppenpsychotherapie

Grundlagen und Methoden
Ca. 464 Seiten, Leinen (erscheint im Oktober '74)

7-1-10-9-4